国家出版基金项目
NATIONAL PUBLICATION FOUNDATION

西夏学文库

第二辑

著作卷

杜建录 史金波 主编

"十三五"国家重点图书出版规划项目

天盛律令与西夏法制研究

杜建录 著

甘肃文化出版社

图书在版编目（CIP）数据

天盛律令与西夏法制研究 / 杜建录著. -- 兰州：
甘肃文化出版社，2022.11
（西夏学文库 / 杜建录，史金波主编. 第二辑）
ISBN 978-7-5490-2607-4

Ⅰ. ①天… Ⅱ. ①杜… Ⅲ. ①法制史－研究－中国－
西夏 Ⅳ. ①D929.463

中国版本图书馆CIP数据核字(2022)第220582号

天盛律令与西夏法制研究

杜建录 | 著

策　　划 | 郧军涛
项目统筹 | 甄惠娟
责任编辑 | 何荣昌
封面设计 | 苏金虎

出版发行 | 甘肃文化出版社
网　　址 | http://www.gswenhua.cn
投稿邮箱 | gswenhuapress@163.com
地　　址 | 兰州市城关区曹家巷1号 | 730030（邮编）

营销中心 | 贾　莉　王　俊
电　　话 | 0931-2131306

印　　刷 | 西安国彩印刷有限公司
开　　本 | 787毫米×1092毫米 1/16
字　　数 | 240千
印　　张 | 16.5
版　　次 | 2022年11月第1版
印　　次 | 2022年11月第1次
书　　号 | ISBN 978-7-5490-2607-4
定　　价 | 75.00元

宁夏大学西夏学研究院
中国社会科学院西夏文化研究中心　编

百年风雨　一路走来

——《西夏学文库》总序

一

经过几年的酝酿、规划和编纂，《西夏学文库》（以下简称《文库》）终于和读者见面了。2016 年，这一学术出版项目被列入"十三五"国家重点图书出版规划，2017 年入选国家出版基金项目，并在"十三五"开局的第二年即开始陆续出书，这是西夏学界和出版社共同努力的硕果。

自 1908、1909 年黑水城西夏文献发现起，近代意义上的西夏学走过了百年历程，大体经历了两个阶段：

20 世纪 20 年代至 80 年代为第一阶段，该时期的西夏学有如下特点：

一是苏联学者"近水楼台"，首先对黑水城西夏文献进行整理研究，涌现出伊凤阁、聂历山、龙果夫、克恰诺夫、索弗罗诺夫、克平等一批西夏学名家，出版了大量论著，成为国际西夏学的"老大哥"。

二是中国学者筚路蓝缕，在西夏文文献资料有限的情况下，结合汉文文献和文物考古资料，开展西夏语言文献、社会历史、文物考古研究。20 世纪 30 年代，王静如出版三辑《西夏研究》，内容涉及西夏佛经、历史、语言、国名、官印等。1979 年，蔡美彪《中国通史》第六册专列西夏史，和辽金史并列，首次在中国通史中确立了西夏史的地位。

三是日本、欧美的西夏研究也有不俗表现，特别是日本学者在西夏语言文献和党项古代史研究方面有着重要贡献。

四是经过国内外学界的不懈努力，至 20 世纪 80 年代，中国西夏学界推出《西夏史稿》《文海研究》《同音研究》《西夏文物研究》《西夏佛教史略》《西夏文物》等一系列标志性成果，发表了一批论文。西夏学从早期的黑水城文献整理与西夏文字释读，拓展成对党项民族及西夏王朝的政治、历史、经济、军事、地理、宗教、考古、文物、文献、语言文字、文化艺术、社会风俗等全方位研究，完整意义上的西夏学已经形成。

20世纪90年代迄今为第二阶段，这一时期的西夏学呈现出三大新特点：

一是《俄藏黑水城文献》《英藏黑水城文献》《日本藏西夏文文献》《法藏敦煌西夏文文献》《斯坦因第三次中亚考古所获汉文文献（非佛经部分）》《党项与西夏资料汇编》《中国藏西夏文献》《中国藏黑水城汉文文献》《中国藏黑水城民族文字文献》《俄藏黑水城艺术品》《西夏文物》(多卷本) 等大型文献文物著作相继整理出版，这是西夏学的一大盛事。

二是随着文献文物资料的整理出版，国内外西夏学专家们，无论是俯首耕耘的老一辈学者，还是风华正茂的中青年学者，都积极参与西夏文献文物的诠释和研究，潜心探索，精心培育新的科研成果，特别是在西夏文文献的译释方面，取得了卓越成就，激活了死亡的西夏文字，就连解读难度很大的西夏文草书文献也有了突破性进展，对西夏历史文化深度开掘做出了实质性贡献。举凡西夏社会、政治、经济、军事、文化、法律、宗教、风俗、科技、建筑、医学、语言、文字、文物等，都有新作问世，发表了数以千计的论文，出版了数以百计的著作，宁夏人民出版社、上海古籍出版社、中国社会科学出版社、社科文献出版社、甘肃文化出版社成为这一时期西夏研究成果出版的重镇。宁夏大学西夏学研究院编纂的 《西夏研究丛书》《西夏文献研究丛刊》，中国社会科学院西夏文化研究中心联合宁夏大学西夏学研究院等单位编纂的《西夏文献文物研究丛书》是上述成果的重要载体。西夏研究由冷渐热，丰富的西夏文献资料已悄然影响着同时代宋、辽、金史的研究。反之，宋、辽、金史学界对西夏学的关注和研究，也促使西夏研究开阔视野，提高水平。

三是学科建设得到国家的高度重视，宁夏大学西夏学研究中心（后更名为西夏学研究院）被教育部批准为高校人文社科重点研究基地，中国社会科学院将西夏学作为"绝学"，予以重点支持，宁夏社会科学院和北方民族大学也将西夏研究列为重点。西夏研究专家遍布全国几十个高校、科研院所和文物考古部门，主持完成和正在开展近百项国家和省部级科研课题，包括国家社科基金特别委托项目"西夏文献文物研究",重大项目"黑水城西夏文献研究""西夏通志""黑水城出土医药文献整理研究",教育部重大委托项目"西夏文大词典""西夏多元文化及其历史地位研究"。

研究院按照教育部基地评估专家的意见,计划在文献整理研究的基础上,以国家社科基金重大项目和教育部重大委托项目为抓手,加大西夏历史文化研究力度,推出重大成果,同时系统整理出版百年来的研究成果。中国社会科学院西夏文化研究中心也在继承传统、总结经验的基础上,制订加强西夏学学科建设、深化西夏研究、推出创新成果的计划。这与甘肃文化出版社着力打造西夏研究成果出版平台的设想不谋而合。于是三方达成共同编纂出版《文库》的协议,由史金波、杜建录共同担纲主编,一方面将过去专家们发表的优秀论文结集出版,另一方面重点推出一批新的研究著作,以期反映西夏研究的最新进展,推动西夏学迈上一个新的台阶。

二

作为百年西夏研究成果的集大成者,作为新时期标志性的精品学术工程,《文库》不是涵盖个别单位或部分专家的成果,而是要立足整个西夏学科建设的需求,面向海内外西夏学界征稿,以全方位展现新时期西夏研究的新成果和新气象。《文库》分为著作卷、论集卷和译著卷三大板块。其中,史金波侧重主编论集卷和译著卷,杜建录侧重于主编著作卷。论集卷主要是尚未结集出版的代表性学术论文,因为已公开发表,由编委会审核,不再匿名评审。著作卷由各类研究项目(含自选项目)成果、较大幅度修订的已出著作以及公认的传世名著三部分组成。所有稿件由编委会审核,达到出版水平的予以出版,达不到出版水平的,则提出明确修改意见,退回作者修改补正后再次送审,确保《文库》的学术水准。宁夏大学西夏学研究院设立了专门的基金,用于不同类型著作的评审。

西夏研究是一门新兴的学科,原来人员构成比较单一,学术领域比较狭窄,研究方法和学术水准均有待提高。从学科发展的角度看,加强西夏学与其他学科的学术交流,是提高西夏研究水平的有效途径。我国现有的西夏研究队伍,有的一开始即从事西夏研究,有的原是语言学、历史学、藏传佛教、唐宋文书等领域的专家，后来由于深化或扩充原学术领域而涉足西夏研究，这些不同学术背景的专家们给西夏研究带来了新的学术视角和新的科研气象，为充实西夏研究队伍、提高西夏研究水平、打造西夏学学科集群做出了重要的贡献。在资料搜集、研究方法和学术规范等方面，俄罗斯、日本、美国、英国和法国的西夏研究者值得我们借鉴学习，《文库》尽量把他们的研究成果翻译出版。值得一提的是，我们还特别请作者，特别是老专家在各自的著述中撰写"前言"，深入讲述个人从事西夏研究的历程，使大家深切感受各位专家倾心参与西夏研究的经历、砥砺钻研的刻苦精神，以及个中深刻的体会和所做出的突出成绩。

《文库》既重视老专家的新成果，也青睐青年学者的著作。中青年学者是创新研究的主力，有着巨大的学术潜力，代表着西夏学的未来。也许他们的著作难免会有这样那样的不足，但这是他们为西夏学殿堂增光添彩的新篇章，演奏着西夏研究创新的主旋律。《文库》的编纂出版，既是建设学术品牌、展示研究成果的需要，也是锻造打磨精品、提升作者水平的过程。从这个意义上讲，《文库》是中青年学者凝练观点、自我升华的绝佳平台。

入选《文库》的著作，严格按照学术图书的规范和要求逐一核对修订，务求体例统一，严谨缜密。为此，甘肃文化出版社成立了《文库》项目组，按照国家精品出版项目的要求，精心组织，精编精校，严格规范，统一标准，力争将这套图书打造成内容质量俱佳的精品。

三

西夏是中国历史的重要组成部分，西夏文化是中华民族文化不可或缺的组成部分。西夏王朝活跃于历史舞台，促进了我国西北地区的发展繁荣。源远流长、底蕴厚重的西夏文明，是中华各民族兼容并蓄、互融互补、同脉同源的见证。深入研究西夏有利于完善中国历史发展的链条，对传承优秀民族文化、促进各民族团结繁荣有着重要意义。西夏研究工作者有责任更精准地阐释西夏文明在中华文明中的地位、特色、贡献和影响，把相关研究成果展示出来。《文库》正是针对西夏学这一特殊学科的建设规律，瞄准西夏学学术发展前沿，提高学术原创能力，出版高质量、标志性的西夏研究成果，打造具有时代特色的学术品牌，增强西夏学话语体系建设，对西夏研究起到新的推动作用，对弘扬中华优秀传统文化做出新的贡献。

甘肃是华夏文明的重要发祥地之一，也是中华民族多元文化的资源宝库。在甘肃厚重的地域文明中，西夏文化是仅次于敦煌文化的另一张名片。西夏主体民族党项羌自西南地区北上发展时，最初的落脚点就在现在的甘肃庆阳一带。党项族历经唐、五代、宋初的壮大，直到占领了河西走廊后，才打下了立国称霸的基础。在整个西夏时期，甘肃地区作为西夏的重要一翼，起着压舱石的作用。今甘肃武威市是西夏时期的一流大城市西凉府所在地，张掖市是镇夷郡所在地，酒泉市是番和郡所在地，都是当时闻名遐迩的重镇。今瓜州县锁阳城遗址为西夏瓜州监军所在地。敦煌莫高窟当时被誉为神山。甘肃保存、出土的西夏文物和文献宏富而精彩，凸显了西夏文明的厚重底蕴，为复原西夏社会历史提供了珍贵的历史资料。甘肃是西夏文化的重要根脉，是西夏文明繁盛的一方沃土。

甘肃文化出版社作为甘肃本土出版社，以传承弘扬民族文化为己任，早在 20 多年前就与宁夏大学西夏学研究中心（西夏学研究院前身）合作，编纂出版了《西夏研究丛书》。近年来，该社精耕于此，先后和史金波、杜建录等学者多次沟通，锐意联合编纂出版《文库》，全力申报"十三五"国家图书出版项目和国家出版基金项目，践行着出版人守望、传承优秀传统文化的历史使命。我们衷心希望这方新开辟的西夏学园地，成为西夏学专家们耕耘的沃土，结出丰硕的科研成果。

史金波　杜建录

2017 年 3 月

目 录

西夏《天盛律令》研究的若干问题(代绪论)

一、文本整理出版

西夏文《天盛改旧新定律令》(以下简称《天盛律令》)是西夏天盛年间颁行的一部法典,有西夏文和汉文两种文本①,汉文本已失传,西夏文本1909年内蒙古额济纳旗黑水古城出土,现藏俄罗斯科学院东方文献研究所。西夏文《天盛律令》是中国历史上第一部用少数民族文字印行的法典,全书二十卷,一百五十门,一千四百六十一条,没有注释和案例,全部是律令条文,包括刑法、诉讼法、行政法、民法、经济法、军事法,是研究西夏社会和中国法制史的重要资料。

1932年,苏联著名西夏学家聂历山在《国立北平图书馆馆刊》"西夏文专号"撰文指出,"在亚洲博物馆(即后来的东方学研究所——引者加)中有关于西夏法律之官书甚多,中有若干颇为完好,大半则俱属残本。若就现存各本之大小为断,此当属西夏各朝之法典,其中一部分尚存书名,为《天盛年变新民制学》,是可证也"②。应该说聂历山是研究《天盛律令》的第一人。

1963年,戈尔芭乔娃和克恰诺夫在《苏联科学院东方文献研究所列宁格勒分所藏西夏文写本和刊本目录》(简称《西夏文写本和刊本目录》)③一书中,对《天盛律令》的卷次、页码,各编号的叶面尺寸、行数、字数、保存情况等作了描述。在文献整理的同时,克恰诺夫开始致力于进一步研究和资料的运用,1965年他发表的《有关西夏政府机构的西夏文史料》④,就是对《天盛律令》卷十《司序行文门》的介

① 史金波、聂鸿音、白滨译《天盛改旧新定律令》"颁律表"记载:"合汉文者奏副中兴府正汉大学院博士杨时中;译汉文者西京尹汉学士讹名□□;译汉文纂定律令者汉学士大都督府通判芭里居地;译汉文者番大学院博士磨勘司承旨学士苏悟力。"(北京:法律出版社,2000年,第108页。后文简称《天盛律令》并省去译者、出版社和出版时间。)
② [英]聂斯克著,张玛丽英译,向达汉译:《西夏语研究小史》,《国立北平图书馆馆刊》"西夏文专号",1932年。
③ 苏联东方文学出版社,1963年;汉译本见中国社会科学院民族研究所历史研究室资料组编译《民族史译文集》第3辑,1978年。
④《亚洲民族研究所简报》第69期,1965年。

绍和研究。1968年出版的《西夏史纲》[①]，也大量引用《天盛律令》中的资料。1974年发表《西夏法律史略》[②]，1980—1983年发表《11世纪西夏法典中异族与外国的规定》《西夏法典中反映的12至13世纪社会组织》《12世纪西夏法典》[③]。1987—1989年出版四卷本《天盛改旧新定律令》[④]，第一卷为研究篇，是他对法典研究成果，第二、三、四卷为法律条文的俄译和西夏文影印件，该书刊布并翻译了20世纪80年代以前识别出的《天盛律令》刻本，但缺少卷首《名略》及部分尚未释出的叶面。克恰诺夫倾注了二十年心血，第一次把西夏文《天盛律令》翻译成俄文，在西夏法律文献翻译史上具有开创性意义。更为重要的是，与俄译文一同刊布的西夏文影印件让更多的研究者见到了《天盛律令》的原貌，为中国学者的研究提供了可以参照的底本。由于文本上的局限，克恰诺夫的俄译本在中国没有得到充分的利用。

1988年，宁夏社会科学院组织专家对克恰诺夫俄译本进行翻译，出版《西夏法典——天盛改旧新定律令》(1—7章)[⑤]，遗憾的是由于种种原因，只出版了前七章，后面的工作没能继续下去。

中国社会科学院民族研究所专家利用克恰诺夫的影印件直接汉译，完成汉译本《西夏天盛律令》，1994年在《中国珍稀法律典籍集成》甲编第五册出版[⑥]，从此中国读者能够看到这部法律的全貌。

1998年，《俄藏黑水城文献》第八、九两册刊布了《天盛改旧新定律令》刻本和五种写本，另收录二卷名略以及刻本零叶和写本残件。[⑦]史金波等先生据此对1994年出版的汉译本《西夏天盛律令》进行了五方面的修订：

（一）补译了原来所缺的内容，包括卷首《天盛律令》名略二卷，卷十四《误伤杀与斗殴门》中新识别出的二十三条，以及少量刻本零叶和据写本新校补的残字。

（二）删除了原汉译本中关于西夏字意的注释，仅在原件残缺或意义不明的

① 苏联科学出版社，1968年。

② [苏]克恰诺夫：《西夏法律史略——在西夏十二世纪法典中的中国中世纪的十个罪犯》，《东方文献》(《历史—语文学研究1970年鉴》)，莫斯科，1974年。

③ [苏]克恰诺夫：《12世纪西夏法典中异族与外国的规定》，《东方国家与民族》第22期，1980年；《西夏法典中反映的12至13世纪的社会组织》，《中国的社会与国家》，1981年；《12世纪的西夏法典》，《亚非民族》第2期，1983年。

④ [苏]克恰诺夫：《天盛改旧新定律令》，莫斯科：苏联科学出版社，1987—1989年。

⑤ [苏]克恰诺夫著，李仲三汉译，罗矛昆校：《西夏法典——天盛改旧新定律令》(1—7章)，银川：宁夏人民出版社，1988年。

⑥ 史金波、聂鸿音、白滨译：《西夏天盛律令》，"中国珍稀法律典籍集成"本，北京：科学出版社，1994年。

⑦ 俄罗斯科学院东方学研究所圣彼得堡分所、中国社会科学院民族研究所、上海古籍出版社编：《俄藏黑水城文献》第八、九册，上海：上海古籍出版社，1998—1999年(以下引文省略编著者和出版社)。

地方出注。

(三)参照当时西夏文献释读新成果改译了一些词语。

(四)对一些句子的语序和标点进行了调整,以求译文顺畅。

(五)将出现较多的法律术语和专有名词编成"译名对照表",便于查阅。①

2000年1月,法律出版社出版了增订的《天盛改旧新定律令》(简称《天盛律令》)。译者利用整理俄藏黑水城西夏文献的便利,通过西夏文佛经发愿文,夏译汉籍、西夏文字辞书、类书、诗歌中的资料,解决了大量西夏法律术语和名物制度的翻译,不仅为研究者提供了完整的汉文译本,而且为后来翻译西夏文《亥年新法》《法则》等法律文献提供了重要依据,也为解读西夏社会文书提供了重要依据。

汉译本《天盛律令》是迄今最通行、影响最大的译本,但翻译、校勘、考证绝非易事。校书如扫落叶,旋扫旋生,翻译、考证又何尝不是呢! 正如俄译本作者克恰诺夫教授指出的:"这类典籍任何时候也不可能一译而就,需要一代、两代、三代学者,对它们二次、三次甚至十次翻译,每次都要仔细推敲原文,才能使译文臻于完善。"②汉译本《天盛律令》出版近20年来,随着新资料不断发现、公布和考释,对译本所依据原文进一步补充、推敲、考证成为可能。当然,必须指出的是,这些工作都是在原汉译本的基础上进行的,研究的思路和方法也是受汉译本的启发。③

(一)西夏文版本需进一步梳理。目前流行的西夏文本有克恰诺夫整理的影印件④和《俄藏黑水城文献》甲种本。1994年科学出版社出版的汉译本《西夏天盛律令》,完全依据克恰诺夫俄译本所依据的影印件,该影印件是对不同编号文本的缀合。2000年法律出版社出版的《天盛改旧新定律令》补译了原来所缺的内容,包括卷首《名略》二卷,卷十四《误伤杀与斗殴门》中新识别出的二十三条,以及少量刻本零叶和据写本新校补的残字。应该说以一种相对完整的文本为基础,补充该文本缺失而其他版本或复本里所存的叶面、字句,或其他文本墨迹相对清楚者,是一件非常艰辛的文献缀合工作,他为研究者提供了比较完整的西夏

---

① 《天盛律令·前言》,第6—7页。

② [苏]克恰诺夫著,李仲三汉译,罗矛昆校:《西夏法典——天盛改旧新定律令》(1—7章)序言,银川:宁夏人民出版社,1988年。

③ "𘟙𘒏"是《天盛律令》中经常出现的一个职官,"中国珍稀法律典籍集成"本按原字面译为"言过处",后来翻译者在俄藏西夏佛经发愿文中看到这个词语和汉文发愿文中的"提点"对译,由此法律出版社再版时一律改为"提点"。

④ 克恰诺夫俄译本附西夏文原件,莫斯科:苏联科学出版社,1987—1989年。

文本,是功德无量的事。但从版本学的角度看,这种文本不是真正意义上的西夏版本,特别是前述两次文本整理,均没有注明哪些条文是补缀的以及补缀文献的编号和版本情况,这样又给研究带来了不便,有的读者把它们误作一种版本使用。因此,版本梳理显得格外重要。这是其一。

其二,俄译本和汉译本均依据克恰诺夫整理的西夏文本,汉译者在第二版增订过程中,虽然对克氏整理的西夏文本进行了补充,但依然有不少问题,有的是缺漏,如卷十五《催缴租门》漏译第一、二行,即"𗊱𗰓𗏹𘗐𗿒𗣀𗣼𘚞𗤋𘓨𗗙𗧘𗄭𗟲𗒹𗊪𗃛𗄈𗏇𗧘𗆧𗡪𘞽𗤙",汉文意思是"京畿所辖七个郡县,根据土地的贫瘠程度,将地租的交纳数额分成几个等级,最优良土地的每亩纳租一斗,其次八升"。这两行正文和门类目录同在一面(俄藏甲种本39-1)。同时,因缀合失误,《催缴租门》还漏译了俄藏甲种本39-15右面半叶9行,从"𘟨𗧘𗯴𗒘𗧘𘖑𗤐𗧘𗤋𗒘𘒩"到"𗤜𗵒𗊩𘝞𘘒𘐗𘒛𘘣𘟛𗇁𘞏",内容包括交租时间、催交地租和催促磨勘等。[1]

再如,卷十三《执符铁箭显贵言等失门》漏译卷尾发兵请符牌条最后3行和转领符牌告导送条全部,从"𘖑𗋅𘝞𘍦𗪟𗉮𘉋𗠣𗊽𗤋𗩾𘐆𗴭𗕔"至"□□□□□□□□□𘉋𘊚𗊽𘖑𘉼�"共计11行西夏文,这部分条文已很残。[2]

有的是页码顺序错乱,如卷十五《催缴租门》第二行后缺半叶9行107字,即图版39-2右半叶空白部分。[3]而这部分内容被错置在同卷《春开渠事门》[4],也就是上文提到的第二部分漏译内容的前半段,即俄藏甲种本图版39-15[5]。俄藏甲种本卷十五图版正确的顺利应该是39-1、39-15、39-3、39-4……39-14、39-16、39-17……39-38、39-39。

在整理过程中,还发现这样一个问题,有的地方汉译本是正确的,而俄藏甲种本却出现了问题,如甲种本卷五第31-17、31-28、31-29、31-30、31-31共5叶10面不是该卷条文[6],而是将卷十五《纳领谷派遣计量小监门》第2、3、4、5、6、7、8条误缀于此,从"𗕔𗔀𘝞𗁣𘘣𗉮𘓖𗂅𘎑𘕞𘈈"到"𗊱𗰓𗼃𗁾𗉤𘝞𘝥𗧘𘎑𗤋𗠣𗉱𗌭𗒘𘈈𗍁�u𘞿𗧘"到"𗉤�u𘈙�u𗣼𗤋𗣼𘈈𘈈𗰜𗨁"二条。汉译文"(从重者判)断,粮食交接期限多少见条下"到"以过京师中书,边上刺史处所管事处检校。完毕时,依据属法当取之"[7]。卷五

① 潘洁:《〈天盛改旧新定律令·催缴租门〉一段西夏文缀合》,《宁夏社会科学》2012年第6期,94—96页。
② 《俄藏黑水城文献》第八册《天盛改旧新定律令》卷十三,第296—297页。
③ 《俄藏黑水城文献》第八册《天盛改旧新定律令》卷十五,第301页。
④ 《俄藏黑水城文献》第八册《天盛改旧新定律令》卷十五,第307页。
⑤ 潘洁:《〈天盛改旧新定律令·催缴租门〉一段西夏文缀合》,《宁夏社会科学》2012年第6期,第94页。
⑥ 《俄藏黑水城文献》第八册《天盛改旧新定律令》卷五,第132—134页。
⑦ 《天盛律令》卷一五《纳领谷派遣计量小监门》,第510—514页,

错置的上述图版恰好与卷十五图版39-33、39-34、39-35、39-36、36-37共5个图版相同。①

其三，《英藏黑水城文献》中的《天盛律令》残件、《俄藏黑水城文献》混入其他法律文献的《天盛律令》残件，需要进一步考证校勘，有的可补《天盛律令》之缺失。如《俄藏黑水城文献》第八册《天盛改旧新定律令》甲种本《名略》卷十一中间部分略有残缺，其中《出工典门》第三条标题缺失3字，且最后2字模糊不清；第六条标题缺失2字。②《俄藏黑水城文献》第八册《天盛改旧新定律令》乙种本中《名略》卷十一亦缺失。为此，汉译本该条名略缺译中间二字。③而英藏编号Or.12380—0044（K.KII0283.aaa）④、Or.12380—0033（K.KII.0283.aaa）⑤残件，恰好是《名略》卷十一，所存文字正好弥补俄藏《天盛改旧新定律令·名略》卷十一第三条所缺，该行文字补全为"𗋽𗏹𗥑𗤋𗅲𘃡"，汉译"使役不许打杀"。

（二）研究思路和方法需进一步梳理。西夏文字是一种死文字，西夏文《天盛律令》又是多种文本缀合，目前通行的汉译本除了上述缺漏、页码错乱等方面的问题外，在译文上还有必要进一步探讨，如有的是意译，有的是音译，使用者大多没有对照原文，考证原始本意，直接引用汉译本的资料，出现了一些以讹传讹或望文生义的现象；对部分难以理解的名物制度，还有必要利用西夏社会文书进一步考释；除了《唐律疏义》《宋刑统》等法典外，缺乏和《庆元条法事类》等同时代法律文献比照研究。

二、文献考释研究

夏、俄、汉三种文本《天盛改旧新定律令》公布前，学界对该律令的研究只有克恰诺夫的相关论著和日本学者冈崎精郎的《关于西夏的法典》《党项的习惯法和西夏法典》等介绍和研究文章。⑥20世纪90年代初，史金波先生根据俄译本所附的西夏文影印件，发表《一部有特色的历史法典——西夏〈天盛改旧新定律

①《俄藏黑水城文献》第八册《天盛改旧新定律令》卷十五，第316—318页。

②《俄藏黑水城文献》第八册《天盛改旧新定律令名略》甲种本卷下，第15页。

③《天盛律令·名略下卷》，第56页。

④ 西北第二民族学院、上海古籍出版社、英国国家图书馆编：《英藏黑水城文献》第一册，上海古籍出版社，2005年，第19页（以下省略编著者和出版社）。

⑤《英藏黑水城文献》第一册，第19—20页。

⑥［日］冈崎精郎：《关于西夏的法典》，《历史学家》1953年；《党项的习惯法和西夏法典》，《法制史研究》(18)，1968年，法制史学会，第175—176页。

令〉》《西夏〈天盛律令〉略论》等文章。①夏、俄、汉三种文本特别是汉译本公布后，引起了学界的极大关注,在广泛运用于西夏社会历史研究的同时,对汉译本和西夏文本的考释补正也逐渐展开。一部分学者对汉译本未采或漏译的残卷、残叶进行译考。如聂鸿音《俄藏6965号〈天盛律令〉残卷考》《西夏〈天盛律令〉里的中药名》②,前者补充了汉译本卷十四的所缺部分内容,后者纠正了汉译本中卷十七《物离库门》中误译和尚未解决的中药名称。韩小忙、王长明《俄 Инв. №.353 号〈天盛律令〉残片考》,利用刊布的《天盛律令》乙种本残片,补充汉译本卷十一《出典工门》的残缺字词。③佐藤贵保《西夏法典贸易关联条文译注》,补正汉译本中有关贸易条文;《未刊俄藏西夏文〈天盛律令〉印本残片》一文,利用未刊西夏文《天盛律令》残片,补充已刊本卷十九所缺部分内容。④潘洁《〈天盛改旧新定律令·催缴租门〉一段西夏文缀合》通过补释错置于《春开渠事门》中一段被漏译的律文,讨论了西夏收缴两税的时间和程序。⑤高仁⑥、许鹏⑦、和智⑧、许生根⑨、孔祥辉⑩、庞倩⑪等也在这方面进行了研究。

宁夏大学西夏学研究院以中俄西夏学合作研究为基础,自2010年开始在上海古籍出版社出版《西夏文献研究丛刊》,其中陆续推出多部针对《天盛律令》某个门类的研究专著。潘洁《〈天盛律令〉农业门整理研究》⑫,以《俄藏黑水城文献》

---

① 史金波:《一部有特色的历史法典——西夏〈天盛改旧新定律令〉》,载《中国法律史国际学术讨论会论文集》,陕西人民出版社1990年版;史金波:《西夏〈天盛律令〉略论》,《宁夏社会科学》1993年第1期,第47—55页。

② 聂鸿音:《俄藏6965号〈天盛律令〉残卷考》,《宁夏大学学报》(哲学社会科学版)1998年第3期;《西夏〈天盛律令〉里的中药名》,《中华文史论丛》2009年第4期。

③ 韩小忙、王长明:《俄 Инв. №.353 号〈天盛律令〉残片考》,载《吴天墀教授百年诞辰纪念文集》,成都:四川人民出版社,2013年,第129—131页。

④ [日]佐藤贵保:《西夏法典贸易关联条文译注》,载《丝绸之路与世界史》,大阪大学研究院文学研究科,2003年,第197—255页。新潟大学主编:《未刊俄藏西夏文〈天盛律令〉印本残片》,《西北出土文献研究》第6期,新潟西北出土文献研究会,2008年,第55—62页,译文见《西夏研究》2011年第3期。

⑤ 潘洁:《〈天盛改旧新定律令·催缴租门〉一段西夏文缀合》,《宁夏社会科学》2012年第6期。

⑥ 高仁:《一件英藏〈天盛律令〉印本残页译考》,《西夏学》2015年第1期。

⑦ 许鹏:《俄藏 Инв. №.8084в 和8084Ж 号〈天盛律令〉残片考释》,《宁夏社会科学》2016年第6期;《俄藏 Инв. №.4429〈天盛律令〉残页考释》《西夏研究》2018年第4期;《俄藏6239号〈天盛律令〉中的两则残叶考释》,《西北民族论丛》2018年第2期。

⑧ 和智:《〈天盛改旧新定律令〉补考五则》,《中华文史论丛》2018年第1期;《西夏文〈天盛改旧新定律令〉校补六则》,《西夏研究》2022年第2期。

⑨ 许生根:《英藏〈天盛律令〉西夏制船条款考》,《宁夏社会科学》2016年第2期。

⑩ 韩小忙、孔祥辉:《英藏〈天盛律令〉残片的整理》《西夏研究》2016年第4期;《英藏〈天盛律令〉Or.12380—3762残片补考》《西夏研究》2018年第4期;《两则未刊俄藏〈天盛律令〉残片考释》《西夏学》2018年第2期;《俄藏 Инв. №.6239 号〈天盛律令〉残片补考》《西夏学》2019年第1期;《俄藏 Инв. №.6740 号〈天盛律令〉残页译释研究》《西夏学》2020年第2期。

⑪ 庞倩:《俄藏未刊布5590号西夏写本〈天盛律令〉补释》,《西夏学》2021年第2期。

⑫ 潘洁:《〈天盛律令〉农业门整理研究》,上海:上海古籍出版社,2016年。

刊布的甲种本为底本,以农业条例较为集中的卷十五为对象,进行录文、对译、考释,纠正以往对俄藏甲种本拼合错误,对汉译本中的缺字、漏译也逐一校勘。在考证的基础上,将"麻褐"改译为"黄麻","黄豆"改译为"豌豆","伕事"改译为"役夫","租事草"改译为"租役草"等,进而讨论西夏京师、地中、地边、边中的概念,赋税制度,作物种类,租户家主等问题。

于光建《〈天盛律令〉典当借贷门整理研究》[①],以卷三《当铺门》《催索债利门》及卷十一《出典工门》有关典当借贷条文为对象,通过对译、校勘、注释,补正了汉译本中的未识、漏译、误译;对比分析俄译本与汉译本的差别;结合出土典当借贷契约,对西夏债权保障措施、官贷利率、以工抵债、牙人等进行专题讨论。

张笑峰《〈天盛律令〉铁箭符牌条文整理研究》[②],对律令中的铁箭符牌条文整理译释,纠正汉译本中的部分脱文与衍文,并对刀牌、木牌、信牌、兵符、铁箭、头子等内容进行考述,探讨西夏的符牌制度。

尤桦《〈天盛律令〉武器装备条文整理研究》[③],对卷五《军持兵器供给门》和《季校门》进行录文、译释与校证,订正了部分汉译本中的讹误,并结合传世史料、出土文物、敦煌壁画等材料对法典中记载的军器类别和军职结构和相关名物制度进行了考述。

宁夏大学西夏学研究院联合中国社会科学院西夏文化研究中心和甘肃文化出版社自2018年共同策划出版的《西夏学文库》(著作卷)收录了许伟伟《西夏宫廷制度研究》、和智《〈天盛改旧新定律令〉校译补正》。[④]前者在对卷十二《内宫待命等头项门》进行录文、对译、注释、校勘的基础上,结合其他文献资料,对西夏宫城布局、宫城中的机构、使职人员、宿卫制度、朝廷礼仪等进行专题研究,指出秘书监、阁门司、内宿司等机构和汉文史籍记载的小学、蕃汉二学院、文思院等均设在宫城;《宋史·夏国传》所载的西夏仁宗时期中书枢密机构的搬迁,是由宫城迁至宫城外的皇城,番汉二学院并非翰林学士院的别称;西夏文"𗼃𘆵"(帐下)为"宫下",指西夏后宫;西夏朝廷礼仪具有"以法施行"的特点。和智重新检视了全部汉译本,对一部分误识字、误译字词和衍字作了校证,补充了遗漏的片段,增补了一些新识字,修正了部分不通顺的译文。

宁夏大学西夏学研究院和陕西师范大学部分学位论文也对《天盛律令》的部

① 于光建:《〈天盛律令〉典当借贷门整理研究》,上海古籍出版社,2017年。
② 张笑峰:《〈天盛律令〉铁箭符牌条文整理研究》,上海古籍出版社,2019年。
③ 尤桦:《〈天盛律令〉武器装备条文整理研究》,上海古籍出版社,2019年。
④ 许伟伟:《西夏宫廷制度研究》,兰州:甘肃文化出版社,2020年;和智:《〈天盛改旧新定律令〉校译补正》,兰州:甘肃文化出版社,2022年。

分内容进行了释文考证和专题研究。博士论文方面,高仁《西夏畜牧业研究》①对《天盛律令》卷十九涉关畜牧业的十三个门类进行了完整录文与翻译,纠正了汉译本中错讹和遗漏的片段;翟丽萍《西夏职官制度研究——以〈天盛革故鼎新律令〉卷十为中心》②,在对卷十《续转赏门》《失职宽限变告门》《官军敕门》《司序行文门》录文、校勘、对译的基础上,着力考释该卷里面的专有名词和西夏职官制度的创立与发展、官阶制度、职司机构与职事官、军抄与军溜、监军司、经略司以及其他军事机构。

硕士论文方面,李丹《〈天盛律令·物离库门〉药名译考》③,通过对《物离库门》中的药名考证,纠正部分误译,如"葛贼"应是"干漆","红笼"应是"红蓝","马连子"应是"马楝子","蛀经子"应是"黄荆子","鸣虫"应是"虻虫"等。该文指出《物离库门》物品名称存在同物异名或一物多名的现象。同物异名如"枸杞",可写为"蕧蕔"或"蕧蕨";一物多名如"燹莂縱",可译为"京三棱"或"荆三棱"。

邹仁迪《〈天盛律令〉畜利限门考释》④,在对卷十九《畜利限门》译释的基础上,专题考论了前内侍、行宫司、北院、东院及群牧司等牧业管理机构和牧人。认为东院、北院从属于军牧体系且其权力低于同等级的黑水监军司,牧人是西夏畜牧业生产的主要承担者,他们领取官畜为营生之本,按照比例上缴幼畜或者毛、绒、乳、酥等副产品作为官府的红利,牧人有自属耕地等私有财产,非从事农牧生产的奴隶。

骆艳《俄藏未刊布西夏文献〈天盛律令〉残卷整理研究》⑤,梳理俄藏尚未刊布的《天盛律令》残卷,释读出编号 Инв.No.174、3810、4432、6741、785、2585、2586残件,分别是第十一章《为僧道修寺庙门》,第九章《事过问典迟门》《诸司判罪门》和《行狱杖门》,第十三章《遣差人门》和《持符铁箭显贵言等失门》,对补充已公布的《天盛律令》的残缺有比较重要的学术价值。和智对《天盛改旧定新律令名略》进行考校,补充个别遗漏。⑥

除《天盛律令》外,保存至今的西夏法律文献还有《贞观玉镜将》《亥年新法》《法则》《新法》等,《贞观玉镜将》由陈炳应先生汉译出版⑦,《亥年新法》《法则》和

① 高仁:《西夏畜牧业研究》,宁夏大学博士学位论文,2016年。
② 翟丽萍:《西夏职官制度研究——以〈天盛革故鼎新律令〉卷十为中心》,陕西师范大学博士学位论文,2013年。
③ 李丹:《〈天盛律令·物离库门〉药名译考》,宁夏大学硕士学位论文,2011年。
④ 邹仁迪:《〈天盛律令〉畜利限门考释》,宁夏大学硕士学位论文,2013年。
⑤ 骆艳:《俄藏未刊布西夏文献〈天盛律令〉残卷整理研究》,宁夏大学硕士学位论文,2014年。
⑥ 和智:《西夏文〈天盛改旧定新律令名略〉新探》,《敦煌研究》2021年第1期。
⑦ 陈炳应:《贞观玉镜将研究》,银川:宁夏人民出版社,1995年。

《新法》，只有对其中的某一卷的考释研究①，还没有完整的汉译本，相关课题正在进行中。另外韩小忙主持国家社科基金重大项目"西夏文《天盛律令》整理研究"即将完成。

三、法律制度及相关问题讨论

汉译本《天盛律令》的出版，为研究西夏法律制度，解读西夏社会历史提供了便利，二十年来先后出版著作六部，发表论文百余篇。归纳起来，大体有如下方面：

（一）综合研究。王天顺主编《西夏天盛律令研究》②，分门别类概述《天盛律令》的主要内容，分析了西夏刑法的种类、审判诉讼程序和原则，讨论西夏农牧业、手工业生产制度及阶级结构，宗教、婚姻制度，武器配备及边防制度，指出封建农奴制是《天盛律令》产生的经济基础，党项宗族是该法典的社会基础，《天盛律令》的根本目的是维护党项宗族的统治地位。杨积堂《法典中的西夏文化——西夏〈天盛改旧新定律令〉研究》③，在解读西夏刑法和诉讼制度、民事法律、农牧业立法、行政立法以及婚姻法、宗教法的基础上，阐释西夏法律文化的基本特征和《天盛律令》对研究西夏文化的重要意义。杜建录《〈天盛律令〉与西夏法制研究》④，运用《天盛律令》中的资料，结合传世汉文典籍以及出土西夏文献与文物考古资料，对西夏的刑法、民法、经济法、财政法、军事法、行政法、宗教与禁卫法以及法典所反映的西夏社会制度作了较为深入的研究，并与《唐律疏议》《宋刑统》《庆元条法事类》等同时代的中原王朝法典进行了比较，指出《天盛律令》是在唐宋律的基础上，结合本民族特点制定的。姜歆《西夏法律制度研究——〈天盛改旧新定律令〉初探》⑤，分专题讨论西夏的法律制度以及唐宋律令对西夏法制的影响。陈永胜《西夏法律制度研究》⑥，以《天盛改旧新定律令》为中心，对西夏的行

---

① 贾常业：《西夏法律文献〈新法〉第一译释》，《宁夏社会科学》2009年第4期。周峰：《西夏文〈亥年新法·第三〉译与研究》，中国社会科学院博士学位论文，2013年。赵焕震：《西夏文〈亥年新法〉卷十五"租地夫役"条文释读与研究》，宁夏大学硕士学位论文，2014年。梁松涛、袁利：《黑水城出土西夏文〈亥年新法〉卷十二考释》，《宁夏师范学院学报》2013年第2期。梁松涛：《黑水城出土西夏文〈亥年新法〉卷十三"隐逃人门"考释》，《宁夏师范学院学报》2015年第2期。梁松涛、李灵均：《试论西夏中晚期官当制度之变化》，《宋史研究论丛》2015年第1期。于业勋：《西夏文献〈法则〉卷六释读与研究》，宁夏大学硕士学位论文，2013年。王龙：《西夏文献〈法则〉卷九释读与研究》，宁夏大学硕士学位论文，2013年。王培培：《〈亥年新法〉卷十四考释》，《西夏研究》2021年第4期。
② 王天顺主编：《西夏天盛律令研究》，兰州：甘肃文化出版社，1998年。
③ 杨积堂：《法典中的西夏文化——西夏〈天盛改旧新定律令〉研究》，北京：法律出版社，2003年。
④ 杜建录：《〈天盛律令〉与西夏法制研究》，银川：宁夏人民出版社，2005年。
⑤ 姜歆：《西夏法律制度研究——〈天盛改旧新定律令〉初探》，兰州：兰州大学出版社，2005年。
⑥ 陈永胜：《西夏法律制度研究》，北京：民族出版社，2006年。

政法、刑事法、民事法、经济法、宗教法、婚姻家庭法、军事法的内容和特点进行梳理归纳，指出西夏的立法思想具有本民族的特点，同时兼容并蓄，深受儒家文化影响，佛教对立法思想也产生了较大影响。邵方《西夏法制研究》①，从中华文明、中华法系的视野出发，对《天盛律令》分类梳理，指出西夏法律是中华法系的重要组成部分，它在吸收和借鉴中原法律的基础上，融入了大量党项族的法律意识、法律原则、法律元素。

（二）法律制度。李殊《宋与西夏法律编纂形式比较研究》、刘双怡、李华瑞《〈天盛律令〉与〈庆元条法事类〉比较研究》②，前者讨论了宋、夏法律编纂形式的不同特点。后者通过比较研究，指出《天盛律令》更多的是受宋代编敕即《庆元条法事类》的影响，受《唐律疏义》和《宋刑统》的影响有限。杨积堂《西夏刑罚体系初探》③、杜建录《西夏的刑罚制度》④，分别探讨了西夏的刑罚体系和刑罚制度，认为西夏在继承唐宋的基础上，结合自身民族特点，建立起笞、杖、徒、流、死五种刑罚。姜歆《论西夏法典中的刑事法律制度》⑤、陈永胜《试论西夏的刑罚》⑥、王爽《论西夏的刑事法律制度》⑦，从西夏刑事法律制度形成的历史渊源、刑事立法思想、刑种与主要罪名、量刑原则、刑法特点等方面，论述了西夏的刑事法律。杜建录《西夏的审判制度》⑧，讨论了西夏审判管辖、判案期限、取证、刑讯以及申诉与终审等。审判管辖主要是级别管辖，判案期限则根据案件轻重来定，人证与物证是判案的重要依据。刑讯逼供是在证人所言与告者同，但仍"不肯招承"的情况下使用，滥施刑讯、拷囚致死则要治罪。重大案件的终审权掌握在皇帝的手中，有司未奏裁而擅自判断则将依律承罪。戴羽《〈天盛律令〉中的连坐制度探析》⑨，指出西夏连坐制度适用范围较广，包括侵犯皇权罪、侵害人身罪、职务犯罪、军事犯罪、侵犯财产罪及诬告罪等，为西夏主要刑罚之一。和同时代宋朝相比，西夏的连坐制度有自身特点，如亲属连坐较为发达，伍保连坐适用不多，这与西夏整体用刑较重、劳动人口不足及"贼患"较少有关。姜歆《论西夏法典〈天盛律令〉中

① 邵方:《西夏法制研究》,北京:人民出版社,2009年。
② 李殊:《宋与西夏法律编纂形式比较研究》,湖北大学硕士学位论文,2012年。刘双怡、李华瑞:《〈天盛律令〉与〈庆元条法事类〉比较研究》,北京:社会科学文献出版社,2018年。
③ 杨积堂:《西夏刑罚体系初探》,《宁夏大学学报》(哲学社会科学版)1999年第4期。
④ 杜建录:《西夏的刑罚制度》,《宋史研究论文集》第十辑,兰州:兰州大学出版社,2004年。
⑤ 姜歆:《论西夏法典中的刑事法律制度》,《宁夏社会科学》2003年第6期。
⑥ 陈永胜:《试论西夏的刑罚》,《甘肃理论学刊》2006年第1期。
⑦ 王爽:《论西夏的刑事法律制度》,西南政法大学硕士学位论文,2011年。
⑧ 杜建录:《西夏的审判制度》,《宁夏社会科学》2003年第6期。
⑨ 戴羽:《〈天盛律令〉中的连坐制度探析》,《学术探索》2013年第11期。

的法医学》①，梳理《天盛律令》中的西夏法医内容。周明《西夏刑事法律制度的儒家化》②，从西夏统治者对儒学的推崇、儒家文化在西夏文化中的重要地位等方面探究了西夏刑事法律制度儒家化问题。周永杰、李炜忠《论佛教戒律对西夏司法的影响》③，认为佛教戒律对西夏司法也产生了影响，西夏法律在引入佛教戒律的同时对其进行了改造，呈现出彼此影响、相互适应的关系。戴梦皓通过对西夏与中原刑法总则的对比，认为西夏《天盛律令》要比唐、宋律更为严苛，《天盛律令》中对特权阶级的优待比唐、宋律更为优厚，《天盛律令》中尚存在着习惯法的残余。④李鸣《西夏司法制度述略》⑤，利用《天盛律令》中的资料，对西夏的司法机构、诉讼制度、审判制度、监狱管理制度进行了概述。董昊宇《〈天盛律令〉中的比附制度——以〈天盛律令〉"盗窃法"为例》⑥，认为司法实践中，在无法律明文规定时参照最为相似的条文和案例进行断案的比附原则，是对成文法的有效补充和完善，西夏《天盛律令》中的比附原则没有像唐、宋律令中出现在疏议中，而是以正文的形式出现。出现形式主要有定罪比附、量刑比附、定罪量刑比附、前置比附、赏赐比附等，实行比附必须符合断罪无正条、比照事类相同的条文、遵循程序为前提。比附制度的应用对完善《天盛律令》律法空白具有重要意义。

（三）职官制度与社会形态。《天盛律令》卷十《司序行文门》为研究西夏职官制度提供了极为珍贵的材料。史金波在《天盛律令》相关规定的基础上，结合西夏《官阶封号表》，系统研究了西夏的"官""官阶""职"及职司机构，分析了"官"与"职"的关系，指出汉文典籍中蕃官名号是西夏官品名称的西夏语称谓，它与西夏的职事官没有关系，不能简单地说这些蕃号是西夏一般封号或官名译音。蕃人、汉人和其他羌、回鹘人都可以任"官"和"职"，西夏没有实行蕃人、汉人两套官制。⑦杜建录《西夏阶级结构研究》，以《天盛律令》资料为主，结合其他夏、汉文献与考古资料，论述了西夏社会的阶级结构。西夏的地主阶级大致由贵族地主、寺院地主与和中小地主三部分组成。和地主阶级相对的农（牧）民阶级比较广泛，分为自由民与依附民两大类。在依附民阶层中，租户家主既不同于贵族地主、寺观地主，也不同于国有土地上的生产者，而是一般的土地占有者和西夏赋税的主要

① 姜歆：《论西夏法典〈天盛律令〉中的法医学》，《宁夏大学学报》（人文社会科学版）2006年第5期。
② 周明：《西夏刑事法律制度的儒家化》，西南政法大学硕士学位论文，2011年。
③ 周永杰、李炜忠：《论佛教戒律对西夏司法的影响》，《西夏研究》2014年第3期。
④ 戴梦皓：《西夏刑法总则与中原刑法总则之异同比较》，复旦大学硕士学位论文，2011年。
⑤ 李鸣：《西夏司法制度述略》，《西南民族大学学报》（人文社科版）2003年第6期。
⑥ 董昊宇：《〈天盛律令〉中的比附制度——以〈天盛律令〉"盗窃法"为例》，《宁夏社会科学》2011年第5期。
⑦ 史金波：《西夏的职官制度》，《历史研究》1994年第2期。

承担者。种地者及门下人是失去土地而耕种地主土地的农奴,他们不仅要向主人缴纳分成数,还要替其负担租庸草,身受地主与官府的双重压迫。使军有自己的财产,为依附于贵族地主的农奴,而非奴隶。耕夫与牧人为国有农、牧场生产者,主要来自失去土地的个体族帐与部分刑满释放人员。官作户系国有土地上的农业生产者,可能是国有土地上的服苦役者。官人是依附于官府之人,私人为依附于贵族首领之人。私人有自己的财产,他们的身份与使军或门下人相似,而非奴婢。奴隶虽广泛存在于西夏社会,但不论农牧业还是手工业,奴隶劳动不占主导地位,占主导地位的是农奴劳动。①在《西夏的经济形态和生产力水平》一文中作者进一步强调,随着西夏与宋朝交往互动的深入,西夏由原始农奴制逐渐发展为封建租佃制,社会上出现了当时代表先进生产关系的定额租,其生产力水平大体与宋代西北地区相同。②王天顺《〈天盛律令〉与西夏社会形态》③,从有关西夏社会经济关系的法律条文入手,阐述党项宗族势力对西夏社会的支配和对封建化进程的障碍,认为李元昊建立政权是西夏奴隶制度正式形成的标志。高仁根据《天盛律令》中各类职官的律条,重新检视了汉文史籍与西夏文文献在记载职官方面互有出入的问题,认为西夏存在两种不因事设职的情况,其一类"职"具有与五等司平行的等次,能独立承担职事,其二类多由亲贵担任的"职"则往往凌驾于五等司之上,形成影响国家机器的力量。④

(四)行政区划与交通地理。汉译本《天盛律令》公布以前,学界关于西夏政区地理的研究主要以《宋史·夏国传》及明清学人的著述为凭,不仅数量匮乏,且史料价值良莠不一,汉译本的公布极大扭转了这一局面。《司序行文门》不仅记载了职官阶序,也较全面地体现了西夏中晚期地方行政区划的范围和层次。李昌宪《西夏地方行政体制刍议》将《司序行文门》关联传世汉文史籍,讨论了畿内、地中、地边的范围和司职机构。⑤王天顺在《西夏地理研究》中以《司序行文门》提供的3府,2州,17监军司,5军,2郡,9县,35城、堡、寨为基础,爬梳了西夏政区的层级、数量和建制沿革,揭示出西夏境内游牧经济与农业经济杂糅且多民族交融的背景下,政区设置因地制宜的特点。⑥杨蕤从《司序行文门》中地名地望的考证入手,辨明了汉文史籍中传抄致误的情况,客观还原了西夏政区的类型、数目和等

---

① 杜建录:《西夏阶级结构研究》,《固原师专学报》(社会科学版)1998年第4期。
② 杜建录:《西夏的经济形态和生产力水平》,《西夏学》2021年第1期。
③ 王天顺:《〈天盛律令〉与西夏社会形态》,《中国史研究》1999年第4期。
④ 高仁:《西夏"职"体系再探析》,《西夏学》2021年第2期。
⑤ 李昌宪:《西夏地方行政体制刍议》,《宋史研究论文集》第十辑,2002年。
⑥ 王天顺:《西夏地理研究》,兰州:甘肃文化出版社,2002年。

第关系,并归纳了各级政区的边界。①潘洁以《天盛律令》中的方位词为切入点,讨论了西夏地理区划。②在超脱西夏疆域的视野下,《天盛律令》也为丝绸之路历史文化的研究提供了不可或缺的支持。李学江、陈爱峰、杨富学利用《使往来门》《他国买卖门》《禁敕门》等内容论证了西夏利用丝路地缘优势与高昌回鹘、大食等政权发展商业贸易的情况。③王龙探讨了《边地巡检门》中西夏对过境的吐蕃、回鹘、鞑靼和女真人进行货物通检的程序,法典中还记载了通熟回鹘语文的西夏官员以及回鹘人在西夏任职的现象,这些都以西夏的视角体现了10—13世纪丝路贸易的实况。④

(五)土地制度及农田水利。西夏的土地制度大致为国家土地所有制、党项贵族大土地占有制、寺院土地占有制和小土地占有制四种形式。⑤李蔚《略论西夏的小农土地所有制》⑥,阐述了个体小农土地所有制主要通过开垦荒地而形成,个体小农是国家、贵族以及僧侣地主争夺的剥削对象。西夏地处西北干旱半干旱地带,降水稀少,农业生产完全依赖水利灌溉,因此《天盛律令》中的农田水利条例比较详备。杜建录《西夏水利法初探》和《西夏农田水利的开发与管理》⑦,运用《天盛律令》中的资料,勾勒出西夏灌溉渠道开挖、管理人员职责、用水分配、辅助设施建设等制度。聂鸿音《西夏水利制度》也有大体相同的讨论,指出西夏干渠、支渠、斗渠的形制与现代相仿。⑧张焕喜《浅析西夏的农业法律制度》,依据《天盛律令》有关农业生产的法令,从土地所有制形式、土地管理机构、土地管理制度、地租制度、水利制度等方面,讨论了西夏农业法律制度。⑨骆详译追溯了《天盛律令》中荒地产权制度和水利法的制度渊源,认为前者是唐代均田制瓦解以来土地私有制在西北地区的历史延续,后者同样深受唐代律令、《水部式》等中原法系的影响。⑩李治涛、尤桦通过对比《天盛律令》与《亥年新法》中水利法条的

① 杨蕤:《〈天盛律令·司序行文门〉与西夏政区刍议》,《中国史研究》2007年第4期;《西夏地理研究》,北京:人民出版社,2008年;《〈天盛改旧新定律令·司序行文门〉所见西夏地名考略》,《历史地理》2007年。
② 潘洁:《西夏地理区划考论——以天盛改旧新定律令中的方位词为中心》,《西夏研究》2012年第4期。
③ 李学江:《西夏时期的丝绸之路》,《宁夏社会科学》2002年第1期;陈爱峰、杨富学:《西夏与回鹘贸易关系考》,《敦煌研究》2009年第2期。
④ 王龙:《西夏文献中的回鹘——丝绸之路背景下西夏与回鹘关系补证》,《宁夏社会科学》2018年第1期。
⑤ 杜建录:《论西夏的土地制度》,《中国农史》2000年第3期。
⑥ 李蔚:《略论西夏的小农土地所有制》,《中国经济史研究》2000年第2期。
⑦ 杜建录:《西夏水利法初探》,《青海民族学院学报》(社会科学版)1999年第1期;《西夏农田水利的开发与管理》,《中国经济史研究》1996年第4期。
⑧ 聂鸿音:《西夏水利制度》,《民族研究》1998年第6期。
⑨ 张焕喜:《浅析西夏的农业法律制度》,西南政法大学硕士学位论文,2011年。
⑩ 骆详译:《从〈天盛律令〉看西夏荒地产权制度的流变》,《中国边疆史地研究》2017年第1期;《从〈天盛律令〉看西夏水利法与中原法的制度渊源关系——兼论西夏计田出役的制度渊源》,《中国农史》2015年第5期。

变化,透视了不同社会背景下国家对水利事业的需求和关怀。①

(六)畜牧生产。畜牧业是西夏重要的生产部门和支柱产业,特别是官牧生产在社会经济中占有举足轻重的地位。《天盛律令》中有关畜牧的律条内容丰富、体系完备。杜建录《西夏畜牧法初探》《论西夏畜牧业的几个问题》《西夏官牧制度初探》②,讨论了西夏国有牧场的管理、群牧生产及其产品分配等畜牧法规、官私畜牧业、畜产品种类等问题,指出官方对畜牧业的经营大致分属群牧司、经略司(或监军司)、马院三个系统,群牧司是最高畜牧业管理部门,它除在宏观上指导全国畜牧业生产外,还直接经营、管理国有牧场。西夏法律对畜产品的生产、管理、检校都有严格的规定,具体生产由依附于官府的"牧人"承担。发达的畜牧生产,尤其官马生产,为西夏强大的骑兵队伍奠定了雄厚的物质基础。同时,官牧业的发展对夏宋关系产生了深远的影响,它使西夏政府掌握了对宋畜产品出口的主动权。和平期间,西夏在榷场上以马、牛、羊、驼、毡毯交换宋朝的缯帛、罗绮、瓷器、茶叶等;双方交恶期间的走私贸易主要是西夏用青白盐换取宋朝的日用百货,西夏禁止驼、马等战略物资出口,从一个方面限制了北宋骑兵队伍的建设。姜歆《西夏〈天盛律令〉厩牧律考》③,分析了《天盛律令》厩牧律的立法渊源、结构特点、畜牧管理体系以及畜产品分配、官畜检验、违律处罚等制度。高仁根据《天盛律令》中有关官营牧场的规定,结合出土畜物账和户籍文书,解读了西夏时期阿拉善高原载畜量高且农牧互补的经济特点。④

(七)手工业生产。西夏政权建立后,在农业生产发展的同时,特色鲜明的手工业得到了长足的发展。杜建录《试论西夏的手工业》《西夏手工工匠考》《〈天盛律令〉所记的西夏手工业》⑤,将《天盛律令》中的资料和传世典籍资料结合起来,探讨西夏金属冶炼、锻打铸造、制盐、皮毛加工、丝棉纺织、造纸印刷、陶瓷建材、制曲酿酒等手工生产情况,指出铁器制造直接推动着西夏政权的发展壮大,采盐支撑着国家的财政收入,毡毯、毛褐的制作达到了当时中国的最高水平,活字印刷本不仅为宋夏时期泥活字印刷找到了实物依据,更为重要的是把我国的木活

---

① 李治涛、尤桦:《西夏水利立法研究——以〈天盛律令〉〈亥年新法〉为中心》,《西夏学》2019年第2期。

② 杜建录:《西夏畜牧法初探》,《中国农史》1999年第3期;《论西夏畜牧业的几个问题》,《西北民族研究》2001年第2期;《西夏官牧制度初探》,《宁夏社会科学》1997年第3期。

③ 姜歆:《西夏〈天盛律令〉厩牧律考》,《宁夏社会科学》2005年第1期。

④ 高仁:《西夏时期阿拉善高原的畜牧经济》,《西夏学》2021年第2期。

⑤ 杜建录:《试论西夏的手工业》,《宁夏大学学报》(哲学社会科学版)1999年第3期;《西夏手工工匠考》,《宁夏大学学报》(人文社会科学版)2003年第4期;《〈天盛律令〉所记的西夏手工业》,《固原师专学报》(社会科学版)2000年第1期。

字印刷整整提前了一个朝代。谢锐《西夏的盐业生产和盐政管理研究》①,利用《天盛律令》中的资料,论述了西夏盐业生产与管理。酿酒是西夏传统的手工业部门,戴羽梳理了《天盛律令》中有关的曲、酒条例,并和宋代曲、酒法比较,认为《天盛律令》中的曲、酒法是在唐宋酒榷制度的基础上结合本国实际情况制定的。宋朝踏曲、卖曲同在曲院,西夏踏曲、卖曲分属不同机构,西夏禁私造曲法也比宋朝严苛。西夏以酒曲价格作为量刑基准,相对宋朝以酒曲数量为基准更为合理严谨,体现了较高的立法水平。②

(八)财政赋役制度。《天盛律令》有大量征收赋税和征伐徭役的规定,杜建录《西夏的赋役制度》③运用律令中的相关规定,系统地梳理了西夏的赋役制度,指出西夏的赋主要有田赋、牲畜税和工商税,役包括兵役、夫役、职役和其他徭役。西夏的赋役存在地域上的差异,大致牧区按畜产交纳披、甲、马,农区根据田亩缴以农副产品,但无论牧区还是农区,都要承担繁重的兵役、夫役和职役。史金波《西夏农业租税考——西夏文农业租税文书译释》,将黑水城出土的西夏文租税文书和《天盛律令》相关条文结合起来,考证出西夏黑水城地区以耕地数量的多少缴纳农业税的税制,一般情况下,每亩缴纳粮食地租1.25升,杂粮和小麦的比例为4∶1,秋后统一征收入库。西夏的"佣"和"草"也以耕地亩数承担,农户的租、佣、草账是逐户登记,以"迁溜"为单位统计造册,西夏农户还要负担较重的人口税。④西夏的财政收入主要由国有公产(国有牧场、农田、官营采造业及高利贷)收入、赋税收入以及馈赠与罚、赎、赃、没收入组成。其中国有公产收入在整个财政收入中占有重要的地位,这说明西夏政权对劳动者的人身控制还相当强。同时,它也和西夏所处的农奴制发展阶段相吻合。⑤《天盛律令》未刊布出版前,有学者依据范仲淹向宋仁宗所上《攻守策》,认为"西夏建官置兵不用食禄"。《天盛律令》公布后彻底改变了这种认识,律令明确记载西夏的财政支出主要有供国、供御、供军三大类。在这三大类中,军队、皇室、官吏的消费开支占绝大多数,而带有生产性的开支,诸如国有生产部门生产资料和劳动者食粮的供给等,则相对很少,这样的财政支出结构,与西夏政治制度、政权性质是一致的。⑥骆详译、李天石将视角下移至地方财政的运作模式,认为转运司不仅垂

① 谢锐:《西夏的盐业生产和盐政管理研究》,西北民族大学硕士学位论文,2012年。
② 戴羽:《比较法视野下的西夏酒曲法》,《西夏研究》2014年第2期。
③ 杜建录:《西夏的赋役制度》,《中国经济史研究》1998年第4期。
④ 史金波:《西夏农业租税考——西夏文农业租税文书译释》,《历史研究》2005年第1期。
⑤ 杜建录:《西夏财政收入初探》,《西北师大学报》(社会科学版)1999年第1期。
⑥ 杜建录:《西夏财政支出初探》,《宁夏大学学报》(哲学社会科学版)1998年第3期。

直管理地方郡县财政,还握有地方财政的审核权,并通过对比,申明了西夏财政制度对宋代的传承。①

(九)军事制度。《宋史·夏国传》记载:"凡正军给长生马、驼各一。团练使以上,帐一、弓一、箭五百、马一、橐驼五,旗、鼓、枪、剑、棍椿、抄袋、披毡、浑脱、背索、锹钁、斤斧、箭牌、铁爪篱各一。刺史以下,无帐无旗鼓,人各橐驼一、箭三百、幕梁一。兵三人同一幕梁。"《天盛律令》则规定正军之外的辅军也是配备战具。②张瑛桦利用《天盛律令》和《贞观玉镜将》军法条文,探讨了西夏军律中的赏赐和罚罪,指出西夏军律具有原则性与具体性相结合、地域性与民族性相统一的特点。③姜歆《从〈天盛律令〉看西夏的军事管理机构》,梳理西夏中央和地方军事管理系统,指出西夏军制既有部落兵制习俗,又有中国历代兵制的成分。④许伟伟利用《天盛律令》探讨了西夏在河西地区布置的从监军司、军到城寨、烽堠不同层级的军事建置。⑤

(十)宗教制度。韩小忙、崔红芬依据《为僧道修寺僧道门》中的规定,先后讨论了西夏佛教、道教的管理机构、管理制度及相关问题。⑥黄伟利用《为僧道修寺僧道门》中的资料,对西夏与北宋佛教政策进行比较研究。⑦姜歆《西夏法典〈天盛律令〉佛道法考》、房建昌《从西夏文的〈法典〉看西夏佛教》以及邵方《西夏的宗教法》⑧,分别从法律角度讨论了西夏宗教政策。寺院经济问题与西夏的佛教政策和寺院制度息息相关,相关学者利用《天盛律令》透露出的信息作了研究。崔红芬结合《天盛律令》与佛经题记总结了寺院经济的6个主要来源,寺院以大量居士、行童、奴仆等依附人口作为廉价劳动力,促进了寺院经济积累,但在世俗政权的严厉监管之下,寺院同样要负担国家的赋税和徭役。⑨孔祥辉结合出土的契约

---

① 骆详译、李天石:《从〈天盛律令〉看西夏转运司与地方财政制度——兼与宋代地方财政制度比较》,《中国经济史研究》2016年第3期。

② 杜建录:《西夏军队的武器装备及其管理制度》,《河北大学学报》(哲学社会科学版)1998年第3期。

③ 张瑛桦:《西夏军律研究》,西南政法大学硕士学位论文,2007年。

④ 姜歆:《从〈天盛律令〉看西夏的军事管理机构》,《西夏研究》2013年第4期;

⑤ 许伟伟:《西夏中期河西地区的军事建置问题——以西夏法典〈天盛律令〉为中心》,《西夏学》2019年第1期。

⑥ 韩小忙:《〈天盛改旧新定律令〉中所反映的西夏道教》,《西北师大学报》(社会科学版)1998年第3期;《〈天盛改旧新定律令〉中所反映的西夏佛教》,《世界宗教研究》1997年第4期。崔红芬:《〈天盛律令〉与西夏佛教》,《宗教学研究》2005年第2期。

⑦ 黄伟:《西夏与北宋佛教政策和管理比较研究》,湖北大学硕士学位论文,2011年。

⑧ 姜歆:《西夏法典〈天盛律令〉佛道法考》,《宁夏师范学院学报》2009年第4期。房建昌:《从西夏文的〈法典〉看西夏佛教》,《宁夏大学学报》(社会科学版)1988年第4期。邵方:《西夏的宗教法》,《现代法学》2008年第4期。

⑨ 崔红芬:《试论西夏寺院经济的来源》,《宁夏社会科学》2008年第1期;《西夏寺院僧人服役问题初探》,《首都师范大学学报》(社会科学版)2008年第1期。崔红芬、文志勇:《西夏寺院依附人口初探》,《西夏研究》2013年第1期。

文书,提出在西夏晚期寺院已经占据黑水城周边农村市场的主导地位,吸收周边民户与之进行不平等的经济交易。①

(十一)婚姻葬俗。韩小忙在《〈天盛律令〉与西夏婚姻制度》一文中②,讨论了西夏的婚姻制度及特点。李娜通过《天盛律令》相关规定,探讨西夏妇女的社会地位与婚姻家庭。③张昱通过对宋夏法律条文的比较,分析两个并立政权妇女在经济、婚姻、人身方面的地位,指出宋代妇女的法律地位总体上略高于西夏妇女。④张永萍通过比较《唐律》和《天盛律令》相关规定,探讨唐、夏婚姻制度的异同及特点。⑤韩小忙在《天盛律令》的基础上,结合其他文献和文物考古资料,讨论了西夏的丧葬习俗,认为西夏葬俗一方面受汉族影响,另一方面保留游牧社会的特点。⑥

(十二)货币经济与国内外贸易。陈炳应《西夏货币制度概述》指出西夏社会钱币与白银、交钞并用,其中流通的钱币兼有西夏铜铁钱与宋钱。⑦韦君好《从〈天盛律令〉看西夏对外经济政策》、刘菊湘《从〈天盛律令〉看西夏京畿地区的经济状况》⑧,运用《天盛律令》中的资料,分别讨论了西夏与宋朝、西夏与大食、西夏与西州回鹘的贸易以及西夏京畿地区的经济状况。李志鹏《北宋"钱荒"与西夏之关系》,提出《天盛律令》对货币流通管理的加强,使宋钱在西夏形成了"有进无出"的局面。⑨李学江则通过《天盛律令》中的规定讨论了西夏仁宗时期的货币经济。⑩刘艳丽利用《天盛律令》中的规定,对西夏典当契约、标的物、利率等进行分析,指出"谷押"在西夏典当借贷中别具特色。⑪

(十三)与其他文献对比研究。《天盛律令》反映了西夏中期的法律制度,与中原法典有着密不可分的关系,研究者在考察其编纂体例、内容框架、条文内容时多与《唐律疏议》《宋刑统》进行比较,在探究西夏社会制度时多将其与社会文书

① 孔祥辉:《西夏晚期黑水城地区寺院经济研究——基于出土西夏文契约文书的考察》,《中国农史》2019年第3期。
② 韩小忙:《〈天盛律令〉与西夏婚姻制度》,《宁夏大学学报》(哲学社会科学版)1999年第2期。
③ 李娜:《西夏妇女社会地位研究》,西北师范大学硕士学位论文,2011年。
④ 张昱:《宋与西夏妇女法律地位比较研究》,湖北大学硕士学位论文,2011年。
⑤ 张永萍:《唐与西夏婚姻制度之比较——以〈唐律〉和〈天盛改旧定新律令〉为中心》,《河北学刊》2009年第2期。
⑥ 韩小忙:《〈天盛律令〉与西夏丧葬习俗》,《青海民族学院学报》1998年第3期。
⑦ 陈炳应:《西夏货币制度概述》,《中国钱币》2002年第3期。
⑧ 韦君好:《从〈天盛律令〉看西夏对外经济政策》,西北民族大学硕士学位论文,2009年。刘菊湘:《从〈天盛律令〉看西夏京畿地区的经济状况》,《宁夏社会科学》1998年第3期。
⑨ 李志鹏:《北宋"钱荒"与西夏之关系》,西北民族大学硕士学位论文,2013年。
⑩ 李学江:《从〈天盛律令〉看仁孝时期的西夏货币》,《固原师专学报》1998年第4期。
⑪ 刘艳丽:《西夏典当制度简论》,陕西师范大学硕士学位论文,2013年。

结合相互印证,如《〈天盛律令〉与〈庆元条法事类〉比较研究》①《从〈天盛律令〉看西夏的出工抵债问题——基于唐、宋、西夏律法的比较》②《西夏武器装备法律条文与唐宋法律条文比较研究》③《西夏刑罚制度渊源考述——以〈贞观玉镜将〉〈天盛律令〉为中心》④等。此外,《从〈天盛律令〉看西夏转运司与地方财政制度——兼与宋代地方财政制度比较》将西夏放在历史的长时段中进行观察,通过《天盛律令》的记载,探讨西夏与中原制度的渊源;⑤《西夏水利立法研究——以〈天盛律令〉〈亥年新法〉为中心》将西夏中后期两部法典进行比较,分析水利法前后变化的社会历史背景;⑥《西夏水权及其渊源考》将《天盛律令》与敦煌文献中的《水部式》、渠人转帖等文书进行比较,考论了西夏渠水使用权的获得、分配等。⑦这些研究将西夏法律纳入中华法律体系,有助于深化中华民族共同体研究。

(十四)其他研究。孙伯君探讨了《天盛律令》中"契丹"和"女直",前者既是族姓也代指国名,后者沿用自契丹人的称谓。⑧刘菊湘讨论了《天盛律令》的成书年代。陈玮讨论了律令中的皇族。苏冠文讨论了律令中的数学知识。张玉海讨论了律令中的禁榷制度。尚世东讨论了律令中的档案制度。高宗池、赵彦龙讨论了律令中的文书制度。戴羽探讨了律令中调整体育关系的法律规范,揭示了中国最早的相扑立法。⑨在医学史方面,惠宏、丁洁韵利考证了律令中出现的药名,比较分析了西夏与宋代医政制度的异同。⑩在语言文字研究方面,荒川慎太郎通过归纳五千余例《天盛律令》中的趋向前缀的用法,发现附加于前缀后的动词词义与前缀在位移或行为的方向上存在相似的倾向,这一发现为西夏语动词

① 刘双怡、李华瑞:《〈天盛律令〉与〈庆元条法事类〉比较研究》,北京:社会科学文献出版社,2018年。

② 谭黛丽、于光建:《从〈天盛律令〉看西夏的出工抵债问题——基于唐、宋、西夏律法的比较》,《宁夏社会科学》2015年第3期。

③ 尤桦:《西夏武器装备法律条文与唐宋法律条文比较研究》,《西夏学》第十三辑,兰州:甘肃文化出版社,2016年。

④ 戴羽:《西夏刑罚制度渊源考述——以〈贞观玉镜将〉〈天盛律令〉为中心》,《西夏学》2018年第2期

⑤ 骆详译、李天石:《从〈天盛律令〉看西夏转运司与地方财政制度——兼与宋代地方财政制度比较》,《中国经济史研究》2016年第3期。

⑥ 李治涛、尤桦:《西夏水利立法研究——以〈天盛律令〉〈亥年新法〉为中心》,《西夏学》2019年第2期。

⑦ 潘洁、陈朝辉:《西夏水权及其渊源考》,《宁夏社会科学》2020年第1期。

⑧ 孙伯君:《〈天盛律令〉中的"契丹"和"女直"》,《东北史地》2011年第2期。

⑨ 刘菊湘:《关于〈天盛律令〉的成书年代》,《固原师专学报》1998年第4期。陈玮:《从〈天盛律令〉看西夏皇族》,《西夏研究》2010年第2期。苏冠文:《评〈天盛律令〉中的数学知识》,《宁夏大学学报》(自然科学版)1997年第1期。张玉海:《从〈天盛律令〉看西夏权禁制度》,《宁夏社会科学》2000年第1期。尚世东:《从〈天盛律令〉看西夏档案的类型和管理》,《档案》2001年第2期。高宗池、赵彦龙:《论西夏法典中的文书制度》,《青海民族研究》2009年第1期。戴羽:《〈天盛律令〉中的西夏体育法令研究》,《成都体育学院学报》2015年第4期。

⑩ 惠宏:《西夏〈天盛律令〉之中药名"蔓荆子"考释》,《宁夏社会科学》2017年第4期。丁洁韵:《从〈天盛律令〉看西夏与宋医政制度之异同》,《中医药文化》2018年第2期。

结构的研究带来新的启发。①

四、进一步探讨的方面

针对《天盛律令》研究的状况和存在的问题,宁夏大学西夏学研究院和俄罗斯科学院东方文献研究所,将《天盛改旧新定律令》整理研究确定为合作研究的重点,并获得中俄人文合作委员会(副总理级)秘书处的支持,分门别类考释研究,目前已开展的有农业、畜牧、内宫待命、司序行文、为僧道修寺庙、催索债利、边防、交通驿站等门类。具体做法如下:

(一)西夏文本对勘

以《俄藏黑水城文献》中的甲种本(刻本)为底本,和其他几种写本、克恰诺夫教授译本所据的刻本以及俄藏、英藏残件进行对勘,缀合、补充出比较完整的西夏文影印件和计算机录入文本。

出校内容主要有四个方面:1.其他版本中的缺字、衍字、误字;2.其他版本中行数、格式的不同;3.叶面残缺、顺序颠倒;4.补充和缀合情况。

在西夏文法律文献整理中,目前已取得了一些成绩,编号 No2594、2596、2601、2603、2604、2605、2606、2607、4186$_6$、4181、4182、4188、4429、4432、4542、6740、6767、7126、7511、8086、8084e、8084ж、8084з均为残屑,《西夏文写本和刊本目录》②认为可能是《新法》和《亥年新法》的写本。后来经过考证,有几件被认定为《天盛改旧新定律令》的乙、丙、丁、戊等种文本,收录到《俄藏黑水城文献》第九册,内容涉及《天盛改旧新定律令》卷四、卷六、卷七、卷八、卷十三。另外,通过考证,编号4429部分文字可校补卷一相同页面;③5590号写本可与印本卷七对勘,《俄藏未刊布5590号西夏写本〈天盛律令〉释补》指出了整理者著录和拼配的错误,5590号写本分属卷二《盗杀牛骆驼马门》和卷七《为投诚者安置门》,可补写本、印本部分文字,④《西夏文〈天盛改旧定新律令〉校补六则》可补卷七印本目次和部分条文缺字;⑤编号8084ë、8084ж、6239等可将卷四《敌军寇门》《边主期限门》

① [日]荒川慎太郎撰,麻晓芳译:《西夏文〈天盛律令〉中的西夏语动词前缀》,《西夏研究》2020年第1期。
② [苏]戈尔芭乔娃、克恰诺夫著:《西夏文写本和刊本》,莫斯科:苏联东方文学出版社,1963年。汉译文见中国社会科学院民族研究所历史研究室资料组编译《民族史译文集》第3辑,1978年。
③ 许鹏:《俄藏 Инв.No.4429〈天盛律令〉残页考释》,《西夏研究》2018年第4期。
④ 庞倩:《俄藏未刊布5590号西夏写本〈天盛律令〉释补》,《西夏学》2021年第2期。
⑤ 和智:《西夏文〈天盛改旧定新律令〉校补六则》,《西夏研究》2022年第2期。

基本补充完整;①《〈天盛改旧新定律令〉补考五则》指出《俄藏黑水城文献》卷五、卷十一、卷二〇应删去因整理误置所衍图版;②编号6740可补卷九《贪奏无回文门》和《誓言门》所缺;③编号 Or.12380–3762 为卷十《官军敕门》第29—33条④,另一件未刊残件可补该门《边等官获末品条》相关文字;⑤编号5581号可补卷十三《执符铁箭显贵言等失门》条文所缺;⑥编号6965等残件可补充卷十四部分内容,《俄藏6965号〈天盛律令〉残卷考》为西夏文的另一种写本,有23条可补通行本之缺,⑦《两件〈天盛律令〉未刊残页考释》中左右相邻的两面可缀合在《俄藏黑水城文献》(甲种本)卷十四末尾;⑧编号200a、2586、2585残片可补充卷十九所缺的一部分内容;⑨《英藏〈天盛律令〉残片的整理》从中发现了100余件律令残片,有的可补俄藏《天盛律令》(甲种本)中的缺字,有20件不见于现存俄藏《天盛律令》的各种版本。⑩

经过对勘、补充、缀合出的西夏文本,应是迄今最好的文本,一是参考目前能见到的所有西夏文《天盛律令》,内容比较完整;二是调整了原整理本错乱的叶面;三是根据原始文献或影印件,注明克恰诺夫和史金波等先生缀合、补充情况,便于版本研究和史料运用。

(二)汉译本考证

以重新整理的西夏文文本为基础,对史金波等先生的汉译本进行考证、注释和补充。前揭对西夏文《天盛律令》整理研究中,有的直接引用译文,有的重新意译,有的先直译,然后意译。无论直译,还是意译,都参考了汉译本《天盛改旧新定律令》,这些译文除个别情况外,基本意思是一致的,只是用词和表述有所区别而已。应该说汉译本《天盛律令》的译文水平相当高,当时没有翻译出的名物制

① 许鹏:《俄藏 Инв.№8084ё 和 8084ж 号〈天盛律令〉残片考释》,《宁夏社会科学》2016年第6期。许鹏:《俄藏6239号〈天盛律令〉中的两则残爿考释》,《西北民族论丛》2018年第2期。孔祥辉:《俄藏 Инв.No.6239 号〈天盛律令〉残片考补》,《西夏学》2018年2期。

② 和智:《〈天盛改旧新定律令〉补考五则》,《中华文史论丛》2018年第1期。

③ 孔祥辉:《俄藏 Инв.No.6740 号〈天盛律令〉残页译释研究》,《西夏学》2020年第1期。

④ 孔祥辉:《英藏〈天盛律令〉Or.12380—3762残片考补》,《西夏研究》2018年第4期。

⑤ 孔祥辉:《两则未刊俄藏〈天盛律令〉残片考释》,《西夏学》2018年第1期。

⑥ 和智:《西夏文〈天盛改旧定新律令〉校补六则》,《西夏研究》2022年第2期。

⑦ 聂鸿音:《俄藏6965号〈天盛律令〉残卷考》,《宁夏大学学报》(哲学社会科学版)1998年第3期。

⑧ 潘洁:《两件〈天盛律令〉未刊残页考释》,《西夏学》2018年第2期。

⑨ [日]佐藤贵保:《未刊俄藏西夏文〈天盛律令〉印本残片》,新潟大学主编《西北出土文献研究》第6期,新潟西北出土文献研究会,2008年,第55—62页;汉译文见《西夏研究》2011年第3期。[日]佐藤贵保:《在考察原件基础上的西夏法典研究》,聂鸿音、孙伯君主编《中国多文字时代的历史文献研究》,社会科学文献出版社,2010年。

⑩ 韩小忙、孔祥辉:《英藏〈天盛律令〉残片的整理》,《西夏研究》2016年第4期。

度,现在也不能全部解决,只是个别补充。因此,目前重新翻译出版《天盛律令》的条件尚不成熟,只能对其中的错误、遗漏进行修正补充。这是对汉译本进行考证、注释和补充的本意。

对汉译本的考释校正,拟从四方面展开:(1)对专用术语、名物制度的注释和考证;(2)和俄译本对勘,指出二者之间的异同;(3)订正译文中的佚、衍、误;(4)翻译缺漏的字、词、句。

目前已取得一些阶段性成果。宁夏大学西夏学研究团队出版了若干部《天盛律令》系列著作[1],在条文夏汉对译的基础上,对重要名物制度、专业术语进行考释。《〈天盛律令〉对买卖借典“中间人”的规制》列举了汉、俄译本对“中间人”的不同翻译[2],《〈天盛改旧新定律令〉卷一一“使来往门”译证》对汉译本漏译和误译内容进行了补正[3],《〈天盛改旧新定律令〉补考五则》[4]对尚未翻译的卷二《戴铁枷门》、卷五《季校门》、卷十三《执符铁箭显贵言等失门》和卷十七《物离库门》中的部分条文进行了释读,《〈天盛改旧新定律令〉补考一则》《〈天盛改旧新定律令〉卷九补缀数则》对卷九部分条文进行了补译[5]。

(三)利用相关文献考释

《天盛律令》中不少规定,单从字面上难以理解,如卷三《催索债利门》:“全国中诸人放官私钱、粮食本者,一缗收利五钱以下,及一斛收利一斛以下等,依情愿使有利,不准比其增加。其本利相等仍不还,则应告于有司,当催促借债者使还。”[6]

西夏法律规定借贷粮食“一斛收利一斛以下”,不得超过100%,即所谓的“倍称之息”,和同时代宋朝的借贷利息大体一致;[7]借钱则“一缗收利五钱以下”,从字面来看,是0.5%的利息,是粮食借贷利息的二百分之一。笔者曾怀疑翻译有

① 杜建录、波波娃主编:《〈天盛律令〉研究》,上海:上海古籍出版社,2014年。潘洁:《〈天盛律令〉农业门整理研究》,上海:上海古籍出版社,2016年。于光建:《〈天盛律令〉典当借贷门整理研究》,上海:上海古籍出版社2018年。高仁:《西夏畜业研究》,上海:上海古籍出版社,2018年。翟丽萍:《〈天盛律令〉职官门整理研究》,上海:上海古籍出版社,2019年。尤桦:《〈天盛律令〉武器装备条文整理研究》,上海:上海古籍出版社,2019年。张笑峰:《〈天盛律令〉铁箭符牌条文整理研究》,上海:上海古籍出版社,2019年。许伟伟:《西夏宫廷制度研究》,兰州:甘肃文化出版社,2020年。
② 于光建:《〈天盛律令〉对买卖借典“中间人”的规制》,《西夏学》第十三辑,兰州:甘肃文化出版社,2016年。
③ 魏淑霞:《〈天盛改旧新定律令〉卷一一“使来往门”译证》,《中华文史论丛》2018年第1期。
④ 和智:《〈天盛改旧新定律令〉补考五则》,《中华文史论丛》2018年第1期。
⑤ 和智:《〈天盛改旧新定律令〉补考一则》,《文献》2020年第5期。王玫:《〈天盛改旧新定律令〉卷九补缀数则》,《西夏研究》2020年第4期。
⑥《天盛律令》卷三《催索债利门》,第188—189页。
⑦ 杜建录:《西夏经济史》第八章《通货流通与高利借贷》,北京:中国社会科学出版社,2002年,第249页。

误,但仔细核对西夏文,译文是没有问题的。长时期以来,对这条法律文献无法进一步阐释。直到在俄藏黑水城文献中,发现了三件汉文西夏天盛十五年(1163年)贷钱文契,这个问题才迎刃而解。

该文契俄藏编号分别为7779A、7779B和7779E,均为西夏文佛经《种咒孔雀明王经》封套裱纸。7779A被切割成大小略同的两块残片,各高9.6厘米,宽29.7厘米,残片结合部约缺半字,文契背面为收支钱账。7779B文契有三块残片:(1)高11.2厘米,宽7厘米,有"天盛癸未十五年"等字样;(2)高19.1厘米,宽4.6厘米,有"八日收,现有钱伍贯文"等字样;(3)高19.3厘米,宽5.8厘米,有"立文人"等字样。7779E文契高9.6厘米,宽7.8厘米,有"贰拾文,限陆拾伍夜为满"等字样。为便于讨论,兹录文如下:

天盛十五年王受贷钱契

□将本利钱不见交还之时,一面同□……

……□物色一任称折,不□出买前去

……盛癸未十五年五月十六日,立文字人……

……今于古□赵国处取到课钱壹……

……贯文,每贯日生利□,每夜送壹贯……

……壹佰叁拾夜,□如差少,欠□在……

……行交还之时,将□取并正契家资……

……□一任克值还数足,不词怨人……

……□只此文契为凭

立文字人王受

同立文字人小受

同立文字人周遇僧

……

(借契背面为收支钱账)

……月十二日收钱贰贯柒佰伍拾文

……三日收钱壹贯文

……二日支使钱下项:当日捌拾文同利

贰贯叁佰捌拾文,还□绢钱使□……

柒佰伍拾文,粮大麦伍斗,添钱肆拾……

肆佰文借过,□打酒使用

天盛十五年借钱账

[天盛癸未十五年]……

令胡阿典借……

天盛癸未十五年十……

……八日收，现有钱伍贯文

……赎经叁贯文，一限收钱肆佰肆拾文

……[月]十日立文人 [画押]

贷钱契

……贰拾文，限陆拾伍夜为满……

……□逃不□，其人无信契只此……

[画押]　[画押]　[画押]　[画押]

西夏贷粮按年、月、日计息[①]，天盛十五年贷钱文契则按夜计息，7779A 文契的偿还期限为 130 夜，7779E 文契偿还期限为 65 夜，是 7779A 偿还期限的一半。无论 130 夜还是 65 夜，都不是整月，利息只能按"夜"也即"天"来计算，所谓"每贯日生利□□，每夜送一贯……"

遗憾的是"每贯日生利"后面一字被裁掉，另一字看不清，我们无法知道确切的日（夜）利率，但它准确无误地告诉我们，西夏借钱是按夜（天）计息的。前揭《天盛律令》："全国中诸人放官私钱、粮食本者，一缗收利五钱以下，及一斛收利一斛以下等，依情愿使有利，不准比其增加。""一缗收利五钱以下"，当是一缗每日（夜）收利五钱，日利率 0.5%，月利率 15%，65 日（夜）利率 32.5%，130 日（夜）利率 65%。"一斛收利一斛以下"，应指全部利息。这反映出法律规定粮食借贷以全部利息计算，货币借贷按每日（夜）利息计算。7779A 钱贷文契正好印证了法律上的规定。

《天盛律令》卷十七《物离库门》在规定库藏物品损耗时，记录了二百多种中药名，这些名词大多是宋代西北汉语方言的西夏音译，1994 年版《西夏天盛律令》中，有近半数只是标音，没有翻译出药名，2009 年据存世的《政和证类本草》，重新翻译了《天盛律令》中的中药名，纠正了原译本里的错误七十余条。[②]

《天盛律令》中经常出现一个直译为"言过处"（𗙫𗰲𘜶）的官名，单从字面理解，很难翻译准确，后来在俄藏西夏文佛经发愿文中看到这个西夏名词和汉文

---

① 史金波：《西夏粮食借贷契约研究》，《中国社会科学院学术委员会集刊》第一辑，北京：社会科学文献出版社，2005 年。杜建录《西夏高利贷初探》，《民族研究》1999 年第 2 期。

② 聂鸿音：《西夏〈天盛律令〉里的中药名》，《中华文史论丛》2009 年第 4 期，第 291—312 页。

"提点"对译,汉译者在修订中,一律将"言过处"改为"提点"。①

《天盛律令》卷三《催索债利门》第十四条有"▢▢"一词,直译"地毛",汉译本译"地苗",俄译本将▢与▢句读为固定词组,译为"兽毛"②。《天盛改旧新定律令·名略》中该条目只有"▢▢",而无"▢"字,说明"▢▢"是搭配词组,在该句中贡▢、▢▢、▢▢▢▢是并列关系,显然译为"兽毛"是有问题的,但译为"地苗"也文义不通。近年来新公布的俄藏西夏文契约文书为我们提供了答案。名为"天庆年间租种耕地契"中多次出现"▢▢"一词,如编号5124-3(8-5)"寅年正月苏老房子租地契"中的"▢▢▢▢▢▢▢▢▢▢▢▢▢",汉译"一年包为地毛十斛五斗麦五斛杂等议定"③;编号5124-6"寅年正月梁老房势租地契"中的"▢▢▢▢▢▢▢▢▢▢▢▢",汉译"一年一包为地毛六斛杂及四斛二斗麦议定④;编号5124-3(8-5)"寅年二月二日梁老房茂租地契"中的"▢▢▢▢▢▢▢▢▢▢▢▢▢",汉译"一(年)包为地毛二斛八斗麦三斛六斗杂等议定"⑤;编号5124-3(8-8)"梁老房茂租地契约等包租耕地契"中的"▢▢▢▢▢▢▢▢▢▢▢▢▢"汉译"一(年)包为地毛三斛六斗杂及一斛四斗麦议定"⑥。根据文意,这些耕种租地契中的"地毛",是指一年一包的"地租",即包种耕地的年租金。由此推断,"▢▢"既不是汉译本中的"地苗",也不是俄译本中的"兽毛",而是"地租"。

五、结语

在中国法制史和西夏社会历史研究中,西夏文《天盛律令》具有特殊的意义,一方面它是中国历史上第一部用少数民族文字印行的法典,具有不可替代的法律文献价值;另一方面它是迄今最完整的西夏社会文献,具有不可替代的史料价值。随着文献的考证缀合、名物制度的考释、相关法律文献的比较研究,特别是把制度层面上的法律规定和操作层面上的政令公文、判案词讼、户籍军抄、契约合同、税收账单等社会文书结合起来研究,相信在不久的将来,西夏社会历史的面貌会更加清晰。

---

①《天盛律令·前言》,第6页。

②[苏]克恰诺夫著,李仲三汉译,罗矛昆校:《西夏法典——天盛改旧新定律令》(1—7),银川:宁夏人民出版社,1988年,第94页。

③《俄藏黑水城文献》第十四册,上海:上海古籍出版社,2011年,第16页。

④《俄藏黑水城文献》第十四册,上海:上海古籍出版社,2011年,第17页。

⑤《俄藏黑水城文献》第十四册,上海:上海古籍出版社,2011年,第16页。

⑥《俄藏黑水城文献》第十四册,上海:上海古籍出版社,2011年,第18页。

第一章 《天盛律令》内容框架与成书年代

第一节 《天盛律令》的编纂体例

中国封建法律陈陈相因,代代相袭。汉初萧何定《九章律》,掘摭秦律六章再增三篇而成;隋《开皇律》"近承北齐,远祖后魏";《唐律》参酌《开皇律》而编制,《宋刑统》又承《唐律》之旧。西夏《天盛律令》也不例外,它是在唐、宋律的基础上,结合本民族的特点制定的。

传世的《唐律疏议》凡12篇,30卷,502条,其中名例律6卷57条,卫禁律2卷33条,职制律3卷59条,户婚律3卷46条,厩库律1卷28条,擅兴律1卷24条,贼盗律4卷54条,斗讼律4卷60条,诈伪律1卷27条,杂律2卷62条,捕亡律1卷18条,断狱律2卷34条。

《宋刑统》承袭《唐律疏议》,亦12篇,30卷,502条,所不同的是在卷后增加了门的划分,如名例律24门,卫禁律14门,职制律22门,户婚律25门,厩库律11门,擅兴律9门,贼盗律24门,斗讼律26门,诈伪律10门,杂律26门,捕亡律5门,断狱律17门,总213门。

《天盛律令》总20卷,卷下分门,每门又分若干条,共150门,1461条。显然,这一分类方法是受了唐、宋律令特别是《宋刑统》的影响。但在编纂形式上,它与《宋刑统》有着很大的区别。《宋刑统》在承袭《唐律疏议》的同时,还把唐玄宗开元二年(714年)到宋太祖建隆三年(962年)177条有关刑事的敕令格式分门别类,按时间先后附在律文之后。为了标明其非正文,于每条之前均加一个"准"字,表示此系经过审定认可的有效法律条文。如果附文的内容经过删节,则注明"节文"。这样就形成了律外有律的编纂特点。《天盛律令》则将各种法律条文都纳入统一的律令中,没有附加的注疏与敕令格式,各卷条款都是实实在在的律令条文。

《天盛律令》的书写格式也很有特点。《唐律疏议》和《宋刑统》每条开始顶格书写,各条不再分为小条。《天盛律令》每条的开始也顶格书写,第一字为西夏文"一"字,第二行降格书写。如果一条内有几种情况,则又分为若干小条,每小条另行降格书写,第一字亦为西夏文"一"字,第二行亦降格书写。一小条内若还有几种情况,则再分为几小款,仍以上述格式类推。这种书写格式层次分明,干支清晰,便于容纳法律中多种情况、多种层次的内容。这种形式接近于现代法律条文格式,在法律形式的科学规范和系统化方面,有了很大的进展。①

为了便于检索,《天盛律令》在正文前列有条文目录,即上下两卷《名略》。《名略》十分简洁,寥寥几个字或十几个字概括出该条文的大致内容,如卷一《谋逆门》有"做行得""做行未得""疯酒用""闻不告""劝举迟"五条,第一条是关于谋逆已有行为的条款,第二条是谋逆尚未付诸行动的条款,第三条是疯颠和酒醉时说谋逆语的条款,第四条是关于听到谋逆事不举告的条款,第五条是关于劝告、举告迟缓的条款。再如卷五《军持兵器供给门》有"诸父子武器属法""正首领箭数""持隐身用木牌""善步射箭数""负担持锹镢""披甲裹袋""枪式""止留人""披甲尺"九条。第一条是给各类官兵发放不同武器装备的条款,第二条是正首领箭数的条款,第三条是给五军抄②提供一木牌的条款,第四条是给善骑射者供足一百支箭的条款,第五条是负担应持锹镢的条款,第六条是关于披、甲、袋质量的条款,第七条是关于枪的尺寸格式条款,第八条是季校与行军时各部族留人的条款,第九条是披、甲的尺寸格式条款。这种目录分门别类,便于检索。

北齐以来,历代法典均于篇首置"名例律"。所谓"名例"就是刑法总则,是一部律书立法指导思想和基本原则。唐、宋律的《名例篇》首列五刑,次立"十恶"之罪,再次定"八议"之制,包括"请""减""赎""官当"等减免贵族统治阶级犯罪的规定,最后是关于区分公罪与私罪、过失与故意、从犯与主犯、累犯加重、自首减刑、奴婢犯罪、化外人犯罪以及老弱残疾者刑事责任能力的规定等。

上述刑法总则,只在条目下注出简约的定义,至于具体处罚则分置于后面各卷中。如《唐律疏议》卷一《名例》"十恶"规定:"一曰谋反,谓谋危社稷。""二曰谋大逆,谓谋毁宗庙、山陵及宫阙。""三曰谋叛,谓背国从伪。"对谋反、谋大逆、谋叛的处罚条款则置于卷十七《盗贼》中:"诸谋反及大逆者,皆斩,父子年十六以上皆

---

① 史金波:《西夏天盛律令及其法律文献价值》,载《法律史论集》第1卷,北京:法律出版社,1998年。

② 军抄是西夏最基层的军事单位,《宋史》卷四八六《夏国传下》:"其民一家号一帐,男年登十五为丁,率二丁取正军一人。每负赡一人为一抄。负赡者,虽军杂役也。四丁为两抄。"黑水城出土军籍文书记载,西夏军抄并非固定为"二丁取正军一人,每负赡一人","四丁为两抄,余号空丁"的模式,在具体运作过程中,正军和辅主的人数根据情况而异,有的是正军加一辅主为一军抄,有的是一正军加两辅主或三辅主为一军抄。(史金波:《西夏军事文书研究》,兰州:甘肃文化出版社,2021年)

绞……""诸谋叛者,绞。已上道者皆斩。"诸如此类,不一一列举。

《天盛律令》没有刑法总则《名例》篇,而是将"十恶""八议""官当"之类的定义与处罚置于一条之中,如卷一把"十恶"分为十门,"谋逆门"共五条,第一条"欲谋逆官家,触毁王座者,有同谋及无同谋,肇始分明,行为已显明者,不论主从一律皆以剑斩,家门子、兄弟节亲连座、没畜物法按以下所定实行"。接着在此条下又列了九小条,予以详细规定。《背叛门》亦分五条,第一条"诸人议逃,已行者造意以剑斩杀,各同谋者发往不同地守边城无期徒刑,做十三年苦役……",等等。这是《天盛律令》在编纂体例上对唐、宋律的重要变通。

第二节 《天盛律令》的内容框架

《天盛律令》在模仿唐、宋律的过程中,并不是完全照搬,而是在形式和内容上都有所变动,形成自身的内容框架,为了说明这一点,兹对各卷主要结构和内容简述如下。

卷一

计10门39条,主要内容为"十恶",与唐、宋律"十恶"罪同,犯此十恶者,一律不许以官品当。

(一)谋逆门5条。即唐、宋律中的谋反,指危害社稷,颠覆政权。

(二)失孝德礼门2条。即唐、宋律中的谋大逆,指谋毁宗庙、陵墓及宫阙。

(三)背叛门5条。即唐、宋律中的谋叛。

(四)恶毒门6条。即唐、宋律中的恶逆。

(五)为不道门6条。即唐、宋律中的不道。

(六)大不恭门7条。即唐、宋律中的大不恭。

(七)不孝门1条。即唐、宋律中的不孝,但具体内容略异。

(八)不睦门1条。即唐、宋律中的不睦,指子女卖祖父母、父母。

(九)失义门3条。即唐、宋律中的不义,指吏卒杀长官、弟子杀先生等。

(十)内乱门3条。即唐、宋律中的内乱。

卷二

计9门50条。相当于唐、宋律《名例》篇中的某些刑法特殊适用原则。

(一)八议门1条。同唐、宋律"八议"之议亲、议故、议贤、议能、议功、议贵、议勤、议宾,此八种人犯罪时享有减免特权。

(二)节亲门1条。是关于族亲、姻亲的五种丧服(即3年、1年、9个月、5个月、

3个月)制度。在中原属"礼"的范畴,不载于律。

(三)罪情与官品当门6条。规定官员及其子弟、赐穿黄、黑、赤、紫僧人道士除"十恶"罪外,犯其他种种罪可依官品减免,相当于唐、宋律《名例》篇中的请、减、赎、以官当徒等。

(四)贪状罪法门6条。对枉法受贿、不枉法受贿以及行贿的处罚规定,相当于《宋刑统》卷一一《枉法赃与不枉法赃门》。

(五)老幼重病减罪门3条。对九十岁以上、七岁以下,八十岁以上、十岁以下,七十岁以上、十四岁以下,以及恶疾残废犯罪的减刑规定,与《宋刑统》卷四《名例律·老幼疾及妇人犯罪》略同。

(六)不奏判断门6条。对判处死刑,以官当死时不奏告的处罚。与《宋刑统》卷三〇《断狱律·决死罪门》相似。

(七)黥法门8条。是对各种犯罪黥刺的字数、部位以及对当黥不黥与擅自去掉黥字的处罚。《宋刑统》无刺配而编敕有。宋人朱熹说:"律是历代相传,敕是太祖时修,律轻而敕重。如敕中刺面编配,律中无之。"[1]

(八)盗杀牛骆驼马门11条。对盗杀自己、亲属或他人牛、骆驼、马、驴等牲畜的判罪与举赏。与《宋刑统》卷一五《厩库律·故杀误杀官私马牛并杂畜》、卷一九《贼盗律·盗官私马牛杀门》略同。

(九)戴铁枷门8条。规定判处长短期徒刑罪犯所戴铁枷的重量,以及对擅自打开铁枷的处罚。而《宋刑统》卷二九《断狱律·应囚禁枷杻》,主要是囚禁期间的戴枷规定,二者侧重点不尽相同。

卷三

计15门99条。其中盗法13门,债务法2门。

(一)盗亲门5条。关于五服内亲属、姻亲之间相互盗窃,以及对盗窃时伤人、杀人罪的处罪减罪规定。

(二)杂盗门23条。区分强盗与偷盗、主犯与从犯、谋划盗窃与盗物到手、监守自盗等不同情况,分别予以处罪。此外,还有对盗窃杀人,头监令使军,奴仆盗窃,使军、奴仆、典人盗窃自抵押文券的判断。

(三)群盗门5条。规定五人以上同谋盗窃为群盗,所犯不论主从、官庶,一律以剑斩,妻子入牧农主家中。

(四)重盗门1条。规定盗窃判刑期满后重盗,按新罪判断,服刑期未满重盗,

---

① [宋]黎靖德编,王星贤注解:《朱子语类》卷一二八,北京:中华书局,1986年,第3080页。

依其重者判断。

（五）妄劫他人畜驮骑门4条。关于未经主人同意,劫持他人牲畜驮骑的判罪规定。唐、宋律无此条。

（六）分持盗畜物门6条。对虽未参与同谋盗窃畜物,但参与分赃或受贿私放盗窃者的判刑规定。

（七）盗赔偿返还门4条。是关于盗窃赃物的追回、赔偿以及无力赔偿者出工抵债的规定。

（八）自告偿还解罪减半议合门7条。是对盗窃自首的减罪规定:犯盗一月内自首,可根据偿还赃物的数量减罪;与失主议和,全偿赃物者可以解罪;盗毁丘墓者不得解罪。

（九）追赶捕举告盗赏门4条。是关于举告、追捕罪犯的规定:举告与捕获盗人有赏;射、刺、砍、杖等致盗人死时,追者不治罪;相邻家主不协助捕盗徒三个月。

（十）搜盗踪迹门5条。失盗人可往窝赃处搜赃;他人知盗受贿不举,以分赃罪论。

（十一）问盗门4条。报盗案不实、诬指人为盗治罪。

（十二）买盗畜人检得门3条。是对诸人拾捡到畜物的处理规定。

（十三）盗毁佛神地墓门7条。是对盗毁佛像、神帐、陵墓,破坏碑石、棺椁、尸体的判罪规定。

（十四）当铺门7条。是对典当借贷的法律规定:典当取钱,十缗以上须有知证人;典借本利相等,不许再加利;典当物丢失或损坏,当依价赔偿等。

（十五）催索债利门15条。是对借债、利息以及役身抵债等方面的规定:负债不还治罪;承罪后限期偿还;借贷利息一缗不过五钱,一斛不过一斛;买卖、借贷须立文契;奴仆借债须自还;不许强行以他人畜物、田谷抵债。

上述盗律除"妄劫他人畜驮骑门"外,其他门类与唐、宋律《贼盗》篇有关条款略同。借贷与催索债利详于《唐律疏议》与《宋刑统》卷二六《杂律》中有关公私债负、官吏放债的规定,尤其有关奴仆借债规定独具特色。

卷四

计7门85条,为有关边防的法规。

（一）弃守营垒城堡溜门14条,缺佚前5条,后9条主要对驻守营垒城堡的军将、大小首领、舍监、末驱、军卒、寨妇擅离职守的处罚规定,若行贿受贿,首领放纵罪与贪赃枉法罪相比,军卒、寨妇离职罪与行贿罪比较,从其重者判断。

（二）弃守大城门7条。对守大城的州主、城守、通判、边检校等放弃城守以及放逸军卒离职的判罪规定。

（三）边地巡检门29条。为边地巡检主管、检人的派遣与功赏规定。

（四）敌军寇门16条。为抵御入侵的功罪赏罚规定，包括对敌军入境而边检校失职、边将不战或逃逸、局分官员未能妥善安置投诚"蕃部"而致人逃逸、擅自进入敌境掳掠、边境哨卡失职、边官失职致官畜等被掳的惩处，检举告发私自进入敌境盗寇、追取已入敌手人、畜、物的奖赏等。[①]

（五）边主限期门3条。正文佚，有"城主等超期限""小首领军卒等超期限""城溜守者外逃催促"等条目。

（六）修城应用门11条。规定州主、城守、通判等按时修缮城垣与铁索、板门、石炮等守城战具，并上报监军司。

（七）敌动门5条。主要为敌军入寇时烽火传递的规定。

以上七门中"弃守营垒城堡溜""弃守大城""边主限期""修城应用"在唐、宋律《擅兴》篇有所涉及，但具体内容不尽相同。

卷五

计两门37条，为兵器供给与校验制度。

（一）军持兵器供给门9条。主要内容有二：一是对独诱（或译为特差）[②]、牧主、农主、使军[③]、臣僚、帐门后宿、内宿后卫、神策内外侍等各类人员按正军、正辅主、负担军职发放战具的规定。另一是关于披甲等战具的质地、尺寸的规定。

（二）季校门28条。为官马、坚甲、杂物、武器校验规定：包括校验时间的确定与官吏派遣；对溜盈能、大小军头监、末驱、舍监、军卒披、甲、马短缺的处罚；校验迟到、假冒顶替的判罪，等等。

唐、宋律有关兵器方面的规定只有卷一六《擅兴》篇中的"私有禁兵器"，上述战具发放与校验均不载。

---

① 《敌军寇门》共计15条，原公布的文本8条，后根据俄藏未刊布残件补充。（许鹏：《俄藏 Инв.№8084ё 和 8084ж 号〈天盛律令〉残片考释》，《宁夏社会科学》2016年第6期。《俄藏6239号〈天盛律令〉中的两则残叶考释》，《西北民族论丛》2018年第2期。孔祥辉：《俄藏 Инв.No.6239号〈天盛律令〉片考补》，《西夏学》2018年第2期。）

② 独诱，西夏职官名称，苏联学者克恰诺夫译为"特差"，见《天盛改旧新定律令》（1149—1169），4卷本，莫斯科：苏联科学出版社，1987—1989年。中国学者译为"独诱"。文献中多次记有"军独诱"，有职位而无官阶。（《天盛律令》卷十《官军敕门》："诸人得职位而未得官即军独诱。"）

③ 使军，西夏文二字，苏联学者克恰诺夫译为农奴，见《天盛改旧新定律令》（1149—1169），4卷本，莫斯科：苏联科学出版社，1987—1989年。中国学者译为使军。从其经济状况和社会地位来看，当为依附于贵族地主的农奴，而非奴隶，因为使军拥有财产。（《天盛律令》卷三《盗赔偿返还门》："使军、奴仆对主人行窃，将畜物卖掉、使用、典当等时，物现属有者当返回。买主、使典当者知其畜物非私人自有，是头监之物，则与知他人盗而典当罪相同。未知，勿治罪。价钱者，使军自己有畜物，能赔偿，则当回归还，不能则当罚使典当者。"）

卷六

计7门77条,主要为战时动员与兵役法方面的内容。

(一)发兵集校门11条。是关于点集迟到、稽留或所携战具不全的处罚规定,与《宋刑统》卷一六《擅兴律·大集校阅门》同。

(二)官披甲马门16条。是关于官披、甲、马的管理规定:不允许出卖、互换、典当、损毁官有披、甲、马,违者判刑;行监、将、盈能等大小首领不得拘乘军卒官马(即军马);贫困军卒若勇健能战,其官马草料可由国库供给;官马坚甲陷没敌阵,可根据不同情况予以注销或赔偿,等等。

(三)军人使亲礼门10条。前6条为上下级之间馈送筵礼、亲戚馈送礼物规定,以及首领官员丧葬、生育、祭神、嫁女、分家、造屋等不得派遣公差。后4条为大小官员不允在官人中索要私人,诸父子所属官马瘦弱处罚等。显然二者不是一类。

(四)纳军籍磨勘门8条。对呈报与磨勘军籍的时间、程序的规定。

(五)节上下对他人等互卖门6条。[①]为服内亲互卖治罪法:卖节上亲者绞,从犯徒十二年,卖节下亲依服等量刑,服等愈高刑愈轻。

(六)抄分合除籍门20条。包括两方面内容,一是对军抄的分合、转抄、继承的规定;二是兵役登记法,独诱子10岁当登记注册,民年15当成丁,70入老弱中,违者处罪。

(七)行监溜首领舍监等派遣门6条。为派遣各部首领、盈能、行监、舍监的条件与程序。

以上除发兵集校门外,其他各门为唐、宋律所无。

卷七

计7门70条,内容涉及投诚、叛逃、敕禁等多方面。

(一)为投诚者安置门18条。为有关优待、安置投诚人员的法规。

(二)番人叛逃门26条。包括对各种叛逃人员的追捕与判罪;捕获逃人按捕杀敌获赏;对知情不举告者或有逃跑言论而未付诸行动者的处罚。

(三)敕禁门13条。本门规定不许私藏武器;大小官员、僧人道士不准穿戴违禁衣饰,使用违禁器物;不允许到敌界买卖交换违禁物;不允许到敌界卖钱与私

---

① 西夏人的亲属以"节"区分辈分高低和亲疏等次。节分同节、节上和节下。同节即同辈,节上、节下分别类似汉族的长辈和晚辈。节上、节下又依据亲疏远近分为一节、二节、三节等。一节较自身直接的亲属远一层,如一节伯叔不是本身的亲伯叔,而是父亲的伯叔兄弟。(史金波:《西夏社会》(上),上海:上海人民出版社,2007年,第239页。)

铸钱、毁钱等,违者治罪。

(四)邪行门3条。战争期间逾越通敌者绞,大小官员勒索乡里者治罪。

(五)行职门3条。为服劳役人员的征调与遣还规定。

(六)妄派门3条。对妄自摊派、派工的处罚规定。

(七)杀葬赌门4条。规定判死罪被处死者,一年内不允收葬;禁止打赌,违者处罪。

以上除敕禁门中的私铸钱外,其他内容为唐、宋律所无。

卷八

计7门79条,为伤杀、犯奸以及婚姻方面的法规。

(一)烧伤杀门13条。对有意或无意放火杀人毁物、亲属之间相互杀害以及自杀的判罪规定。此门多与唐、宋律有关斗讼内容相似,而放火烧杀在《宋刑统》中属《杂律》"失火门",可见《天盛律令》在参照唐、宋律时有所整合。

(二)相伤门4条。前3条为头监失手伤、死使军、奴仆从轻处罚,伤则有官罚马一,庶人十三杖,死则徒六个月,若以刀剑重伤徒五至八年,死则徒十年,父母伤死子女、丈夫伤死妻子同。第4条对恶犬及牲畜伤死人的处罚。该门见《宋刑统》卷二二《斗讼律》中的"良贱相殴门""夫妻妾媵相殴并杀门",以及卷一五《厩库律》中的"犬伤人畜门"。《天盛律令》将子、女、妻等同于奴仆,反映了西夏社会状况。

(三)夺妻门10条。对抢夺人妻的判罪规定。

(四)侵凌妻门15条。为通奸或因奸情引起杀伤的处罪规定。一般通奸徒二年,下官与上官妻通奸三年,庶人与有官人妻通奸徒四年,诸司案头、司吏等与所属大人、承旨妻通奸徒五年,妇人之罪与之相等。

(五)威势藏妻门4条。对达官贵人与皇室隐藏他人妻、女、媳,以及诸家主不举告所藏妇人的处罪规定。

(六)行非礼门3条。主要为节亲内相互淫乱的判罪规定。

"侵凌妻门"与"行非礼门"中的作奸犯科,与唐、宋律《杂律》篇的"诸色犯奸"并无二致,而"抢夺人妻"与"威势灭妻",则带有鲜明的党项民族特点。

(七)为婚门30条。即婚姻法规,包括法定结婚年龄、家长主婚、按贵族及官、庶等级确立婚价与嫁妆、居父母或夫丧不婚以及"七出""三不去"。该门除法定婚价与嫁妆外,其余各条基本上是对唐、宋律《户婚》篇的继承。

卷九

计7门90条,基本内容为司法制度。

（一）司事执集时门1条。佚。

（二）事过问典迟门28条。前10条缺佚，为审判管辖与案件分类方面的规定。

（三）诸司判罪门3条。主要对判案逐级上报审核与不同罪行审判期限的规定。

（四）行狱杖门26条。对讯囚和狱政管理规定：有官人入狱，不施杖枷大刑；囚犯自杀，监者承罪；劫持囚犯，从重判罪；脱囚虐囚，依法治罪；一般囚犯患病可保外就医；女囚孕子，当产后推问，等等。

（五）越司曲断有罪担保门20条。主要内容为：诸人不服判断，可逐级上诉，若推问先判不枉，诉者承罪，局分人若受贿枉断，则依法治罪；无期徒刑及死刑犯，不许担保假释；奸淫女囚依法治罪。

（六）贪奏无回文门9条，存前3条，第4条残，为有关上奏呈文的规定。

上述司法制度方面的条文，与唐、宋律的《断狱篇》有关内容相似。而"贪奏无回文门"则来源于《职制》篇的"应奏不奏"条。

卷十

计5门89条，主要为政府机关品级编制、官吏迁转考核、赴任等方面的行政法规。

（一）续转赏门5条。对诸司任职人员三年任满后的续任、迁转以及赏赐的规定。

（二）失职宽限变告门9条。为诸司官员不赴任，或超过期限就职的处罚规定，相当于唐、宋律《职制》篇中的"之官限满不赴"。

（三）得续官军敕门37条。[①]本门内容主要有两点，一是承袭官、军、抄的资格和程序，二是对官印质地和重量的规定。

（四）司序行文门31条。主要是规定中央与地方机构的品级、编制以及官吏选派，另外规定番（党项）、汉、吐蕃、回鹘名事同、位相当时不论官高低，以番人为大。

（五）遣边司局分门7条，只存第一条，为沿边经略司与监军司案头、司吏编制与超编处罚规定。

上述除"失职宽限变告门"外，其余均为唐、宋律所无。

---

① 孔祥辉《两则未刊俄藏〈天盛律令〉残片考释》（《西夏学》2018年第1期）中的一则可补该门"医人得官法""边等官获末品""学士选拔官赏"条，其中"边等官获末品"内容完整，是对边地官吏赐予官品及如何获得官品的规定。

卷十一

计13门95条。本卷内容庞杂,涉及诈伪、出典劳力、财产纠纷、使节往来、宗教管理等领域。

(一)矫误门7条。主要对公事行文有误、假传圣旨与王公大臣手谕、刻行伪印、私调劳役、传行蛊术的判罪。略同于《宋刑统》卷二五《诈伪律》以及卷一八《贼盗律·造畜蛊毒》中的相关内容。

(二)出典工门10条。是典押使军、奴仆、妻子、田地、房舍的规定,诸人一旦典押,就成为债务奴隶。此为唐、宋律所无。

(三)射刺穿食畜门8条。是关于故意或无意伤杀他人畜的处罪与赔偿规定,略同于《宋刑统》卷一五《厩库律·故杀误杀官私马牛并杂畜》。

(四)渡船门2条。关于河上渡船纳税的规定,此与唐、宋律《杂律》篇"官船私载物"不同。

(五)判罪逃跑门10条。为刺配边城服劳役犯人逃跑处罪规定,唐、宋律不载。

(六)使往来门9条。为出使他国使臣携带过境物品、言论行动、保守机密方面的规定。同时规定他国使来,住于京师馆驿,依官买卖。唐、宋律不载。

(七)检视门3条。对侦缉钦差贪赃受贿,欺上瞒下的处罪规定。唐、宋律不载。

(八)派供给门3条。局分人稽误或完全不去供给他国使臣等,则按情节轻重,处以十杖至六个月徒刑。此门比唐、宋律《职制》篇"驿使稽程"简略,且内容不同。

(九)为僧道修寺庙门23条。是关于寺观与僧人道士的管理规定。出家入道须会颂法定的经卷,并持有官府度牒;僧人道士及常住物均须登记上报;僧人情愿,可纳牒还俗;私自为僧人道士者处罪,等等。唐、宋律没有系统的宗教法,只在卷一二《户婚》篇中列"僧道私入道"。

(十)分用共畜物门5条。是对诸人随意分用、分卖家长牲畜、谷物的处罚规定。与唐、宋律《户婚》篇"卑幼私用财"略同。

(十一)分用私地宅门5条。是关于房舍、地产买卖、典赎的民法规则,略同于唐、宋律,但没有《宋刑统》规定的亲邻权。①

(十二)草果重讼门3条。第一条为闲荒地上野草、野果分配办法,后两条规定重讼时不许于原状上增状。一门之内包括两种不同的内容。

(十三)管贫智高门,现存2条。规定老幼孤寡由亲戚赡养,表彰节妇养老抚孤的操行。大致属宋代礼部有关孝赠编救的范畴。

卷十二

计3门84条。有关诈伪、损毁机密文件以及内宫禁卫等方面的规定。

(一)无理注销诈言门7条。有关主簿、首领将所辖年幼入成丁、老弱不入老弱、死亡不注销,以及诸人诈称神佛降临,使军不经头监同意私自典卖妻、子女、媳、妇、姐妹等方面的处罪规定。一门三方面内容各不相同。

(二)失藏典门5条。是关于损毁、盗隐、丢失密牒诏敕、发兵命令、诸司文书以及官畜、谷、钱、物、武器、杂物交领簿册的处罪规定。《宋刑统》卷九《职制》篇"漏泄大事门"只限于"潜谋讨袭及收捕谋叛之类"。

(三)内宫待命等头项门72条。有关宫卫和朝仪的规定,宫卫制度与唐、宋律《卫禁》篇略同,但《天盛律令》增加了朝仪制度。如大小臣僚不来朝或虽来朝而不服朝服,汉臣僚违律不戴汉式头巾,丧服、披发以及冬冠凉笠入内宫,上奏者过御道等,都根据不同情况处罪。

卷十三

计7门116条。为举告、捕逃及传讯方面的法律规定。

(一)许举不许举门12条。主要对卑幼、使军、奴仆诉讼权利的限制:卑幼只许举尊长十恶中谋逆、失孝德礼、恶毒、大不恭、叛逃、内乱等罪;使军、奴仆只许举主人十恶中获死刑、长期徒刑罪及他罪中不论官获死等罪;其余罪不许举,也不能为知证;服内亲可以上下相隐,但不许隐十恶罪。

(二)举虚实门17条。关于举虚判罪与举实得赏的规定。以上两门相当于唐、宋律《斗讼》篇中的"告周亲以下"与"奴婢告主罪"。

(三)功抵罪门4条。即捕得逃犯的有罪人除十恶、战场叛逃、于敌界卖敕禁等罪外,均可以功抵罪。

(四)派大小巡检门15条。为捕盗巡检的派遣及赏罚规定,唐、宋律不载。

---

① 《宋刑统校证》卷一三《户婚律·典卖指当论竞物业》:"应典、卖、倚当物业,先问房亲;房亲不要,次问四邻;四邻不要,他人乃得交易。房亲着价不尽,亦任就得价高处交易。"([宋]窦仪等详定,岳纯之校证,北京:北京大学出版社,2015年,第175—176页)。敦煌《兕名法宝达卖地文契》有"先召有服房亲,后召……"(《中国藏西夏文献》,兰州:甘肃人民出版社、敦煌文艺出版社,2006年,第46页)、俄藏黑水城《典田地文书》有"房亲父伯兄弟先来"(《俄藏黑水城文献》第六册,上海:上海古籍出版社,2000年,第323页)等相关亲邻权的记载。

（五）逃人门10条。为举告、隐匿官私奴婢（官人、私人）的赏罚规定。类似《宋刑统》卷二八《捕亡》篇中的"官户奴婢逃亡"。

（六）遣差人门11条。有关传讯规定：传讯差人由所属军首领、迁溜、巡检、监军司从近便处派遣；差人逃匿、稽缓，被告人打差人或差人打被告人均要处罪。唐、宋律不载。

（七）执符铁箭显贵言等失门46条。对执符或执铁箭执行公务的各种规定及违律的处罚：执符人不得用官马（军马），可捕民畜或官牧场畜乘骑，民不给治罪；所捕坐骑伤、死不赔；执火急符追捕十恶中叛逃以上三种罪时，延误五日以上绞；执符人无理勒索、搅扰家主要治罪；因私事擅自派执符者绞；大意失符者亦绞等。

本门略同于《宋刑统》卷一〇《职制》篇中的"驿使稽程""输纳符节迟留"，但比其详尽。执符捕乘民畜与官牧场畜，反映了西夏自身的特点。

卷十四

计1门。《误殴打争门》73条，为斗讼方面的规定。前30条缺佚，从保留下来的名略来看，有使军殴头监、子女殴父母、节上下亲互殴、殴公婆、殴岳父母、殴伯叔、低官殴高官、庶人相殴等，其余条文规定殴打伤人者，偿之绢马；奴婢相杀或良人伤死使军、奴仆，与他人殴打争斗伤杀罪一样判断；诸人因大意而致人死，有官罚马一，庶人十三杖；殴伤皇使者绞，弟子殴打先生致伤与之同，等等。此门与唐、宋律《斗讼》篇略同。

卷十五

计11门86条，主要为土地税收与农田水利方面的规定。

（一）催缴租门9条。①为土地税主要内容与缴纳时间规定。

（二）取闲地门2条。为开垦抛荒地及生地缴纳租庸草的规定。

（三）催租罪功门7条。主要有三方面的内容：一是对催租大人的奖惩；二是春开渠与依番灌水的规定，三是对农主人私卖地主土地的处罚。

（四）租地门5条。禁止农主相互侵耕；诸人卖地当卖情愿处，不许相邻者因邻接而强买之；垦田一百亩以内免税；诸人买农田司与寺院土地，当登记注册，依法缴纳租庸草。

宋代典卖中有所谓的四邻权，典卖田舍，"先问亲房，亲房不要，次问四邻。

---

① 《俄藏黑水城文献》中《催缴租门》开头部分条文，错置在同卷《春开渠事门》中，潘洁《〈天盛改旧新定律令·催缴租门〉一段西夏文缀合》（《宁夏社会科学》2012年第6期）将其恢复原位，并翻译释读，为西夏京畿按土地肥瘠分五等交纳土地税的记载，对研究西夏赋税制度具有重要意义。

四邻不要,他人并得交易"。①《天盛律令》则限制了"四邻权"。

(五)春开渠事门8条。为按田亩征调开渠清淤的民工及相关规定。

(六)养草监水门5条。缺佚,从保留下的条目来看,为屋边种稗草及供水方面的规定。

(七)纳冬草条门2条。缺佚,从保留下来的条目来看,为冬草的缴纳与入库管理规定。

(八)渠水门13条。为渠水巡检、渠主、渠头的派遣、渠道维护、灌水次序等方面的规定。

(九)桥道门6条。灌区内大桥大道由官修治,小桥道依私修治;诸人断毁道路,或沿道放水、耕垦时,有官罚马二,庶人徒三个月。

(十)地水杂罪门16条。是关于沿渠干植树、保护渠道、毛细渠灌水、地税缴纳、买卖土地登记过税等方面的规定。

(十一)纳领谷派遣计量小监门13条。主要为粮库管理制度,包括库局分三年迁转时的交接手续;纳领粮食制度;粮库建造,等等。此外,还有关于土地税册的登记以及三年一次的推检通排。

以上只有个别内容与唐、宋律《户婚》篇、《厩库》篇相似,农田水利等方面规定唐、宋律不载,土地税收规定与唐、宋律不同。

卷十六

计8门46条,全卷缺佚,从保留的名略条目来看,主要为农人管理与地租分成方面的规定。

(一)农人权利门17条。关于对农户(佃户)登记造册及耕牛、犁参与地租分成的规定。

(二)派管粮农监门3条。关于对派遣农监的规定。

(三)园子门1条。为种麻园子利限规定。

(四)摊耕地门1条。关于耕种旱地的规定。

(五)催缴利限门2条。有关利限催促磨勘规定。

(六)命置分等门9条。对无力支付分成地租农人的处罚。

(七)官地转隐农主逃亡入典门9条。对调换官私地与逃亡农人的处罚。

(八)头归卖地农主利限纳量门4条。有关卖房舍地畴与农人利限等方面的规定。

---

① [宋]窦仪等详定,岳纯之校证:《宋刑统校证》卷一三《户婚律·典卖指当论竞物业》,北京:北京大学出版社,2015年,第175—176页。

以上内容唐、宋律不载。

卷十七

计7门58条,为市场与仓库管理规定。

(一)斗尺秤换卖门4条。该门缺佚,从保留下来的条目来看,为度量衡标准方面的规定。唐、宋律《杂律》篇有"校斗秤不平"。

(二)钱用毁市场门2条。该门缺佚,从保留下来的条目来看,大致是货币与市场管理方面的法规。

(三)库局分转派门13条,有关仓库管理人员编制、派遣、迁转磨勘等方面的法规。唐、宋律不载。

(四)供给交还门11条。关于粮食及其他物品的入库、支用、交还等方面的规定。比唐、宋律《厩库》篇相关规定详细得多。

(五)急用不买门8条。有关买卖方面的规定,禁止强行压低进价亏损家主,或私家主低价买进高价卖给仓库,亏损国家。与唐、宋律《杂律》篇"买卖不和较固"不尽相同。

(六)物离库门15条。为仓库局分磨勘规定与库藏物品耗减法,唐、宋律不载。

(七)派执事门5条。缺佚,从保留下来的条目看,为库藏物品登记与仓库失火处罚条例,类似唐、宋律《杂律》篇失火门有关条目。

卷十八

计9门56条,为榷税、专卖以及对外贸易方面的条例。

(一)缴买卖税门19条。缺佚,从保留下来的条目看,为有关纳税与免税规定。

(二)舟船门8条。对造船质量监督及奖惩规定。

(三)杂曲门8条。为曲、酒专卖条例。

(四)监池开闭门2条。为池盐开采与榷税条例。

(五)能增定税罚贪门2条。缺佚,大致是增税罚贪方面的规定。

(六)派供给小监门4条。缺佚,大致是供给小监派遣与御用食盐供给者不承杂事等方面的规定。

(七)减摊税门2条。缺佚,大致是减蒲草税方面的规定。

(八)年食工续门2条。残。

(九)他国买卖门9条。关于往他国贸易货物的登记、运输、验证以及官库管理方面的条例。

以上9门唐、宋律不载。

卷十九

计13门78条,为国有畜牧业管理条例。

(一)派牧监纳册门2条。缺佚,大致是派遣牧监首领规定。唐、宋律不载。

(二)分畜门10条。缺佚,大体是对牲畜调拨使用方面的规定。唐、宋律不载。

(三)减牧杂事门4条。[①]缺佚,大致是摊派杂役苛捐规定。唐、宋律不载。

(四)死减门4条。规定官畜十分之一的死减率。《宋刑统》卷一五"厩库篇"引《厩牧令》:"诸牧杂畜死耗者,每年率一百头论,驼除七头,騾除六头,马、牛、驴、羖䍽[②]羊除十,白羊除十五。"《天盛律令》则统一规定为十。

(五)供给驮门3条。国主御用及遣往他国使节所用骑乘的供应与管理规定。唐、宋律不载。

(六)畜利限门10条。为马、牛、羊、驼四种官畜产仔率及缴纳毛、乳、酥数。与唐、宋律《厩库》篇"课不充"略同,只是《天盛律令》增加了毛、乳、酥方面的内容。

(七)官畜驮骑门2条。规定官驼、牛、驴不准擅自借与他人驮、骑、耕作,违者处罪。与《宋刑统》卷一五《厩库律·以官奴婢畜产借人及自借》相关条文略同。

(八)畜患病门5条。即病畜死亡验视及注销制度。唐、宋律不载。

(九)官私畜调换门3条。对调换官私畜,从中牟利的处罚规定。唐、宋律不载。

(十)校畜磨勘门25条。为官畜校验制度:校畜官吏的派遣、供给,大杖、枷索、烙印、纸张的借领;对相互索借重验牧人及主管首领的判罪;对正常死减外损失官畜的处罚;对胜任牧人与牧首领的奖励。该门远远比唐、宋律卷十五《厩库》篇中"检验畜产不以实"详细。

(十一)牧盈能职事管门3条。对牧盈能派遣与幼畜的登记号印规定。唐、宋律不载。

---

① 佐藤贵保发现一件《减牧杂事门》残件,为该门最后一条"无职诸司对牧场摊派",可缀合在《死减门》之前,内容大致分两部分,前半部分是官营牧场收纳武器、粮秣等的规定,后半部分是对牧场内的牧主课与赋役相关税的禁止条项([日]佐藤贵保著,刘宏梅译:《未刊俄藏西夏〈天盛律令〉印本残片》,《西夏研究》2011年第3期)。

② 羖䍽即山羊,《豳风广义》卷下曰:"我秦中一种绵羊,头小、身大、尾长、多脂、最美,其毛柔软,一岁三剪,以为毡物;临渭两岸,其毛న్ 细,可作绶、氆氇、衣衫等物,绝佳。一种羖䍽羊,俗名驹䍽羊,项下有须,毛粗长,作沙毡,避湿气;性捷、善缘屋壁,其味亦美。"显然,羖䍽是和绵羊有别的山羊。

（十二）牧场官地水井门3条。为国有牧场管理条例:官牧场须登记造册;不允私家主在官牧场内住家、耕垦;不许于妨害官畜处凿井。唐、宋律不载。

（十三）贫牧逃避无续门4条。关于牧人管理的规定:牧人有一定资产,方可领取官畜牧养,无主贫儿无权领养官畜。若大小牧监违律,以胜任入不胜任,以不胜任入胜任,当处罪。唐、宋律不载。

卷二十

计2门56条,大致是上述各卷内容的补充。

（一）罪则不同门52条。内容庞杂,包括节亲主处杖刑时由大杖折成细杖以及处徒刑时服劳役法;诸人罚马可折钱以及罚马交纳程序;减免投诚者的部分罪刑;土地、房舍买卖文契及皇帝给臣民的诏敕,须在官府注册,以备查验;父母、丈夫以及服三个月至一年孝服亲死时不举哀,或者孝期未满除丧服时处罪;自杖刑至死刑刑种与刑名;使军不听主人使唤徒一年;无上谕不许于内宫行大杖;诸司机关修旧为新法;泄内宫密事徒三年;禁止贵族奢侈,丧葬筵席不许超过规定;诸人犯不同罪,先罪已判断而后罪出时,从其重者判断;父母不同意不许分家另过;诸司司吏当值规定;遣罪犯修城及在官方采金、熔银铁处服苦役;大校验畜者禄食规定;自京师至富清县十五行宫的内外侍、神策、阁门等派遣法;牧主、农主、车主、舟主、相军、乐人、种种工匠获短期徒刑服刑法,等等。

（二）各种碎门,缺佚。

以上仅仅是一个粗略的统计,并不十分准确,但大致上还是能反映出一些问题来。《天盛律令》的150门法律条文,与唐、宋律大体类似者约69门,占总门数的46%,唐、宋律不载者约81门,占总门数的54%。这是一个有意思的数字,它说明该《律令》一半以上内容与唐、宋律不同。

我们更进一步来看,与唐、宋律大体类似的69门中,有"十恶""八议"等十几门基本照搬《唐律疏议》或《宋刑统》,其余大部分在唐、宋律的基础上,有所增补或变通,体现出鲜明的西夏与党项民族特点。如,卷三"当铺门"与"催索利债门"远比唐、宋律有关公私债负、官吏放债详细,尤其有关奴仆借债规定独具特色。卷十一"为僧道修寺庙门"为系统的寺观与僧道管理法规,而唐、宋律只在《户婚》篇禁止僧道私入道。卷十二"内宫待命等头项门"的宫卫制度与唐、宋律《卫禁》篇略同,但对上朝臣僚不穿朝服、汉臣不戴汉式头巾、丧服、披发以及冬戴凉笠入宫的处罪规定,是唐、宋律所没有的。诸如此类,不一一列举。

《天盛律令》独有的,即不见于唐、宋律的81门,主要集中在战具发放与管理、兵役、政府机关品级编制与官吏迁转考核、农田水利、农业税与国有土地地租分成、商税征榷等方面,这些基本上属于宋代编敕的范畴,从而反映出该《律令》的结构特点。

《天盛律令》试图对隋、唐以来的律例重新调整组合,如将唐、宋律《斗讼》篇的伤杀与《杂律》中的放火烧杀合在卷八的"烧伤杀门",使内容更加紧凑。但更多的情况下,这种调整是不成功的,以致类例不分,一卷中往往包括唐、宋律几卷不相干的内容①,甚至一门中出现两三种风马牛不相及的条文②。从这个意义上讲,对《天盛律令》的法律文献价值不能估计太高。

第三节 《天盛律令》成书年代与版本流传

《天盛律令》全书未题年款,以致学界对它的成书年代产生歧异,或认为是天盛初年的产物③,或以为成书于乾祐早期,不晚于公元1182年④。

我国历史上习惯用帝王年号命名法典,如隋朝的《开皇律》,唐朝的《永徽律》,金朝的《皇统新制》《明昌律》《泰和律》等,因此,我们完全有理由认为《天盛改旧新定律令》(简称《天盛律令》)成书于仁宗天盛年间,并且在天盛初年。这是因为:

其一,从这一时期外戚任得敬入朝、专权、分国与覆灭的情况来推断。任得敬本宋朝边臣,投靠西夏后,因镇压蕃部人民起义和献女为妃而博得西夏仁宗赏识。天盛元年(1149年)奉召入朝,任尚书令,次年任中书令,天盛八年(1156年)晋为国相,后又晋爵楚王、秦晋国王,长期专权,结党营私,最后发展到要求裂土分国。乾祐元年(1170年),分国失败被诛。任得敬既非番人,更非皇族,在他把持朝政的天盛中晚期,不可能公布维护皇权、尊崇番人的律令。据此推测出该律令形成于任得敬入朝不久,权势还不足以一手遮天的天盛初年。其二,从文献记载来看。《宋史·夏国传》曰:"(绍兴)十七年,改元天盛。策举人,始立唱名法。十八年,复建内学,选名儒主之。增修律成,赐名《鼎新》。"俄国西夏学家聂历山认为,仁孝赐名的《鼎新律》就是黑水城(哈拉浩特)出土的《天盛年改新定律令》,吴

---

① 《天盛律令》卷七关于逃人、违禁、兴役的法规在唐、宋律中分属"捕亡""卫禁""擅兴"诸篇。
② 《天盛律令》卷六"军人使亲礼门"10条。前6条为上下级之间馈送筵礼、亲戚馈送礼物规定,以及首领官员丧葬、生育、祭神、嫁女、分家、造屋等不得派遣公差。后4条为大小官员不允在官人中索要私人,诸父子所属官马瘦弱处罚等。显然二者不是一类。《天盛律令》卷一二"无理注销诈言门"7条。主要内容有三:一是主簿、首领将所辖幼人成丁、老弱不入老弱、死亡不注销;二是诸人诈称神佛降临;三是使军不经头监同意私自典卖妻、子女、媳、妇、姐妹等方面的处罪规定。一门三方面内容各不相同。
③ 《天盛律令·前言》,第3页。
④ 刘菊湘:《关于〈天盛律令〉的成书年代》,载《固原师专学报》1998年第4期,第57—60页。

天墉先生在《西夏史稿》注释中专门予以介绍。①《天盛律令·颁律表》指出,该律令修成后,"奉敕名号《天盛改旧新定律令》。印面雕毕,敬献陛下。依敕所准,传行天下,着依此新《律令》而行"②。显然,聂历山的推论是正确的,我国学者对此进一步作了阐述③,这里需要指出的是"改旧新定"是用现代汉语翻译过来的,如果用古汉语译成"革故鼎新",则更为贴切④,这也与《宋史》所载的《鼎新律》相吻合。由此可见,《天盛改旧新定律令》不仅成书于天盛初年,而且可更进一步确定为天盛二年,即公元1150年。

上述《颁律表》有十九位纂定者,其中皇族嵬名氏七人,领衔者为北王兼中书令嵬名地暴,另有"合汉文者奏副中兴府正汉大学院博士杨时中,译汉文者西京尹汉学士讹名□□,译汉文纂定《律令》者汉学士大都督府通判芭里居地,译汉文者番大学士院博士磨勘司承旨学士苏悟力"。《颁律表》列有"合汉文者""译汉文者"以及"译汉文纂定《律令》者",说明《天盛律令》在颁律、刻印时已经有了汉文译本,但流传至今的只有西夏文刻本与写本,尚未发现汉文本。

黑水城出土的西夏文刻本《天盛律令》的版框规格比较混乱,下面以前五卷为例:

卷一:有22.2厘米×15.5厘米、22厘米×15.5厘米、19厘米×13.8厘米、22厘米×16厘米4种规格。

卷二:有22厘米×16厘米、21.5厘米×15.3厘米、22厘米×15.5厘米、20厘米×18.7厘米、22厘米×15.6厘米5种规格。

卷三:有21.2厘米×15.5厘米、21.7厘米×16厘米、21.5厘米×16厘米、21.3厘米×16厘米、22厘米×15.3厘米5种规格。

卷四:有22.5厘米×15.5厘米、21.5厘米×15.5厘米、20.5厘米×15厘米3种规格。

卷五:有22厘米×16厘米、21.4厘米×16厘米、21.2厘米×16厘米、21厘米×15.5厘米4种规格⑤。

此外,全书的字体优劣不一,各版每单行的字数也多少不等。《天盛律令》为

① 吴天墉:《西夏史稿》,成都:四川人民出版社,1983年,第111页。
②《天盛律令·颁律表》,第107页。
③ 陈育宁主编:《宁夏通史·古代卷》,银川:宁夏人民出版社,1993年,第175页。聂鸿音:《西夏〈天盛律令〉成书年代辨析》,《寻根》1988年第5期。
④ 罗矛昆:《研究西夏社会制度的珍贵史料——西夏法典〈天盛改旧定新律令〉》,《宁夏社科通讯》1989年第5期。
⑤ 聂鸿音:《西夏刻字司和西夏官刻本》,《民族研究》1997年第5期。

西夏政权的根本大法,当由官府刻字司负责刊布,但从上述版本情况来看,似乎流传下来的《天盛律令》不是刻字司的刻本。也许和《音同》①一样,官本刊布后,又出现了民间刻本,因此,没有刻印的地点、时间以及刻工的落款。

黑水城出土的西夏文《天盛律令》写本有五种,其中乙种本书写工整,存卷四,七面;卷六,两面;卷七,一面;卷八,二十一面;卷十一,一面;卷十二,两面;卷十三,三面。丙种本为西夏文草书,存卷八,二十一面。丁种本略草,存卷八,三十一面。戊种本字迹粗浑,存卷八,三面。己种本较清楚,存卷十四,十二面②。

本书所引《天盛改旧新定律令》的原件在苏联刊本的基础上,另补入卷首《名略》两卷,卷十四《误伤杀与斗殴门》中新识别出的二十三条,以及少量刻本零页和据写本新校补的残字。这是目前通行的比较好的版本。

---

① 《音同》,又译作《同音》。
② 《俄藏黑水城文献》第九册,上海:上海古籍出版社,1999年,第47—52页。

第二章 《天盛律令》中的刑法

第一节 刑法的基本内容与罪名

一、"十恶"罪

"十恶"为封建社会最严重的犯罪,《天盛律令》将其列入首卷,并规定所犯者"一律不允以官当"。

（一）谋逆罪

谋逆,即谋反,指危害社稷,颠覆政权罪。犯者不论主从一律皆以剑斩,家门子、兄弟节亲连坐,畜、物没收入官。①

（二）失孝德礼罪

失孝德礼,即谋毁宗庙、陵墓及宫阙,犯者曰:"一律与向官家谋逆者已行为之罪状相同。若未动手则造意②绞死,从犯当迁往异地,在守边城军中无期徒刑,做十二年苦役。"③

（三）背叛罪

即背叛本国,逃往敌国。"已行者造意以剑斩杀,各同谋者发往不同地守边城无期徒刑,做十三年苦役。主从犯一样,自己妻子、儿女当连坐,当入牧农主中。"④

（四）恶毒罪

《天盛律令》恶毒罪的范围比《唐律疏议》"恶逆罪"要广,除殴杀曾祖、祖父母、父母、庶母,夫之曾祖、祖父母、父母、庶母以及伯叔、姨、姑、姊妹、兄长外,还

---

① 《天盛律令》卷一《谋逆门》,第111页。
② 造意,即主谋。
③ 《天盛律令》卷一《失孝德礼门》,第114页。
④ 《天盛律令》卷一《背叛门》,第115页。

有自穿三个月丧服至穿九个月丧服的节下人杀节上人,祖父母、父母、庶母故意杀子孙,妇人杀丈夫,使军、奴仆杀头监等。犯者不论主从,一律以剑斩。①

(五)不道罪

即"妄杀一门下无罪三人,及杀一门一二人使根断,或杀不同家门四人,及故意谋杀中或投毒药,或杀时砍肢节及手足,或烧或以枪刀剑刺杀",一律不论主从皆以剑斩。②

(六)大不敬罪

即指斥、诽谤皇帝,伪造、偷盗御印,盗窃神用、御用之物,御用药方及侍服药法有误,御食混撒杂物,以及传旨时不行臣礼,或御旨传唤,无故不来等,犯者一律以剑斩杀。③

(七)不孝罪

即子女、儿媳对曾祖父母、祖父母、父母、庶母"撒土灰、唾及顶嘴辱骂",犯者绞杀。④《唐律疏议》还包括对父母供养有阙;居父母丧,身自嫁娶,若作乐,释服从吉;闻祖父母、父母丧,匿不举哀以及诈称祖父母、父母死等。

(八)不睦罪

即节下人卖节祖父母、父母等,造意以剑斩,从犯无期徒刑。⑤

(九)不义罪

即都案、案头、司吏杀诸司大人、承旨、司判等上司,随从等杀皇使,弟子、生员杀师傅、先生等,犯者以剑斩杀。⑥

(十)内乱罪

即"节下、节上至亲处为非礼者,男女一律以剑斩,家门勿连坐"⑦。

二、盗窃罪

党项人内迁前"好为盗窃,互相凌劫,尤重复仇"⑧。内迁以后,依然残存"好为盗窃,互相凌劫"的习俗,因此,《天盛律令》对盗窃、杀人的判罪非常详细。

---

① 《天盛律令》卷一《恶毒门》,第117—118页。
② 《天盛律令》卷一《为不道门》,第119—126页。
③ 《天盛律令》卷一《大不恭门》,第127页。
④ 《天盛律令》卷一《不孝顺门》,第128页。
⑤ 《天盛律令》卷一《不睦门》,第128页。
⑥ 《天盛律令》卷一《失义门》,第129页。
⑦ 《天盛律令》卷一《内乱门》,第130页。
⑧ [后晋]刘昫等:《旧唐书》卷一九八《党项羌传》,北京:中华书局,1975年,第5291页。

（一）强盗罪

诸人盗窃官、私之物时，杀伤物主或监护人，当以强盗论。其罪情包括持武器与不持武器两种，持武器而盗者，"已谋未往，则造意徒三年，从犯徒二年。已往，物未入手，造意徒四年，从犯徒三年"。物已入手，一缗至二十缗，造意徒五至十二年，从犯徒四至十年，二十缗以上，一律造意绞杀，从犯徒十二年。不持武器而盗，"已谋未往，造意徒二年，从犯一年。已往，物未入手，造意徒三年，从犯徒二年。物已入手，则四缗以下，造意徒四年，从犯徒三年"。四缗以上至二十五缗，造意徒五至十二年，从犯徒四至十年。二十五缗以上，造意一律绞杀，从犯徒十二年。[①]

（二）偷盗罪

"偷盗已谋未往，造意十杖，从犯八杖。已往，物未入手，造意十三杖，从犯十杖。物已入手，则一缗以下，造意徒三个月，从犯十三杖。"一缗以上至三十缗，造意徒六个月至十二年，从犯徒三个月至十年，三十缗以上，一律造意绞杀，从犯徒十二年。[②]

（三）监守自盗罪

与一般盗窃相比，监守自盗将从重判断。其中"官畜、谷、物管属处大小局分于自己所管官物中，自己拿取、卖、用、分、盗、持时，与非局分他人盗窃之罪状比，大人、承旨、主管等加二等，其以下局分等当加一等，所加勿及死罪"。

禁内监守自盗比在外加一等，所加数亦可及于死罪。

诸寺庙、道观等所属设置常住中，大小局分擅自拿取盗持时，加罪之法，与前述盗官物同。

遣往他国使者"若盗窃其持载所买卖物时，当比偷盗、强盗伤人物量罪状所示加一等，所加勿及死罪"[③]。

（四）群盗罪

"五人以上同谋皆往盗窃，畜物已入手，则多寡不论，当为群盗。无论主从，不论有官、庶人，一律皆当以剑斩。自己妻子、同居子女当连坐，应入牧农主中。其中二三人往盗窃，有一二人未往盗窃时，勿算群盗。依强盗、偷盗主从犯判断。"五人以上盗窃，畜物未入手，则造意当绞杀，从犯徒十二年。已谋而未往者，

①《天盛律令》卷三《杂盗门》，第162页。
②《天盛律令》卷三《杂盗门》，第163页。
③《天盛律令》卷三《杂盗门》，第164页。

主谋徒十二年,从犯徒六年。^①可见,为了防止农民的反抗,西夏对群盗采取严刑酷法。

（五）重盗罪

诸人因盗窃服徒刑,期满后又盗窃,则按新罪判断。若服刑未满又盗窃,则为重盗,服短期徒刑者,与原罪比较,从重判断。罪相等者当依次加一等,可至无期与长期徒刑。无期徒刑犯重盗者,只要新犯罪处一个月以上徒刑,则一律当绞杀。

（六）分赃罪

即虽未参与盗窃,但知觉他人盗窃,并参与分赃、买卖、抵债、典当,当比偷盗或强盗罪状减一等判断。另,"盗窃畜、物、肉等未参与分持,已知为盗屠而拿所食残肉时,是牛、骆驼、马,徒二年;是骡、驴,十三杖,是羊及别种肉,知为盗物,打十三杖"^②。

（七）盗毁佛神地墓罪

诸人违律盗损灭毁佛像、神帐、道教像、天尊、夫子庙等时,造意徒六年,从犯徒三年。其中僧人、道士等损毁时,"当比他人罪状增加一等。若非损坏,盗而供养者,则有官罚马一,庶人十三杖。若价值很多,则视强盗、偷盗钱数之罪及损毁罪比较,依其重者判断。"

诸人违律时,"于殿上座节亲、宰相、诸王等所属地墓上动手者徒六年,至棺椁上则徒十二年,棺椁损坏至尸者当绞杀。以下臣民等所属地墓上动手,徒三年,至棺椁上徒六年,损坏棺椁而至尸则徒八年。又损坏无尸之坛、台、陵、立石、碑文、石兽时,一律当依前比损坏地墓罪减三等。若以暴力进行数次损坏,贪取地墓中物,则按强盗、偷盗法则及毁损罪,依重者判断"^③。

三、杀人罪

（一）故意杀人

1. 庶人故意相杀。庶人故意杀一二人,一律造意杀人者以剑斩,有怨出力相助等无期徒刑,从犯徒十二年。杀三人时,造意、杀人者等以剑斩,妻子、子女连坐,入牧农主中。有怨出力者以剑斩,从犯无期徒刑。

2. 庶人杀有官人。庶人杀有官人时,有官人官阶越高,判刑越重,如杀"未及

①《天盛律令》卷三《杂盗门》,第169页。
②《天盛律令》卷三《分持盗畜物门》,第172页。
③《天盛律令》卷三《盗毁佛神地墓门》,第184页。

御印"①官一人,造意、杀人者以剑斩,有怨出力相助者绞杀,从犯无期徒刑,杀"及御印"至"拒邪"官一人,造意、杀人者以及出力相助者均以剑斩,从犯绞杀;杀"及授"官一人,无论主从一律皆以剑斩,妻子、儿女当连坐,入牧农主中。

3. 有官人杀庶人。有官人杀庶人时,官阶越高处刑越轻。如"未及御印"官杀一二人时,造意、杀人者绞杀,有怨出力相助者无期徒刑,从犯徒十二年;"及御印"至"拒邪"官杀一二人时,造意、杀人者无期徒刑,有怨出力者徒十二年,从犯徒十年;"及授"官杀一二人,造意、杀人者十二年,有怨出力相助者徒十年,从犯徒八年。杀三人时,造意、杀人者才判无期徒刑,有怨出力相助者徒十二年,从犯徒十年②。

4. 有官人自相杀害。有官人自相杀害时,官小者杀官大者比官大者杀官小者处刑要重。③

5. 父母杀子女。"亲祖父、祖母、父、母等有意杀己子孙时,杀一人徒八年,杀二人以上一律十年。杀共夫娣姒之子时,自一以上,不论官,当绞杀。"④

(二)斗殴杀人

诸人斗殴中未执器械,官低人杀官高人以及同品官互相杀等,"当量其职官实行"。

衣紫、衣绯等和尚、道士斗殴伤杀时,有官、职则以官、职当。"无官,则衣绯、紫依殴伤杀有自'暗监'至'戏监'官人法,衣黄、黑依殴伤杀有自'十乘'至'胜监'官人法判断。"⑤

奴婢自相殴杀,以及有官或庶人与他人奴婢,使军殴打争斗伤死时,与他人殴打争斗相杀伤一样判断。

群殴致人死者,参与殴之,则依伤杀者之从犯法判断。虽入群中,然殴时手未著死者人身,则当比从犯减一等。又相随而未参与群殴者,有官罚马一,庶人十三杖。⑥

---

① 西夏的官可以概括地分为三类,从高到低依次是"及授""及御印""未及御印","拒邪"为官阶的分界点,"拒邪"以上为"及授",自"拒邪"以下为"及御印","未及御印"又称杂官。
② 《天盛律令》卷一《为不道门》,第124页。
③ 《天盛律令》卷一《为不道门》,第125页。
④ 《天盛律令》卷八《烧伤杀门》,第294页。
⑤ 《天盛律令》卷一四《误殴打争门》,第481页。衣绯、紫、黄、黑和尚、道士是西夏僧侣贵族。《天盛改旧新定律令》规定:"诸有官人及其人之子、兄弟,另僧人、道士中赐穿黄、黑、绯、紫等人犯罪时,除十恶及杂罪中不论官者以外,犯各种杂罪时与官品当,并按应减数减罪","僧人、道士中赐黄、黑、绯、紫者犯罪时,比庶人罪当减一等"(《罪情与官品当门》,第138、145页)。
⑥ 《天盛律令》卷一四《误殴打争门》,第481—482页。

节上与节下人等相互因口角争斗动手,致节下人死者,依他人殴打争斗相杀法判断。庶人殴杀三个月至一年丧服节上人,当以剑斩。①

"诸人于市场沿途驰骋入人群,过险峻高坡、渡水、戏要等相推殴打争斗中,以棍棒击人身致人伤死等,一律比争斗中相伤杀之罪状依次减一等。"②

(三)无意失手杀人

"诸人相扑而致死者,以相扑不死人之法而大意无理杀之,徒三年。"

诸人被遮障或无心失误,投掷、射飞禽野兽时,"弦绝箭落着人",或"于险峻高坡上执重物而失落,投掷铁棍、兵器等着人而致人死时,因大意而有官罚马一,庶人十三杖。若被遮障于道中及有人多处如前所示投掷而致人死,则徒一年"③。

诸人无心失误而致人伤死时,予命价法当与殴打争斗中相杀之予命价法相同。④

(四)因故杀人

诸人疑妻与他人行淫,妻在恶人处时将恶人打死,有官罚马一,庶人十三杖,妻回来后将恶人打死徒六年,以刀、剑、铁刃杀之,则徒十二年。

恶人夜间往来母、姨、女、媳、姑、姊妹、侄母等处,诸人以枪、剑、弓箭刺杀者,有官罚马一,庶人十三杖。已拘捕之后又动手杀时,与丈夫拘捕恶人后又动手杀死罪同样判断。⑤

(五)畜犬伤人

诸人恶犬及桀厉不驯牲畜当置枷,若违律时,庶人十杖,有官罚钱五缗。"倘若咬踢撞人致人死时,主人徒六个月,牲畜无论官私一律当交死者主人。""其中牵乘牲畜及唆唤犬等而径直向人放,伤死人时,比殴打争斗中伤死人罪减一等。"

四、伤害罪

(一)头监、丈夫、父母伤害使军、妻子、儿女

头监、丈夫、父母因言语不和殴打使军、奴仆、妻子、儿女时,失误而伤眼、耳、鼻、手、脚、筋等,有官罚马一,庶人十三杖,若死则徒六个月。其中以刀剑伤眼、

---

①《天盛律令》卷八《烧伤杀门》,第295页。
②《天盛律令》卷一四《误殴打争门》,第482页。
③《天盛律令》卷一四《误殴打争门》,第483页。
④《天盛律令》卷一四《误殴打争门》,第483—484页。
⑤《天盛律令》卷一四《误殴打争门》,第484页。

耳、鼻、手、脚、筋及致人死之罪,依以下所定判断:

使军、奴仆之眼、耳、鼻、脚、手指等中伤断一而非二时,徒五年。脚端、手端等中伤断一节、断筋等时,徒六年。二眼、二足、二手双双伤断、断筋等时,徒八年。致彼死则徒十年。

妻子、女、子、媳等眼、耳、鼻、脚、手指等,伤断一二时,徒四年。脚端、手端等中伤断一节及断筋等时,徒五年。二眼、二足、二手双双伤断及断筋等时,徒六年。致彼死则徒八年。[①]

(二)拔剑相伤

诸人愤怒,拨弓箭、刀、剑相对,未动者徒一年,已动未着则徒三年,已着无伤则徒五年,已伤残则徒六年。并与第十四卷殴打争斗中成重伤罪情比,从其重者判断。其伤死时当绞杀。[②]

(三)失手致伤

诸有官无官人共戏,彼此无心失误,致瞎目、折手足、折牙齿、裂唇、豁鼻等时,予之牛羊二,庶人十三杖,有官罚马一。[③]

(四)斗殴相伤

诸人斗殴中伤男女阴根时,人死则依杀人法,人未死则徒六年。[④]

斗殴中被伤者目、足、手原已废其一,后全部毁废所余者,与双双毁伤同罪判断;若目、耳、鼻、足、手伤毁者日限内死,则依斗殴相杀法判断,"后平复不废,则依折毁牙齿等法判断。平复与前不同,则当比前实毁伤罪减一等"。

上述牙齿及手指、足趾伤其一,裂唇、豁鼻,当予之马一。伤其一以上,则当予之牝牛二。[⑤]

(五)因故相伤

诸人往人妻处,丈夫将其眼、耳、鼻、足、手指等伤断其一,有官罚马一,庶人十三杖;伤断二三时徒六个月;双双毁二目、二足、二手及男根等,一律徒一年。妇人依与人行淫法判断。

诸人往人妻处,恶人打其丈夫时,徒四年;眼、耳、鼻、足、手指等中伤其一,徒六年;伤二种,徒十二年;"双双伤同类则绞杀,致死则依故杀律判断。"[⑥]

---

① 《天盛律令》卷八《相伤门》,第297页。
② 《天盛律令》卷八《相伤门》,第297页。
③ 《天盛律令》卷一四《误殴打争门》,第481页。
④ 《天盛律令》卷一四《误殴打争门》,第481页。
⑤ 《天盛律令》卷一四《误殴打争门》,第482页。
⑥ 《天盛律令》卷八《侵凌妻门》,第302页。

（六）当事人殴伤皇差

被传告、当事人等殴打皇使时，徒十二年。致眼、耳出血，内伤吐血等，无期徒刑，鼻梁、牙齿、脚趾、手指断其一，或唇缺等时，当绞杀。不属当事人，他人殴打者，比当事被告人等殴打皇使罪当减一等。①

（七）弟子殴伤师长

"官家所派弟子殴打师长及学童殴打先生致伤等，一律当与当事人打伤皇使罪相同。"②

（八）有官人殴打庶人

"有官人打伤庶人时，依二庶人殴打罪状法断之，可以官品当"。③

（九）上下级相殴

诸司大人、承旨、习判等，为其职管地方内民众殴打致伤时，"比不相属之有官、庶人等上下位殴打致伤之一种种罪状依次当加三等。其中所属局分都案、案头、司吏、差人、都监、其余所派遣之库局分，又有被告分析者等殴打自己所属大人、承旨、习判等时，于前述所属家民殴打职管大人之罪当加一等"④。

诸司有被告分析人殴打管事都案、案头、司吏等时，比被分析人殴打所属司大人、承旨之罪状减二等判断；同司司吏打案头、案头打都案等，比局分人殴打所属司大人、承旨罪差一等则减二等，差二等则减一等判断；诸司都监、小监、差人等殴打所属都案、案头时，当与司吏殴打案头、都案罪相同；差人殴打所属司吏及都监、小监等时，当于庶人相打伤之罪状上加一等。⑤

五、放火罪

（一）故意放火

诸人有意放火伤人死人者，依第一卷上有意伤人杀人法判断。若已烧物，则物无论大小，庶人造意斩，从犯无期徒刑；有"未及御印"以下官，则造意官、职、军皆革去，徒十二年，从犯徒十年；有自"及御印"以上官，造意官、职、军皆革去，徒

①《天盛律令》卷一四《误殴打争门》，第484页。
②《天盛律令》卷一四《误殴打争门》，第484页。
③《天盛律令》卷一四《误殴打争门》，第485页。
④《天盛律令》卷一四《误殴打争门》，第485页。
⑤《天盛律令》卷一四《误殴打争门》，第486页。

十年,从犯徒八年。①

诸人相恶,于无人帐舍及粮食、草捆放置处放火时,"若议未往、已往未动手及已动手已烧物等,分别依强盗持武器已往、未往、物已入手、未入手等罪情法则判断。若有意于无人帐舍纵火焚烧,然无意燃至于有人帐舍处死伤人者,与殴打争斗相杀伤罪相同。无意所烧各物数计量,依偷盗法判断。其相恶有意放火,烧畜物财产房舍,及此外无意而烧各物等,放火者当偿。未能偿时,与第三卷上以工价偿还盗值法相同"②。

(二)无意放火

诸人无意失火,烧毁他人畜物、房舍、人口、粮食、草捆,价值五十缗以下者,有官罚马一,庶人十三杖;五十缗以上至一百缗,徒六个月;一百缗以上一律徒一年。其中死伤人者,依第十四卷上于遮障处打中人伤死法判断。③

六、贪赃罪

(一)受贿枉法

枉法受贿自一百钱至一缗,造意十三杖,从犯十杖;一缗以上至三缗,造意徒三个月,从犯十三杖;三缗以上至六缗,造意徒六个月,从犯徒三个月;六缗以上至九缗,造意徒一年,从犯徒六个月;九缗以上至十二缗,造意徒二年,从犯徒一年;十二缗以上至十五缗,造意徒三年,从犯徒二年;十五缗以上至十八缗,造意徒四年,从犯徒三年;十八缗以上至二十一缗,造意徒五年,从犯徒四年;二十一缗以上至二十五缗,造意徒六年,从犯徒五年;二十五缗以上至三十缗,造意徒八年,从犯徒六年;三十缗以上至三十五缗,造意徒十年,从犯徒八年;三十五缗以上至四十缗,造意徒十二年,从犯徒十年;四十缗以上一律造意绞杀,从犯徒十二年。④

(二)受贿不枉法

不枉法受贿者,一百钱至一缗,造意八杖,从犯七杖;一缗以上至五缗,造意十三杖,从犯十杖;五缗以上至八十缗,造意徒三个月至徒十年,从犯十三杖至徒

---

① 《天盛律令》卷八《烧伤杀门》,第292页。"官、职、军"为西夏职官的三大系统。"官"类似于"爵",是区别于庶民,表示贵族的等级和身份,共12品,总计328阶的官阶。"职"包括中央与地方职司机构所设大小官员以及非司属中独立承担具体事务的职位,与"官"既有重合,也有区别。"军"并不是一般军人,而是在军中有一定地位的人(史金波:《西夏的职官制度》,《历史研究》1994年2期,第63—72页)。

② 《天盛律令》卷八《烧伤杀门》,第293页。

③ 《天盛律令》卷八《烧伤杀门》,第293页。

④ 《天盛律令》卷二《贪状罪法门》,第147页。

八年；八十缗以上一律造意徒十二年，从犯徒十年。①

七、犯奸罪

（一）有夫之妻与人奸

诸人与他人妻奸宿被捕时，徒二年；下官与比自己官大者之妻行淫时，徒三年；庶人与有官人及小首领与行监之妻行淫时，徒四年；诸司都案、案头、司吏等与所属大人、承旨妻行淫时，徒五年。妇人之罪与上述犯奸男人相同。②

（二）寡妇及未嫁女与人奸

寡妇与未嫁女与人行淫时，"男人罪：是寡妇则一年，是未嫁女则三个月。女人十杖"③。

诸人助男人行淫，诈取财物时，以贪赃而不枉法论，与人妻行淫罪及贪赃罪比较，从重者判断，所取物当偿。④

（四）奸淫幼女

诸人侵凌十岁以下幼女者，"若未强伤者徒六年，已强伤者徒八年，死者当绞杀"⑤。

（五）使军强奸头监妻、女

使军强奸头监妻及同门姑、姊妹、女、媳、侄女、孙媳，以及不同门妇人中自一年丧服以上者，以剑斩，妇人不连坐。妇人自愿行淫，则使军当绞杀，妇人获无期、长期徒刑。⑥

（六）夫孝未满与人奸淫

诸妇人夫已亡，孝期未毕，随意与他人行淫而相携匿者，当比妇人有丈夫而与人行淫相携匿之罪状减一等。⑦

（七）权贵豪族强与人妻、女淫

宰相、位高臣僚、隐藏他人妻、女、媳强以和合时，自"拒邪"以下官徒二年，自"盈绕"以上官，应判何罪，奏报实行，人则当还。皇后、嫔妃、公主等隐藏他人妻、女、媳，强以使和合时，罚马五，人则当还。"受贿者有物主自追报则当还，问而知

---

① 《天盛律令》卷二《贪状罪法门》，第148页。
② 《天盛律令》卷八《侵凌妻门》，第301页。
③ 《天盛律令》卷八《侵凌妻门》，第301页。
④ 《天盛律令》卷八《侵凌妻门》，第302页。
⑤ 《天盛律令》卷八《侵凌妻门》，第302页。
⑥ 《天盛律令》卷八《侵凌妻门》，第303页。
⑦ 《天盛律令》卷八《侵凌妻门》，第303页。

则没官。"①

(八)亲属相奸

史载党项内徙前,"妻其庶母及伯叔母、嫂、子弟妇,淫秽烝亵,诸夷中最为盛,然不婚同姓"②。内迁后特别是建立政权后,在封建伦理纲常影响下,这种状况大有改变,国家法律严惩亲属相奸,其中与岳母、伯叔母、侄女、孙女、孙媳、重孙女媳淫乱者,一律处以死刑;与祖父之姐妹、父之伯叔之妻、伯叔未婚姐妹、母之亲姐妹、侄媳淫乱,获十二年长徒;与伯叔子侄女媳、兄弟之侄女媳、舅之妻子、高祖兄弟之妻子、高祖之姐妹相淫者,徒六年;与兄弟之曾孙女媳、二节伯叔子女、二节姑姐妹、祖父之叔子兄弟之妻、祖父之伯叔子姐妹相淫者,徒五年;与亲侄母、伯叔子兄弟之妻、二节伯叔子兄弟之妻、三节伯叔子姐妹、三节伯叔子兄弟之妻、伯叔子侄之妻、二节伯叔子侄之妻相淫,以及后母从子之妻与母之夫、后母从女与母之夫等同居,一律徒四年;此外,"虽不属明确宗亲,然而为各远节行非礼以及同姓婚姻",一律徒三年。③

八、矫伪罪

(一)矫伪圣旨

矫作传行御制、圣旨者,不论官,一律以剑斩杀。其余未奏而谓已奏,然后矫传行圣旨等,一律绞杀,有官可以官当。有相议者当以从犯论处。④

(二)伪刻印信

印信刻制由专门机构审批,任何个人或机构无权擅作主张,或伪刻印信,违律将严刑惩处。

矫伪皇后、皇太子手记,刻行伪印,无期徒刑,使用真手记则徒六年。

矫伪诸王、中书、枢密大人手记,刻行伪印,徒十二年,使用真手记则徒五年。

矫伪经略之手记,刻行伪印,徒十年,使用真手记则徒四年。

矫伪节亲、正统总制及与此职位相等者手记,刻行伪印,徒八年,使用真手记徒三年。

矫伪次等司以下诸司手记,刻行伪印,一律徒六年,使用真手记则徒二年。

矫伪司品以外诸租院、库监及与此职同级别者手记,刻行伪印,徒三年,使用

---

① 《天盛律令》卷八《威势藏妻门》,第304页。
② 《旧唐书》卷一九八《党项羌传》,第5291页。
③ 《天盛律令》卷八《行非礼门》,第305页。
④ 《天盛律令》卷一一《矫误门》,第383页。

真手记则徒一年。

前述种种作伪者时,"若取畜、谷、物,则以盗法及作伪中算贪赃枉法,从其重者判断"①。

（三）伪行公文命令

诸人矫伪,使任重职部溜转为轻职,"由边军至中地,由种种转院部而为敕院不同处等,一律当绞杀"②。

任轻职者意欲寻安乐,矫伪"往任重职类中转院时,判无期、长期徒刑"。

前述转院中有受贿者,以枉法贪赃罪论,与矫伪转院罪比较,从重者判断。

"诸人不许为诈语而将他人私人、官人注册,及官人自专销于册等。倘若违律时,以偷盗法判断。官私人自情愿,则当依造意、主从之次承罪。不知,勿治。"③

九、违禁罪

（一）私藏武器

国境内不许诸人私藏武器,若违律时,持者徒十二年,打者匠人徒十年。④

（二）私穿违禁服饰

节亲主、大小官员、僧人、道士等无论男女,一律禁止穿鸟足黄(汉语石黄)、鸟足赤(汉语石红)、杏黄(汉语杏黄)、绣花、饰金、有日月,以及一团龙(汉语团身龙)花色,禁官民女冠子上插以真金龙凤,倘若违律时,徒二年。举告赏给十缗线。⑤

（三）私持金制刀剑

大小官员、僧人、道士不允有金刀、金剑、金枪,其中节亲、宰相、经略、驸马以及往边地为将军等允许镶金。若违律时徒一年,举告赏钱十缗。

（四）私饰屋舍

不允诸人用黄金装饰屋舍,若违律时,"依前述做金枪、剑、辔鞍等罪状告赏法判断,所装饰当毁掉"。诸官民屋舍亦不允用大红、大青、大绿,若违律罚钱五缗,装饰当毁掉。⑥

---

① 《天盛律令》卷一一《矫误门》,第383页。
② 《天盛律令》卷一一《矫误门》,第385页。
③ 《天盛律令》卷一一《矫误门》,第385—386页。
④ 《天盛律令》卷七《敕禁门》,第281页。
⑤ 《天盛律令》卷七《敕禁门》,第281页。
⑥ 《天盛律令》卷七《敕禁门》,第283页。

（五）私与敌国卖

禁止向敌出卖人、马、牛、驼及种种杂物，若违律时，按以下所定判断：

对敌国卖驼、马、牛、铠甲、军披，庶人造意斩，从犯处无期、或长期徒刑，有官以官品当；对敌国出卖驼、马、牛、铠甲、军披以外的杂畜物、战具时，"当按本国地方现卖法计价，视其钱量高低，是战具以强盗持武器法，此外杂畜物按不持武器法判断。从犯当依次减一等"①。

（六）私卖钱、铸钱及毁钱

"诸人不允去敌界卖钱，及匠人铸钱，毁钱等。"若违律时，一百钱至十缗，徒三个月至十二年，十缗以上一律当绞杀。从犯依次当各减一等。诸人还不允将南院黑铁钱运来京师，及京师铜钱运往南院等，若违律时，多寡一律徒二年。②

十、损毁、盗窃、亡失公文罪

（一）损毁、盗窃、亡失牒诏、恩敕及兴兵文书

盗隐、损毁有关处置部族叛逃等重要文书者，与叛逃者同罪，"其中无心失误而失之时，推问中有碍则当绞杀，无碍则徒六年"③。

盗隐、损毁、亡失有关敌州、府、军、县、城、寨官与其他部族归降的信物或文书，两国间写牒、誓文，邻国划界，以及沿边诸族归附等方面文书，如何处置，当根据情节，奏报实行④。

持恩诏者懈怠，限期内未能送达，误一二日徒一年。三四日徒二年，五日徒三年，五日以上一律徒六年。

亡失、盗隐边中兴兵火急文书者，一律当绞杀。⑤

（二）损毁、盗窃、丢失有关审判、赏赐等方面文书

局分外人盗隐有关文书，"释放有罪人，则当与有罪人同；未释放有罪人，则当比有罪人减一等。无心失误失典者，有死罪及长期徒刑罪徒三年；有自徒六年至徒四年罪徒二年；有自徒三年至徒一年罪徒六个月；有自徒一个月至杖罪笞十"⑥。

有罪人为逃罪而盗典文，"当于前所有罪上加一等。获无期徒刑及死罪等不

---

① 《天盛律令》卷七《敕禁门》，第284页。
② 《天盛律令》卷七《敕禁门》，第287页。西夏境内铜、铁资源有限，严禁钱币外流，规定铜钱、铁钱的流通区域。铁钱集中发现在西夏东部边境的胜州地区，故南院黑铁钱当在金夏边境流通。
③ 《天盛律令》卷一二《失藏典门》，第418页。
④ 《天盛律令》卷一二《失藏典门》，第418页。
⑤ 《天盛律令》卷一二《失藏典门》，第418—419页。
⑥ 《天盛律令》卷一二《失藏典门》，第419页。

须加,无期徒刑笞八十,获死罪笞一百"[1]。

官文书已经执行,归档后被盗损时,徒二年;若无心失误失之,则徒一年。[2]

移军册及立功赏赐、升官文状"行之未毕而盗、隐、损之时,徒三年,无心失误失之则减二等。行之已毕,已藏置中,盗、隐、损之及失之等,比前述盗失二等罪情当各减一等"[3]。

盗损种种官方文书,盗损者收受雇值,当量价钱,以为偷盗法,与前述罪情高下相较,从重者判断。[4]

因起火、水冲、遇盗、遇敌等特殊情况而亡失文书,十三杖。

得官方所失文书不交局分处时,"得之者识文字则徒一年,不识文字则徒六个月。其中已知晓失者为谁而不予之者,识不识文字,当比前述罪加一等"。

诸司、军首领、迁溜等接到诸人捡到的遗失文书,当遣人急速报纳所属司,若违律不速报送,一律有官罚马一,庶人十三杖。[5]

(三)亡失官畜、谷、钱、武器、杂物等账册

亡失(即丢失)官畜、谷、钱、武器、杂物等账册之罪分有无副本两种,其中亡失有副本账册之罪,自一缗至二十缗十三杖;二十缗以上至四十缗徒三个月;四十缗以上至六十缗徒六个月;六十缗以上至八十缗徒一年;八十缗以上至百缗徒二年;百缗以上一律徒三年。

亡失无副本账册之罪,自一缗至十缗十三杖;十缗以上至二十缗徒六个月;二十缗以上至九十缗,徒六个月至十二年;九十缗以上至百缗无期徒刑;百缗以上一律当绞杀。[6]

第二节 刑罚制度

一、刑种与等级

(一)主刑

唐宋时期,以笞、杖、徒、流、死五刑作为惩罚犯罪的最主要手段,也称为主

① 《天盛律令》卷一二《失藏典门》,第419页。
② 《天盛律令》卷一二《失藏典门》,第420页。
③ 《天盛律令》卷一二《失藏典门》,第420页。
④ 《天盛律令》卷一二《失藏典门》,第420页。
⑤ 《天盛律令》卷一二《失藏典门》,第419—420页。
⑥ 《天盛律令》卷一二《失藏典门》,第422页。

刑,西夏在承袭唐宋刑制中,将徒、流合二为一,发往边地服苦役,实际上就是流配。《天盛律令》卷二〇《罪则不同门》对主要刑罚及等级有明确规定:"诸人犯种种罪时,依五刑义轻重不同次等,各自名事当明之。本罪初始时为大杖七八杖始,依次续加一等:十杖及十三杖,劳役三个月、六个月、一年,其上以一等论,短期所至为六年。自此以上,始于八年,取名长期。八年、十年及十二年三种长期者,期满依旧可回院中。此外,其上无期者为十三年劳役,则苦役期满亦当住无期处。本罪已至绞杀及剑斩。"①除主刑外,西夏还有罚、没、革、黥、戴铁枷五种附加刑。下面分别述之。

1. 笞刑。西夏笞刑的适用范围较小,以致《天盛律令》卷二〇认为诸人犯种种罪时,"本罪初始时为大杖七八杖始"。但实际上在杖刑之下确有相对较轻的笞刑。《天盛律令》载:诸父子所养官马膘弱未塌脊,一律笞二十,羸瘦而塌脊,则笞三十。②负罪逃往敌国者又来投诚时,原欠债务确不能偿还,则欠一至二十缗笞四十;二十缗以上至五十缗笞六十;五十缗以上至百缗笞八十;百缗以上一律当笞一百。③司吏不赴司职时,一日起至五日笞十五,六日起至十日十杖。使人、都监未赴任上,一二日笞十五,三四日笞二十,五日起至十日十杖,十日以上至一个月徒三个月。④灌区防护林"已植而不护,及无心失误致牲畜入食时,畜主人等一律庶人笞二十,有官罚铁五斤"⑤。

除正常判处外,笞刑还常在贵族享受减刑时使用,"节亲主犯罪时,减免之法当明之。其中应受大杖者当转受细杖,应受七杖者笞三十,八杖笞四十,十杖笞五十,十三杖笞六十,应受十五杖者笞七十,十七杖笞八十,二十杖笞一百。劳役者,属能赎应赎类,则可依边等法赎之"⑥。

笞刑最低为笞十五,然后依次为笞二十、三十、四十、五十、六十、七十、八十、九十、一百。一般情况下,五笞折合一杖,笞二十(合四杖)以上为七杖,有时也不经过杖刑,直按上承徒刑,如"诸种种□□擅自放弃职事而逃离时,自一日至十日笞四十,十日以上至二十日笞五十,二十日以上至一个月笞六十,一个月以上至四十日笞七十,四十日以上至五十日笞八十,五十日以上至两个月笞九十,两个月以上至七十日笞一百,七十日以上至八十日徒六个月,八十日以上至三个月徒

① 《天盛律令》卷二〇《罪则不同门》,第605页。
② 《天盛律令》卷六《军人使亲礼门》,第255页。
③ 《天盛律令》卷七《为投诚者安置门》,第273页。
④ 《天盛律令》卷一〇《失职宽限变告门》,第351页。
⑤ 《天盛律令》卷一五《地水杂罪门》,第506页。
⑥ 《天盛律令》卷二〇《罪则不同门》,第601页。

一年,三个月以上至一百日徒二年,一百日以上一律徒三年"①。

主刑之外,笞刑还可附加适用,《天盛律令》卷九《越司曲断有罪担保门》记载,有罪人越司无理陈告,"于前有罪上徒五年以内者加一等,有自徒六年以上罪者,不需于现承罪上加之,而依为伪证法,获徒六年时笞六十,获三种长期、无期徒刑等笞八十,应获死罪笞一百"②。

2. 杖刑。杖刑是西夏刑罚中最为常见的刑种之一,它的广泛性远远高于笞刑,前引"本罪初始时为大杖七八杖始,依次续加一等:十杖及十三杖"③。也即杖刑一般分七杖、十杖、十三杖三个等级,或七杖、八杖、十杖、十三杖四个等级。如,国有牧场驼、马、牛、羊四种官畜在正常死减外损失者,相关牧人及大小牧首领都要依法承罪,其中牛:牧人无一、二,八杖;无三、四,十杖;无五、六,十三杖;无七、八,徒六个月(略)。小牧监无一至三笞二十;四至六,七杖;七至九,八杖;十至十二,十杖;十三至十五,十三杖;十六至十八,徒六个月(略)。④还如,诸粮食库当先旧后新发粮,若违律留旧予新时,当计新旧之差价予以处罚,自一缗至五缗七杖,自六缗至十缗八杖,自十一缗至十五缗十杖,自十五至二十缗十三杖,自二十缗至二十五缗徒三个月,自二十五缗至三十缗徒六个月(略)。⑤

此外,还有七杖、十三杖、十五杖、十七杖,以及杖十三、杖十五、杖十七、杖二十等不同类别的等级。诸司差人逾期时,"稽缓自一日至五日七杖,自六日至十日十三杖,自十一日至二十日十五杖,二十日以上一律十七杖"⑥。

杖十三、杖十五、杖十七、杖二十经常在附加刑与折杖中使用,诸犯罪"获劳役之受杖次第者,获自三个月以上至二年者十三杖,获三四年十五杖,获五六年十七杖,获三种长期、无期等当受二十杖"⑦。

西夏杖刑具有鲜明的阶级性,它主要针对庶民与农奴犯罪,有官人或折以笞刑受罚,或以罚马代替,前引"节亲主犯罪时,减免之法当明之。其中应受大杖者当转受细杖,应受七杖者笞三十,八杖笞四十,十杖笞五十,十三杖笞六十,应受十五杖者笞七十,十七杖笞八十,二十杖笞一百"⑧。

---

① 《天盛律令》卷二〇《罪则不同门》,第612页。
② 《天盛律令》卷九《越司曲断有罪担保门》,第337页。
③ 《天盛律令》卷二〇《罪则不同门》,第605页。
④ 《天盛律令》卷一九《校畜磨勘门》,第591页。
⑤ 《天盛律令》卷一五《纳领谷派遣计量小监门》,第512页。
⑥ 《天盛律令》卷一三《遣差人门》,第464页。
⑦ 《天盛律令》卷二〇《罪则不同门》,第605页。
⑧ 《天盛律令》卷二〇《罪则不同门》,第601页。

一般有官人多以罚马代替，其中"有官罚马一，庶人十三杖"最为普遍①，它涉及西夏刑罚的各个方面，如擅自去掉黥字，"有黥字和去黥字者一律有官罚马一，庶人十三杖"②。诸人放债，"本利相等以后，不允取超额。若违律得多利时，有官罚马一，庶人十三杖"③。"诸父子有补偿马及应按畜等级烙印马等，一律当印从驹至有齿之良马。膘弱、塌脊者，齿不合格及老马等不得印验。若违律者，有官罚马一，庶人十三杖。"④"诸院官私不用地界生长野草、野果等时，诸家主当依所出工分取，不许于地边围植标记。倘若违律时，有官罚马一，庶人十三杖。"⑤

法律对有官人很大的选择自由，他们"若不堪罚马是实，则当令寻担保者，罚一马当折交二十缗钱。彼亦不堪，则依司品，有俸禄者当于俸禄中减除，未有俸禄，则罚一马折算降官一级。不愿降官而曰受杖，则因罚一马受十三杖，罚二马十五杖，罚三马十七杖，自罚四马以上一律二十杖"⑥。

3. 徒刑。徒刑为一定期限内剥夺罪犯人身自由，并强制服劳役的刑罚。前引"劳役三个月、六个月、一年，其上以一等论，短期所至为六年。自此以上，始于八年，取名长期。八年、十年及十二年三种长期者，期满依旧可回院中。此外其上无期者为十三年劳役，则苦役期满亦当住无期处"⑦。

可见，西夏的徒刑分短期、长期、无期三种，短期徒为三个月、六个月、一年、二年、三年、四年、五年、六年。有时也有三个月以内的短期徒刑。《天盛律令》卷一二《内宫待命等头项门》规定：宿卫不按日集中，是"属下人一日徒一个月，二日徒两个月，三日以上一律以全月未至论，徒三个月。首领一律一日徒一个月，二日徒三个月，三日以上以全月未至论，徒六个月，期满令依旧任职"。长期徒刑分八年、十年、十二年三种，期满后"依旧可回院中"，无期徒刑先服十三年苦役，期满后不能回原来所在院中，而是在无期处继续服役。

徒刑的执行大致有二，一是长期、无期徒刑刺配边远地区服劳役或守边城，实际上就是流刑；另一是部分短期徒刑在本院中服役。《天盛律令》卷二〇《罪则

①从《天盛律令》卷二《罪情与官品当门》可知，西夏罚马刑的等级为六等：罚马一、罚马二、罚马三、罚马四、罚马五、罚马七，其中罚马七为上限，无罚马六。西夏晚期的《法则》《亥年新法》与《天盛律令》规定相一致。但乾顺时期的《贞观玉镜将》中有罚马十，且在多条法令中出现，如"与敌对[阵][的]将军未损失兵马，未败，则量[罪][于]共事的将军，因未往相助，具减十官，罚十四马，逮捕"（陈炳应：《贞观玉镜将研究》，银川：宁夏人民出版社，1995年，第82页）。这是目前所见西夏法典中罚马数量最多的刑罚。
②《天盛律令》卷二《黥法门》，第153页。
③《天盛律令》卷三《催索债利门》，第189页。
④《天盛律令》卷五《季校门》，第238页。
⑤《天盛律令》卷一一《草果重诉门》，第413页。
⑥《天盛律令》卷二〇《罪则不同门》，第602页。
⑦《天盛律令》卷二〇《罪则不同门》第605页。

不同门》指出："牧、农、车、舟主、相军、乐人、种种工匠等犯十恶,罪本获死而获长期,因盗犯大罪当获死而获长期中,依有官及减免等法判断,当遣送为苦役处。此外犯种种罪时,不遣送为苦役处之法,依以下所定实行,应黥之则当依法黥之。"其中获短期徒刑的牧、农、车、舟主、相军黥刺戴枷后"当留入院中"。种种匠人"应黥之则当黥之,正军□当留。未诸正军之事,则当入遣送中。监工中谙活业,当初有任权职者,当依边等法入留中,不任权职,则当遣送,被应留诸人每日当在工院及习业院……若闲在,则所属司有何修造,内宫头项杂役处,当入笨工中"。

可见,为了宽宥牧、农、车、舟主以及利用种种工匠的技术,他们获短期徒刑时,黥字戴枷,留在本院中服刑。至于广大农、牧人、使军、奴仆获短期徒刑后的服刑情况,还有待于进一步研究。

4.流刑。流刑即将犯人遣送到边远地区服苦役的刑罚,重于徒刑而轻于死刑,在宋代称为流配或刺配。宋代的徒刑,由一年至三年分为五等,较重的犯罪,处以长期或无期流配。也许受同时代宋朝的影响,西夏也将流刑与徒刑合在一起,犯长期、无期徒刑者,实际上就是处以流配或流刑。

西夏的"流刑",主要指发往边地服苦役、守边城或入边地军中,《天盛律令》有很多这方面的规定:

"犯十恶及宿盗始送边地逃跑、重盗罪不信人等以外,为盗罪人等送地边城获无期、长期劳役者,应遣何处,当依法遣"。[1]

"十恶罪及恶盗等不信人,送守地边城远住不有名者,发兵时勿来,当留守后方城内。"

"因为盗及他杂罪而获长期徒刑,迁移住地,送地边城中已注册而逃跑者,未为他罪,则当重增黥字,打二十杖,送先住处。"[2]

"各地边城因十恶罪及其余服劳役等监管,应好好收监,不许受贿亡失放纵。"[3]

《天盛律令》中还有将重大罪犯的家属及从犯发往边地的规定:"谋逆者之伯叔、姨、侄等同居不同居一样,当随其连坐,应易地而居,无疑者当遣往边地,有城则当终身守城,无城入边军中,疑者则当于内地记名。"[4]"诸人议逃,已行者造意

---

① 《天盛律令》卷一一《判罪逃跑门》,第393页。
② 《天盛律令》卷一一《判罪逃跑门》,第393页。
③ 《天盛律令》卷一一《判罪逃跑门》,第393—395页。
④ 《天盛律令》卷一《谋逆门》,第111页。

以剑斩杀,各同谋者发往不同地守边城无期徒刑,做十三年苦役。"①诸人意欲损毁宗庙、堂殿、地墓等,"若未动手则造意绞死,从犯当迁往异地,在守边城军中无期徒刑,做十二年苦役"②。

5. 死刑。死刑是剥夺犯人生命的刑罚,也叫极刑,战国前称大辟。从消灭罪犯的生命来说,无论采取何种方式,死刑的结果都一样,但在古代,往往因为犯罪主体和被害客体的身份地位不同与罪情轻重不同,处死的方法也不尽相同。西夏法定的死刑有绞、斩两种。绞刑即用绳索或布帛紧勒犯人的脖子,使其窒息而死,或用绞刑架将犯人吊起勒死,这是一种能够保全尸体完整的处死方法。斩刑即斩首,使犯人身首异处,因不能保全尸体,故重于绞刑。

除"十恶"罪外,有官人犯其他死刑罪时可以以官当,如庶人获二种死刑时,"十乘"至"胜监",官、职、军皆革除,徒八年,日满依旧往;"暗监"至"戏监",官、职、军皆革除,徒五年,日满依旧往;"头主"至"柱趣",官、职、军皆革除,徒三年,日满依旧往;"语抵"至"真舍",官分两半降一分,罚马七,革职、军,依旧往;"调伏"至"拒邪",官三分中降一分,罚马七,革职,勿革军,依旧往。③有官人犯死罪时,中下层革官、职、军,徒三至八年,上层仅降官罚马,就可以免于死刑。古代王子犯法与庶民同罪,只不过是人们的美好愿望罢了。

(二)附加刑

1. 黥。"黥"是古时五刑之一,在西夏是作为附加刑而存在的。从"诸人犯罪中属十恶、盗窃、卖敕禁、检校军等犯大小罪,以及杂罪中有长期徒刑等,当依黥法受黥。此外犯种种杂罪时,获一种短期劳役,高低一律勿黥"④的法律规定来看,西夏的"黥"附加适用范围有二,一是犯"十恶"、盗窃、卖敕禁等重大危害行为的大小罪犯(徒一年至无期徒刑);二是杂罪中获长期徒刑的罪犯。这种与较重徒刑结合起来的"黥"就是刺配。犯盗窃罪及其他杂罪而获长期徒刑者,黥刺边地后逃跑,如果"未为他罪,则当重增黥字,打二十杖,送先住处"⑤。

由于罪情轻重不一,黥刺的字数及位置也不尽相同,如"徒一年至三四年,手背黥四字;徒五六年耳后黥六字;徒八年、十年等面上黥八字,徒十二年、无期徒刑等当徒十字"⑥。

①《天盛律令》卷一《背叛门》,第115页。
②《天盛律令》卷一《失孝德礼门》,第114页。
③《天盛律令》卷二《罪情与官品当门》,第144页。
④《天盛律令》卷二《黥法门》,第152页。
⑤《天盛律令》卷一一《判罪逃跑门》,第393页。
⑥《天盛律令》卷二《黥法门》,第152页。

诸罪犯黥字后,不得随意去掉,"假若违律去黥字者,去掉面上徒三年,去耳后徒二年,去手背徒一年。有黥字人原有何字当重依旧刺字。其中有官家谕文及因恩当去掉等,应告局分使去掉。若不告擅自去掉时,有黥字人和去黥字者,一律有官罚马一,庶人十三杖"①。

"黥"法也是主要针对庶民阶级。《天盛律令》明确规定:有官人及其子、兄弟以及赐穿黄、黑、绯、紫僧人、道士等除十恶罪外,其余犯各种杂罪均可以官品当,"勿施一种黥刑"②。

2. 戴枷。戴枷是对罪犯服徒刑或刺配期间附加的一种刑罚。《天盛律令》卷二《戴铁枷门》规定:"诸人因犯罪,判断时获服劳役,应戴铁枷时,短期徒刑当戴三斤,长期徒刑当戴五斤。"戴铁枷期限未满,不允擅自打开,若违律"擅自去掉铁枷时,短期徒刑者当依次增加一等,勿黥字。六年以上徒刑增为长期徒刑,及以前是长期徒刑时,不用依次增加,而增加黥杖"。

头监或主管处人去掉铁枷时,戴枷者不足一年,去者十三杖,一年至三年徒三个月,四年至六年徒六个月,三种长期徒刑一律徒一年。③

3. 罚。西夏的罚与中原王朝的罚有所不同,它是把赎和罚结合起来,即以罪代替肉刑。

其一,各种轻微犯罪,一般对庶人处以杖刑,有官罚纳马或铜钱。如京师、地中、地边库局分应按各自规定期限向磨勘司报告账册,若违律时,延误三日以内者不坐罪,四日以上至十日,小监、出纳、司吏等有官罚钱三缗,庶人七杖;十日以上至十五日,有官罚钱五缗,庶人十杖;十五日以上至二十日,有官罚马一,庶人十三杖;二十日以上一律有官罚马二,庶人十五杖。④其中有官罚马一,庶人十三杖最为常见,它几乎适用于所有的轻杂罪。⑤此外,还有罚马三、罚马四,"御前待命不来任上及放弃当值职事等,一律一日庶人徒一个月,有官罚马二;二日徒两

① 《天盛律令》卷二《黥法门》,第152—154页。
② 《天盛律令》卷二《罪情与官品当门》,第138页。
③ 《天盛律令》卷二《黥法门》,第157页。
④ 《天盛律令》卷一七《库局分转派门》,第525页。
⑤ 《天盛律令》有关"有官罚马一,庶人十三杖"的规定比比皆是,如,擅自去掉黥字,"有黥字人和去黥字者一律有官罚马一,庶人十三杖"(卷二《黥法门》,第154页)。诸人放债,"本利相等以后,不允取超额。若违律得多利时,有官罚马一,庶人十三杖"(卷三《催索取债利门》,第189页)。诸人盗毁佛像徒六年,"若非损坏,盗而供养者,则有官罚马一,庶人十三杖"(卷三《盗毁佛神地墓门》,第184页)。"诸人不得以著籍官马祭葬,违律者有官罚马一,庶人十三杖。"(卷六《官披甲马门》,第249页。)"诸司承旨、习判、都案、案头、司吏、都监、小监等不许于司中行大杖。违律时,有官罚马一,庶人十三杖。"(卷九《行狱杖门》,第325页。)灌水时,"渠水巡检、渠主等当紧紧指挥,令依番灌水。若违律,应予水处不予水而不应予水处予水时,有官罚马一,庶人十三杖"(卷一五《催租罪功门》,第494页)。

个月,有官罚马三;三日庶人徒三个月,有官罚马四。若不堪罚马时,罚一马换算交纳二十缗钱"①。

其二,既然罚与赎是结合起来的,所以,不仅有官庶之别,而且在有官人里,还存在不同等级的差别,即犯较重的罪时,官高者许纳马代刑,官低者则不许。《天盛律令》卷二《罪情与官品当门》对此有着详细的规定:"庶人获十三杖,徒三个月时,杂官'十乘'以上至'胜监'当受十三杖,应交十缗钱。'暗监'以上至'拒邪'罚马一。……庶人获二种死罪时,'十乘'官至'胜监'官,官、职、军皆革除,徒八年,日满依旧往。'暗监'官至'戏监'官,官、职、军皆革除,徒五年,日满依旧往。'头主'官至'柱趣'官,官、职、军皆革除,徒三年,日满依旧往。'语抵'官至'真舍'官,官分两半降一分,罚马七,革职、军,依旧往。'调伏'官至'拒邪'官,官三分中降一分,罚马七,革职,勿革军,依旧往。""语抵"以上高官犯死罪时,可以通过降官罚马,免于刑事处分。显然,这里的"罚"实质上就是"赎"。

其三,除上述罚钱、罚马外,还有罚铁。"诸大人、承旨、习判、都案、案头等不赴任上及超出宽限期,又得职位官敕谕文已发而不赴任等,一律超一二日罚五斤铁,三四日十斤铁。"②灌区树木已植而不护,被牲畜啃食时,"畜主人等一律庶人答二十,有官罚铁五斤"③。

由于罚是以钱物代刑,所以刑罚之间、罚物之间常常互相转化,前引诸人"不堪罚马是实,则当令寻担保者,罚一马当折交二十缗钱。彼亦不堪,则依司品,有俸禄者当于俸禄中减除,未有俸禄,则罚一马折算降官一级。不愿降官而曰受杖,则因罚一马受十三杖,罚二马十五杖,罚三马十七杖,自罚四马以上一律二十杖"④。

4. 没。"没"即《天盛律令》中的"没收入官",它是将罪犯的畜、谷、地、宝物、人等没收入官的刑罚。在西夏的刑罚体系中,"没收入官"主要适用于"十恶"罪的处罚。

谋逆已发及未发等之儿子、妻子、子媳、孙及孙媳等,同居不同居一样,而父母、祖父母、兄弟、未嫁女姐妹,此等同居者应连坐,当易地居,使入牧农主中。畜、谷、宝物、地、人等,所有当并皆没收入官。⑤

以直接贪财,对宗庙、地墓、堂殿等上动手盗毁,及盗窃隐藏毁官鬘金抄等,

---

① 《天盛律令》卷一二《内宫待命等头项门》,第441页。
② 《天盛律令》卷一〇《失职宽限变告门》,第351页。
③ 《天盛律令》卷一五《地水杂罪门》,第506页。
④ 《天盛律令》卷二〇《罪则不同门》,第602页。
⑤ 《天盛律令》卷一《谋逆门》,第111页。

不分主从,以剑斩杀,自己妻子、同居子女等当连,迁往异地,当入牧农主中。畜、谷、宝物、地、人等当没收入官。[①]

诸人议逃,已行者造意以剑斩杀,载持畜物多少,追捕者当取,半路上丢弃及家中所遗物中,三分之二当交官,一分给告举者。其中地、院、人、铠甲、兵器种种物没收入官。[②]

5. 革。"革"即革除罪犯的官、职、军,有时革除一两种,有时三种都革除。"州主、城守、通判弃城,造意等有官无官,及在城中之正副溜无官等,一律以剑斩。其中正副溜有官者,官、职、军皆当革除,徒十二年。正首领,权检校等职、军皆革,徒六年。小首领、舍监、末驱等当革职,徒二年,有官则以官品当。"[③]犯同样罪的正副溜首领,无官以剑斩,有官革除官、职、军后徒十二年,显然,革是"官当"的重要内容。

二、刑罚适用原则

(一)十恶不赦的原则

《天盛律令》继承唐、宋律,卷首列有"十恶"罪:一曰谋逆(即唐、宋律的谋反);二曰失孝德礼(即唐、宋律的谋大逆);三曰背叛;四曰恶毒;五曰不道;六曰大不恭;七曰不孝;八曰不睦;九曰不义;十曰内乱。犯此"十恶"者不论主从,"高低一律不允以官当"[④]。唐、宋律在"八议"特权中规定,"犯十恶者不用此律"[⑤]。《天盛律令》"八议门"也有"不入此八减中"的规定,虽然前面字迹无法辨认,但可以想见,"不入此八减"必是"十恶"重罪。

(二)同罪异罚的原则

1. 八议。《天盛律令》继承《唐律疏议》与《宋刑统》,皇亲国戚、才艺高强或建立功业者犯罪时,享有减免特权,具体有以下八方面内容:

一曰议亲,包括帝之族亲、姻亲与皇后之亲。其中帝之族亲"服五个月至九个月丧服当减四等,服三个月丧服当减三等,未入服当减二等"。服九个月以上丧服者减的更多乃至免罪。

二曰议故,即"长久待命,已测威力之谓",也就是皇帝的亲密故旧。

三曰议贤,即"君子聪慧,有大德行,出言行为,堪以取则之谓",也就是封建

①《天盛律令》卷一《失孝德礼门》,第115页。
②《天盛律令》卷一《背叛门》,第115页。
③《天盛律令》卷四《弃守大城门》,第197页。
④《天盛律令》卷一《内乱门》,第130页。
⑤《宋刑统校证》卷二《名例二》,第19页。

道德达到高的水准。

四曰议能,即"艺能殊胜,能习兵马,可判断事,辅佐帝道,能教授人礼之谓",也就是有大才干。

五曰议功,即"有大功勋,能斩将夺旗,能拓边地,支撑国难,以及率军一齐来投诚之谓",也就是功勋卓著者。

六曰议贵,即"有'及御印'以上官之谓",也就是大贵族大官僚。

七曰议勤,即臣僚中"勤持官事,昼夜不忘,数度成功,及数次派出使他国,能胜职事之谓",也就是勤政者。

八曰议宾,即"邻国王臣一齐来本国投诚,曰过后子孙在之谓",也即投诚王室后裔被后代尊为国宾者。①

2. 赎。赎,指有官人可以纳马或钱物赎罪。如前所引,京师、地中、地边库局分不按期限向磨勘司报告账册,延误三日以内者不治罪,四日以上至十日,小监、出纳、司吏等有官罚钱三缗,庶人十七杖;十日以上至十五日,有官罚钱五缗,庶人十杖;十五日以上至二十日,有官罚马一,庶人十三杖;二十日以上一律有官罚马二,庶人十五杖。②其中有官罚马一,庶人十三杖最为普遍。

3. 官当。所谓官当,指以官职抵罪。《天盛律令》卷二《罪情与官品当门》详细规定了庶人犯有期、无期徒刑以及死刑时,有官人降、免官抵罪情况,其中官位越高,降级越少,如庶人获十五杖,徒三年时,"十乘"官至"胜监"官,官、职当革除,军勿革,受十三杖,徒三个月;"暗监"官至"戏监"官,降五官,罚马三;"头主"官至"柱趣"官,降四官,罚马二;"语抵"官至"真舍"官,降三官,罚马二;"调伏"官至"拒邪"官,降二官,罚马二。③

（三）累犯加重的原则

诸人因盗窃服刑未满又盗窃,则为重盗或累犯,服短期徒刑者,与原罪比较,从重判断。"罪相等者当依次加一等,可至无期徒刑、长期徒刑。"服无期徒刑的重盗犯,只要再犯徒一个月以上罪,则一律绞杀。④

（四）数罪从重的原则

西夏承袭唐宋,同时犯两种以上罪行时以重者论,这在《天盛律令》中比比皆是。"检人于主管行贿,不往检所,及擅自不往等,在日期内,未生住滞,则徒一

---

① 《天盛律令》卷二《八议门》,第132—134页。
② 《天盛律令》卷一七《库局分转派门》,第525页。
③ 《天盛律令》卷二《罪情与官品当门》,第140页。
④ 《天盛律令》卷三《重盗门》,第170页。

年。有住滞,则有何住滞,与未有住滞、枉法贪赃等三种罪相比较,依其重者判断。"①"到敌界去卖敕禁品时,任警口者知晓,贪赃而徇情,使去卖敕禁,放出时,使与有罪人相等。贪赃多,则与枉法贪赃罪比,按其重者判断。"②"春挖渠事大兴者,二十人中当抽派一'和众'、一'支头'等职人。违律增派人数时,一人十三杖,二人徒三个月,三人徒六个月,自四人以上一律徒一年。受贿则与枉法贪赃罪比较,从重者判断。"③

（五）老幼残疾犯罪减免的原则

《天盛律令》对老幼残疾犯罪,分四种情况予以减免处罚:

其一,90岁以上7岁以下者,除犯谋逆罪依时节奏告实行外,犯其他各种罪一律勿治。

其二,年老70岁至90岁、年幼7岁至14岁以及重病患者,犯谋逆、故意杀人、群盗、强盗等罪当依法承罪。

其三,年老70岁至80岁、年幼11至14岁,以及患聋哑、侏儒、腰折、手脚缺一肢等病,"独自犯罪以及引导多人为造意,则当减一等,从犯减二等。重犯两次依法判断"。

其四,年老80岁至90岁、年幼7岁至10岁,以及长恶疮,有疯癫,手足中缺二肢,盲二目等重病者犯罪,"是造意则减二等,是从犯则当减三等,重犯三次时,依法判断"。

其五,年幼及染重病时犯罪,长大或病愈时事发;又未染重病与健壮时犯罪,至年老或染病时事发,"一律依前老幼重病减罪法施行。其中长大、病愈人应得所派劳役多少,依壮人法承受前往",不得输铁代役。④上述老幼残疾犯罪减免处罚的原则,也与唐、宋律基本相同。

（六）以功抵罪的原则

以功抵罪只限于捕逃得功的一般罪犯,"犯十恶及犯战场逃叛军旅罪,于敌界卖敕禁时,不论有官庶人,造意获死,又杂罪中造意获死等,不许抵"。犯其他种种罪则允许以功抵,其中捕获一至五人,庶人获死罪者减为长期徒刑,长期者减为六年,徒六年者减二等,徒二年者全减;捕获五至十人时,死罪、长期徒刑减二等,短期至六年徒刑减三等;捕获十至十四人时,死罪、长期徒刑减三等,六年

①《天盛律令》卷四《边地巡检门》,第202页。
②《天盛律令》卷七《敕禁门》,第285页。
③《天盛律令》卷一五《春开渠事门》,第497页。
④《天盛律令》卷二《老幼重病减罪门》,第150—151页。

以下减四等,所剩劳役当依法承之。此外捕获人数不多,虽是一二,但捕者是朝廷须用之得力之人,或有位臣僚,如何抵罪,当奏报裁决。①

（七）自首原罪的原则

"犯罪未发而自首者,原其罪"②,是我国古代刑法的一个重要原则,西夏也不例外,《天盛律令》规定,"盗窃以后一个月之内,各盗人心悔送状,自首求解罪时",若全部偿还盗物,可免其罪。若半还半不能还,则依以下所定判断:

群盗、强盗等偿还物,五分中送还两分,自首造意减二等,从犯减一等;送还三分,自首造意减三等,从犯减二等;送还四分,自首造意减四等,从犯减三等;送还一分或不足一分,以及全不能送还者,依法判断。

偷盗偿还物,五分中送还一分,自首造意当减二等,从犯减一等;送还二分,自首造意减三等,从犯减二等;送还三分,自首造意减四等,从犯减三等;送还四分,自首造意减五等,从犯减四等;不及一分及全不能送还者,依法判断。③

自首原罪最重要的是偿还盗物,若不能偿还者,一律依法判断。盗窃时杀伤人及侵凌物主家妇女等仍要分别判罪。显然这是对《宋刑统·名例律》规定"其于人损伤,于物不可备偿",以及"越度关及奸,并私习天文者,并不在自首之例"的承袭。

（八）关于共犯罪的原则

《宋刑统·名例律》规定,"诸共犯罪者,以造意为首,随从者减等。若家人共犯,止坐尊长",共监临主守为犯,以监主为首。《天盛律令》没有唐、宋律的刑法总则"名例"篇,但在具体条文中无不体现出二人以上共犯,以造意为首的原则。如"节下人卖节上人中祖父、祖母、父、母等者,造意以剑斩,从犯无期徒刑"④。诸人不允去敌界卖钱,及匠人铸钱、毁钱等,若违律时,根据钱数多少分别判断,"从犯依次当各减一等"⑤。偷盗钱物一缗以下,造意徒三个月,从犯十三杖,一缗以上至三十缗,造意徒六个月至十二年,从犯徒三个月至十年。⑥此清楚地反映了造意为首、从犯减一等判断的原则。

此外,监守自盗官谷、物时,"与非局分他人盗窃之罪状比,大人、承旨、主管

---

① 《天盛律令》卷一三《功抵罪门》,第455页。
② 《宋刑统校证》卷二《名例律》,第68页。
③ 《天盛律令》卷三《自告偿还解罪减半议合门》,第175—177页。
④ 《天盛律令》卷一《不睦门》,第128页。
⑤ 《天盛律令》卷七《敕禁门》,第287页。
⑥ 《天盛律令》卷三《杂盗门》,第163页。

等加二等,其以下局分等当加一等,所加勿及死罪"①。实际上与宋代共监临主守为犯,以监主为首同出一辙。

---

①《天盛律令》卷三《杂盗门》,第163页。

第三章 《天盛律令》中的民法

第一节 债务法

详备的债务法是《天盛律令》的一大特色。唐、宋律有关债务方面的内容非常少,《唐律疏议》仅在卷二十六《杂律》中列有"负债违契不偿""负债强牵财物""以良人为奴婢质债"三条,《宋刑统》与《唐律疏议》略同,只是增引了唐《杂令》有关借贷利息方面的内容。

西夏的债务大致可分为买卖之债、借贷债务以及损害赔偿债务三种形式。

一、买卖债务

顾名思义,买卖债务是由买卖而形成的债权关系,西夏法律规定:"诸人买卖及借贷,以及其他类似与别人有各种事牵连时,各自自愿,可立文据,上有相关语,于买价、钱量及语情等当计量,自相等数至全部所定为多少。官私交取者当令明白,记于文书上。以后有悔语者时,罚交于官有名则当交官,交私人有名则当交私人取。"①

西夏社会生活中的买卖文书,就是按照上述法律要求订立的②,如《天盛廿二年卖地文契》:

> 天盛庚寅二十二年立文契人寡妇耶和氏宝引等,今有自用畜养牲口之闲置地一片,连同陋屋茅舍三间,树两株,情愿让与耶和女人,圆满议定地价

---

① 《天盛律令》卷三《催索债利门》,第189页。
② 为了保障债权人的权利,卖地文契必须明确三点:一是卖主对所卖土地完全具有所有权,不涉及纠纷,日后如有争讼时卖主承担责任,与买方无关;二是在契约落款处,除了卖方作为立文契人,还有卖方的儿子、弟弟等亲属作为同立契人、同卖人等;三是食言"悔语者"要承担相应的处罚。

为全齿骆驼二,双峰骆驼一,代步骆驼一,共四匹。此后他人不得过问此地,若有过问者(耶和)宝引等是问。若我等翻悔,当依法领罪,有不服者告官罚麦三十斛,决不食言(?)。地界在院堂间,共二十二亩,北接耶和回鹘茂,东南邻耶和写,西界梁毡名山。

> 立文契人耶和氏宝引
> 共商约者子没罗哥獐
> 共商约者(子)没罗口鞭
> 中人耶和茂□(画押) 梁狗人(画押) □□□(画押)
> □和乙茂(画押) 没罗西铁(画押) 八□(画押)①

从法律的角度而言,买卖土地必须是土地所有者出卖土地,如果"官私地中治谷、农田监、地主人等不知,农主人随意私自卖与诸人而被举时,卖者计地当比偷盗罪减一等。买者明知地主人,则以从犯法判断。为卖方传语、写文者等知觉,有无受贿,罪依买盗物知觉有贿无贿之各种罪状法判断。未知,则勿治罪"②。

合法的土地买卖,还必须随土地办理赋税交割手续,"倘若卖处地中注销,买者自地中不注册时,租佣草计价,以偷盗法判断"③。僧人、道士、诸大小臣僚等,"自买日始一年之内当告转运司,于地册上注册,依法为租佣草事。若隐之,逾一年不告,则所避租佣草数当计量,应比偷盗罪减一等,租佣草数当偿"④。买卖土地办理赋税交割手续后,买卖税院在文契上盖印,表明买卖得到官方认可,是合法的。⑤

唐代对土地买卖有很多限制,如口分田不能买卖,百姓要卖永业田经官府批准,⑥并征求四邻意见。宋初土地虽可以自由买卖,但仍强调所谓的"亲邻权",开宝二年(969年)宋太祖听从开封府司录参军孙屿上言,"凡典卖物业,先问房亲,不买。次问四邻,其邻以东南为上,西北次之,上邻不买,递问次邻。四邻俱不

① 黄振华:《西夏天盛二十二年卖地文契考释》,载白滨编《西夏史论文集》,银川:宁夏人民出版社,1984年。
② 《天盛律令》卷一五《催租罪功门》,第495页。
③ 《天盛律令》卷一五《地水杂罪门》,第509页。
④ 《天盛律令》卷一五《租地门》,第496页。"地册",上载土地的所有者姓名、顷亩数量、租役草数,便于催缴赋税。
⑤ 俄藏Инв.No.4193《天庆戊午五年卖地契》、Инв.No.4194《天庆庚申年卖地契》钤盖上覆荷叶、下托莲花的西夏文买卖税院朱印,朱印高22厘米,宽7厘米(《俄藏黑水城文献》第十四册,上海:上海古籍出版社,2011年,第57页)。
⑥ 《通典·食货二·田制下》引开元二十五年《田令》:"凡卖买(田地)皆须经所部官司申牒,年终彼此除附。若无文牒辄卖买,财没不追,地还本主。"([唐]杜佑撰,王文锦点校,北京:中华书局,1988年,第31页。)

售,乃外召钱主"①。大致到了南宋,由原来遍问房亲和四邻演变成只问亲房与墓邻,反映出土地买卖中,货币关系以外的因素的削弱。②

西夏对"亲邻权"又作了进一步的限制,"诸人卖自属私地时,当卖情愿处,不许地边相接者谓'我边接'而强买之,不令卖情愿处及行贿等。违律时庶人十三杖,有官罚马一,所取贿亦当还之"③。应该说这是西夏社会进一步发展的表现。

二、借贷债务

我国古代有"杀人偿命,欠债还钱"之说,欠债行为的严重性竟与杀人罪相提并论,足见借贷契约在古代民事行为中的地位。不过古代借债立法并不是一味地强调保护债权,而是根据儒家中庸之道,对债权人既有保护又有限制,西夏《天盛律令》也不例外。

(一)借贷文契

《天盛律令》规定,诸人借债时要订立文契,上有借贷数额、利息、保人的保证以及到期不归还的处罚等等。目前出土的西夏借文书都与律令要求相一致。

> 黑城典谷文契第二件:[天庆十一年]五月初四日立文人[刘折兀埋今将][自己]□马毯一条于裴[处典到小麦五斗加四利][共本利]小麦七斗,其典不充,限[至来八月一日不赎来][时一任]出卖。不词。
>
> 立文刘折兀[押]　同典人来兀哩甈(押)　知见人马能甈(押)
>
> 黑城典谷文契第九件:天庆十一年[五月初一日立文人□□□□今将][自己]马毯[一条,皮裘一领,于裴松寿处典][到小]麦五斗[加四利,大麦一石加三利,共本利][大麦二]石。其[典不充,限至来八月一日不赎来][时,一任出卖,不词]
>
> 立文字人[□□□□]　[书契□□□]④
>
> 光定未年借谷文契:光定未年四月二十六日,立契者耶和小狗山今于讹阿金刚茂处借贷三石,本利共计为四石五斗,对换一黑色母驴、一全齿骆驼、一幼驴等为典压。保典人梁氏月宝、室子男功山等担保。期限同年八月一日当谷物聚齐交出。若不交时,愿将所典牲畜情愿交出。

---

① [清]徐松辑,刘琳等点校:《宋会要辑稿·食货》三七之一,上海:上海古籍出版社,2014年,第6805页。
② 张晋藩主编:《中国法制通史》第五卷,北京:法律出版社,1988年,第176页。
③ 《天盛律令》卷十五《租地门》,第495页。
④ 陈国灿:《西夏天庆典当残契的复原》,《中国史研究》1980年第1期。

立文契者小狗山　商契保典人梁氏月宝　接商契保典人室子男功山
同商契□立福成盛　同商契康茂盛　知人　讹腊月犬。①

武威典糜文契：乾定申年（1224年）二月二十五日，立文约人没水何狗
狗，向瓦国师处典一斛糜，还于一斛，从中获利八斗。请李讹布狗、老冉尚尼
责为寺院主法。利一，同年九月一日，本利皆交瓦国师处，应为定日。糜不
来时，应判定赎给，为不惩打，罚七十贯钱作为奉献，使众人心服。

立文约人没水何狗狗（押）　取亲李夏蛙善（押）

取亲李氏夏蛙乐（押）　知见李膻使狗（押）②

同典人、保典人当为保人，知见人当为证人，他们或是借债人的邻里，或是亲
戚、家门。《天盛律令》规定，如果"借债者不能还时，当催促同去借者，同去借者亦
不能还，则不允其二种人之妻子、媳、未嫁女等还债价，可令出力典债"③。

（二）有关典当的规定

西夏的借贷多以典当的形式出现，上述黑水地区农牧民就是用皮裘、马毯、
牲畜为抵押，向高利贷者典借粮食。国家法律规定："典当时，物属者及开当铺者
二厢情愿，因物多钱甚少，说本利相等亦勿卖出，有知证，及因物少钱多，典当规
定日期，说过日不来赎时汝卖之等，可据二者所议实行。此外典当各种物品，所
议日限未令明者，本利头已相等，物属者不来赎时，开当铺者可随意卖。若属者
违律诉讼时，有官罚马一，庶人十三杖。"④

如果典当商"任意将衣物变破旧者，当取本钱，利当罚，现物归回属者"。官
私所属畜物、房舍等到他处典当，失火焚毁或被盗时，所失物依现卖法估价，"当
以物色相同所计钱还给，本利钱依法算取"⑤。

诸人当铺中所典物品本利不等，又不征得物属者同意，不准随意出卖。若违
律卖典物时，物价在十缗以内，有官罚马一，庶人十三杖，十缗以上一律徒一年。
"物现有，则当还属者，若无，则依现卖法则，卖钱及物色相同价钱当还给，应算取
本利。"⑥

① 张传玺：《中国历代契约汇编考释》（上），北京：北京大学出版社，1995年，第652页。
② 孙寿岭：《西夏乾定申年典糜契约》，《中国文物报》1993年第5期。
③《天盛律令》卷三《催索债利门》，第189页。"出工抵债"在秦朝已有律法，唐宋仍然作为债务清偿的方式
之一，西夏继承了债权保障律法的同时，对哪些人可以出工抵债、出工抵债期间的身份、出工期间的工价等都
作了更为细致的规定。
④《天盛律令》卷三《当铺门》，第186—187页。
⑤《天盛律令》卷三《当铺门》，第187页。
⑥《天盛律令》卷三《当铺门》，第188页。

防止盗物典押，是《天盛律令》中典借法的重要内容。诸人来典押取钱时，十缗以下，识未识一律当典给，是盗物亦不予治罪，物应还回，钱当取。送十缗以上物者，识则令典给，未识则当另寻识信只关者，方可典当。"假若无识信人而令典当，是盗物时，限三个月期限当还，当寻盗者。若得盗者，未知则不治罪。若超限期仍未得盗者，则物当归现属者，所典钱当全罚。其后盗人出，典钱能出，则因先未使寻识信只关者①，有官罚马一，庶人十三杖。"②

（三）对利率的限制

为了防止高利贷引发的各种社会矛盾，《天盛律令》卷三《催索债利门》对借贷利率作出明确规定，"全国诸人放官私钱、粮食本者，一缗收利五钱以下，及一斛收利一斛以下等，依情愿使有利，不准比其增加。其本利相等仍不还，应告于有司，当催促借债者使还。……本利相等后，不允在应算利钱、谷物中收取债偿。若违律时，有官罚马一，庶人十三杖，所收债当归还"。

一缗收利五钱当为月息，年息为60%；一斛收利一斛则为年息，即"本利相等"或倍称之息。③也即法定利率控制在100%以内，不论"日交钱、月交钱、年交钱，执谷物本，年年交利等，本利相等以后，不允取超额。若违律得多利时，有官罚马一，庶人十三杖。所超取利多少，当归还属者"④。从前述黑水城典当文契与武威典糜契约来看，实际借贷中也就是这个利率。

与西夏同时代宋朝的法定利率也大致如此。《宋刑统》[准]"杂令"规定："诸公私以财物出举者，任依私契，官不为理，每月取利不得过六分，积日虽多，不得过一倍。"又[准]《户部格敕》："天下私举质，宜四分收利，官本五分生利。"⑤《庆元条法》亦规定："诸以财物出举者，每月取利不得过四分，积日虽多，不得过一倍。"⑥

（四）担保人的法律责任

担保人为西夏借贷与法律文书中的同典人、保典人以及同去借者，是借贷信誉的保证人，一般要求有一定的经济实力，如果"借债者不能还时，当催促同去借

① 识信只关者，即担保人。

②《天盛律令》卷三《当铺门》，第186页。

③ 杜建录：《西夏高利贷初探》，《民族研究》1999年第2期，第61页。

④《天盛律令》卷三《催索债利门》，第189页。"日交钱、月交钱、年交钱"即按日计息、按月计息和按年计息三种借贷利息的计算方式。根据出土粮食借贷契约，年交钱往往不以整年计息，实际上是一种总和计息方式。

⑤《宋刑统校证》卷二六《杂律》，第350页。

⑥ [宋]谢深甫撰，戴建国点校：《庆元条法事类》卷八〇《出举债负》，《中国珍稀法律典籍续编》，哈尔滨：黑龙江人民出版社，2002年，第903页。

者"①,由"同去借者"即担保人负责清偿债务②。偿还能力较弱的阶层,更是要有可靠的担保人方许借贷。如介于农奴与奴隶之间的"私人"(私属)没有多少个人财产,因而法律不允其随便借贷,假若要借贷,"当令好好寻执主者等,私人自能还债则当还债,自不能还债则执主者当还,执主者无力,则当罚借债主,不允私人用头监畜物中还债。私人因随意借债,十三杖"③。

同居中家长不知,家庭成员擅自借贷官私钱物,若"家长同意负担则当还,不同意则可不还,借债者自当负担。其人不能,则同去借者、执主者当负担"④。

(五)债务清偿

1. 官为理索。为了维护债权人的权益,西夏法律规定对逾期不偿的债务,由官府出面清欠。"诸人对负债人当催索,不还则告局分处,当以强力搜取问讯。因负债不还给,十缗以下有官罚五缗钱,庶人十杖,十缗以上有官罚马一,庶人十三杖,债依法当索还,其中不准赖债。若违律时,使与不还债相同判断,当归还原物,债依法当还给"⑤。

上述诸人因欠债不还,告官承罪后,仍无力还债,则根据路程远近,再给二三次限期,使其设法还债。"已给三次宽限,不送还债,则不准再宽限,依律令实行。"⑥

同时,官府在一定程度上也保护负债人的权益,诸人欠债未还时,"不允以强力将他人畜物、帐舍、地畴取来相抵。违律时徒一年,房舍、地畴、畜物取多少当还属者,债当另取"⑦。

2. 役身抵债。宋代禁止"役身抵债",至道二年(996年)太宗降诏:"贫人负富人息钱无以偿,没入男女为奴婢者,限诏到并令检勘,还其父母,敢隐匿者治罪。"⑧《庆元条法事类》更明确规定,凡"以债负质当人口(虚立人力、女使雇契同),杖一百,人放逐便,钱物不追,情重者奏裁"⑨。西夏则不然,《天盛律令》明确规定,借债者无力还债时,则根据不同情况,由其本人、妻女乃至同借者(即保人)

① 《天盛律令》卷三《催索债利门》,第189页。
② 《西夏直多昌磨彩代还钱契》中直多昌磨彩代替债务人还钱,为同借者或保人。
③ 《天盛律令》卷三《催索债利门》,第190页。
④ 《天盛律令》卷三《催索债利门》,第190页。
⑤ 《天盛律令》卷三《催索债利门》,第188页。
⑥ 《天盛律令》卷三《催索债利门》,第188页。
⑦ 《天盛律令》卷三《催索债利门》,第191页。
⑧ [元]马端临撰,上海师范大学古籍研究所、华东师范大学古籍研究所点校:《文献通考》卷一一《户口考二》,北京:中华书局,第318—319页。
⑨ 《庆元条法事类》卷八〇《出举债负》,第902页。

出力抵债,这些以身抵债的"男女工价计量之法当与盗偿还工价相同"①,"大男人七十缗,一日出价七十钱;小男及大妇等五十缗,一日五十钱;小妇三十缗,一日三十钱算偿还。钱少,则与工价相等时,可去。若很多,亦令所量人价,钱数当完毕,则当依旧只关"②。

三、损害赔偿债务

(一)损害财产的赔偿

对盗窃财物的赔偿是西夏损害赔偿的重要内容。《天盛律令》卷三《盗赔偿返还门》规定:盗窃案破后,赃物"一律现有则当送回,现无则偿其所盗,依价量还给。告赏亦当出自盗者"。盗者不能还,"则自己所在同居家门内之媳妇、未嫁女等当出工"。若没有同居家门人,则由"知盗而分、买、抵债、典当畜物者,及接状相卖中掮客等"偿还。"其亦不能偿还,则于不知盗中接状、卖掮客者偿还。"

使军、奴仆盗窃,自能偿还盗物则由其畜物中出,"若自不能,则获死罪及长期徒刑、无期徒刑罪者,当罚畜物属者。而犯有短期徒刑者做苦役期满,回归头监处时,当于畜物属者处做工,头监需用人则出钱赔偿,并依人工价计量自当离去。使军之家门人勿因偿还、出告赏而去出力做工"③。

若使军、奴仆对主人行窃,将畜物卖掉、使用或典当时,"使军自己有畜物,能赔偿,则当回归还,不能则当罚使典当者,若物现已无,不能偿还,则当与前述盗窃他人不能偿还,由买者等偿还法相同"④。

对有意无意纵火而造成财产损害者除依法判刑外,还要赔偿相应的经济损失,如诸人于无人帐舍、粮囤、草垛等处放火,当以强盗罪论处,所毁畜产、财物、房舍、粮食等,"放火者当偿,未能偿时,与第三卷上以工价偿还盗值法相同"⑤。

在农田水利灌溉中,由于水源有大小、远近、足否之分,得水有早晚、需水有多寡、农户有强弱之别,因此,往往出现豪强官僚霸占水利,或渠水巡检、渠主与农户无理取闹,以致渠破造成经济损失,为此《天盛律令》规定,渠水巡检、渠主无理取闹,致决水损坏垫版、官私田苗、房舍举赏与赔偿之法,"与蓄意放火罪之举

①《天盛律令》卷三《催索债利门》,第190页。
②《天盛律令》卷三《盗赔偿返还门》,第174页。大男人为15岁至70岁的成年男子,小男为10岁至14岁尚未成丁的男子,大妇为15岁至70岁的妇女,小妇为10岁至14岁的女子(于光建:《从〈天盛律令〉看西夏的出工抵债问题——基于唐、宋、西夏律法的比较》,《宁夏社会科学》2015年第3期)。
③《天盛律令》卷三《盗赔偿返还门》,第174页。
④《天盛律令》卷三《盗赔偿返还门》,第174页。
⑤《天盛律令》卷八《烧伤杀门》,第293页。

赏、偿畜物法相同"①。

　　节亲、宰相及他有位富贵人等若殴打渠头,令其畏势力而不依次放水,渠断破时,所损失畜物、财产、地苗、庸草之数,量其价,与渠头渎职不好好监察,致渠口破水断,依钱数承罪法相同,所损失畜物,财产数当偿二分之一。②

　　此外,诸人灌水时,"无心失误致渠破培口断,舍院、田地中进水时,放水者有官罚马一,庶人十三杖。种时未过,则当偿牛工、种子等而再种之。种时已过,则当以所损失苗、粮、果木等计价则偿之。舍院进水损毁者,当计价而予之一半。若无主贫儿实无力偿还工价,则依作错法判断"③。

　　(二)侵害人身的赔偿

　　我国古代法律中,很少有近代民法意义上的赔偿,《唐律疏议》只有一条涉及损害赔偿,即因公私要速(疏议曰:"公谓公事要速及乘邮驿,并奉敕使之辈。私谓吉、凶、疾病之类,须求医药,并急追人")在城内走车马时,因马匹惊骇,力不能制而杀人者,减过失杀伤二等处刑,"听赎,其铜各入被杀伤家"④。《天盛律令》对侵害人身的赔偿与《唐律疏议》不尽相同,卷一四《误殴打争门》规定:"诸有官无官人往共戏,彼此无心失误,致瞎目、折手足、折牙齿、裂唇、豁鼻等时,予之牛羊二,庶人十三杖,有官罚马一。"斗殴中先下手者被后下手者所伤,造成"牙齿及手指、足趾伤其一,裂唇、豁鼻,当予之马一。伤其一以上,则当予之牝牛二"⑤。

　　诸人于市场沿途驰骋入人群,过险峻高坡、渡水、戏要等相互推打争斗致人伤死,比争斗相杀罪减一等;或于遮障处投掷、射箭伤人,或于险峻高坡上执重物而失落,投掷铁棍、兵器等着人而致人死时,因大意有官罚马一,庶人十三杖。

　　前述无心失误致人死伤的处罚虽较轻,但"予命价法当与殴打争斗中相杀之予命价法相同"⑥。可见,《天盛律令》有关人身损害赔偿的范围要大于唐、宋律。

第二节　婚姻家庭法

　　婚姻家庭法是中国古代民事法律规范的重要组成部分。秦以前主要是用礼

　　①《天盛律令》卷一五《渠水门》,第501页。
　　②《天盛律令》卷一五《渠水门》,第501—502页。
　　③《天盛律令》卷一五《地水杂罪门》,第507页。
　　④[唐]长孙无忌等撰,岳纯之点校:《唐律疏议》二六《杂律》"无故于城内街巷走车马",上海:上海古籍出版社,2013年,第411页。
　　⑤《天盛律令》卷一四《误殴打争门》,第482页。
　　⑥《天盛律令》卷一四《误殴打争门》,第483页。

制调整婚姻关系,秦以后则以法律为主。唐律是古代婚姻立法的集大成者,《天盛律令》在唐律的基础上,对婚姻有新的规定。

一、婚姻的成立

(一)法定结婚年龄

《天盛律令》规定:"女年十三以上始得为婚,当计日,三年期间予价迎送皆当了毕。""若女年少有为婚者,未长成时勿使提前完婚,至年十三,迎送法与前述相同。"① 该律令没有规定男子婚龄,然同时编印的西夏文类书《圣立义海》记载:"父教子礼:男十五择偶,令习文业。逾十五,迎娶妻眷,令习战斗。女年十五,媳仪准备。逾十五,出嫁婚配也。" 母养子礼:"男十五养身,避水火灾,勿伤残肢体。逾十五,为求精神。女十五,母教家务,令学妇礼。逾十五,为说人家,备办衣鞋室舍,操办不停。"②

从以上规定来看,西夏女子法定结婚年龄在十三至十六岁之间,十三岁为最低婚龄,若低于十三出嫁,女父母要治罪。十六岁为最高婚龄,若超过十六岁出嫁,女父母也要治罪。男子婚龄十五岁左右。这种婚龄略与唐同,太宗贞观元年(627年)诏:"民男二十,女十五以上无夫家者,州县以礼聘娶。"③ 玄宗开元二十五年(737年)又诏:"诸男年十五,女十三以上,并听婚嫁。"④

(二)家长主婚

在宗族制度下,党项与中原汉族一样,婚姻关系的缔结,首要目的是家族的传宗接代,所谓不孝有三,无后为大。因此,男女婚姻的缔结权也即主婚权握在家长手中。《天盛律令》规定:"诸人为婚嫁女顺序:亲父母可嫁,祖父母、伯叔、姨、兄弟、嫂等其他节亲不许嫁。若无亲父母,则祖父母及同居庶母、女之同母兄弟、嫂娣及亲伯叔、姨等共议所愿处为婚。若不共议而嫁时,六个月期间可上告,当接状寻问。祖父母、伯叔、姨等嫁女者罪不治,兄弟嫂娣嫁则有官罚马一,庶人十三杖。因未共议,婚姻当改过。"⑤ 这种主婚顺序,与宋律如出一辙。

在上述主婚人之外,《天盛律令》规定了两种特殊的主婚人。

1. 寡妇再嫁主婚人。寡妇再嫁分两种情况,一是"诸妇人已至夫主家下,丈夫亡故者,小大孤父不许监管,若监管时徒二年。寡妇行三年孝礼期满,有公婆

① 《天盛律令》卷八《为婚门》,第306页。
② 罗矛昆等:《圣立义海研究》,银川:宁夏人民出版社,1995年,第70页。
③ [宋]欧阳修、宋祁:《新唐书》卷二《太宗纪》,北京:中华书局,1975年,第27页。
④ 仁井田:《唐令拾遗·户令》,长春:长春出版社,1989年,第158页。
⑤ 《天盛律令》卷八《为婚门》,第309页。

则不许随意出。若公婆情愿放,有欲赎出者,则有无子女一律当听赎出。无公婆,则愿住即住,愿往乐处即往,夫主之畜物勿取"[1]。

另一是"诸妇人住父母家下,婿已住,生子女,丈夫亡故时,有公婆时不许随意往,当送公婆。未生子女则行三年孝礼,期满,然后女父母得以随意嫁与人为婚"[2]。可见,根据不同情况,寡妇再嫁时或由公婆主婚,或由父母主婚。

2. 奴婢的主婚人。奴婢的主婚人是其主人,如果使军不问所属头监,不取契据,不许将女、姐妹、姑等送与诸人为婚,"违律为婚时徒四年,妇人所生子女当一律还属者"。只有在已问所属头监,并"乐意给予契据"的情况下,使军才可将子女、媳、姑、姐妹嫁给他人为婚。[3]

（三）媒妁传言

《说文》曰:"媒,谋也,谋合二姓者也。""妁,酌也,斟酌二姓者也。"其作用是撮合男女嫁娶。西夏时父母之命、媒妁之言是缔结婚姻的基本规则。《番汉合时掌中珠》指出:"男女长大,遣将媒人,诸处为婚,索与妻眷。"[4]由于媒人在婚姻嫁娶中的重要作用,《天盛律令》规定其承担的法律责任仅次于主婚人或当事人。如诸人贪财,将一女许二男时,后娶者、媒人等知觉是他人妻,则娶者比嫁女者之罪状减一等,媒人依次减二等。[5]

（四）婚价与嫁妆

西夏实行买卖婚姻,法律规定男方给女方的婚价（聘礼）根据身份地位而定,"殿上坐节亲主、宰相等以自共与其下人等为婚者,予价一律至三百种以内,其中骆驼、马、衣服外,金豹、虎皮等勿超过百五十种。节亲主以下臣僚等以自共与诸民庶等为婚,嫁女索妇时,一律予价二百种以内,其骆驼、马、衣服外,金豹、虎皮等勿超过百种。自盈能等头领以下至民庶为婚,嫁女索妇等,予价一律一百种以内,其中骆驼、马、衣服外,金豹、虎皮等勿超过二十种"[6]。

上述主要针对贵族首领而言,一般庶民是承担不起这么高昂的婚价（聘礼）的,假如有人确实无力予聘资,"则三年婿当往出劳力,期满,当予之妻子"[7]。这与建立金朝的女真,"婚后男女留妇家,婿为仆隶三年,方许携妻归家"[8],如出一辙。

---

①《天盛律令》卷八《为婚门》,第307页。
②《天盛律令》卷八《为婚门》,第308页。
③《天盛律令》卷一二《无理注销诈言门》,第417页。
④《番汉合时掌中珠》甲种本,载《俄藏黑水城文献》第十册,上海:上海古籍出版社,1999年,第18页。
⑤《天盛律令》卷八《为婚门》,第313页。
⑥《天盛律令》卷八《为婚门》,第311页。
⑦《天盛律令》卷八《为婚门》,第306页。
⑧《中国法制通史》第五卷,第741页。

婚价(聘礼)是西夏婚姻成立的关键,"诸人为婚时已予应允,酒食已饮者,嫁资未转传则不算换为婚。嫁资多少已取,则取多少一律算实在为婚"①。男女定婚后,"男父母能给婚价而不给,曰'吾不愿娶媳',则当罚所予前价,婚姻当改过,女父母当另嫁女。""若女父母曰'我反悔',男父母亦曰'愿放媳',则依所用前价数偿还。双方情愿,当许退婚。"②双方情愿退婚的条件是女方偿还男方婚价。若女方"食用毕婚价,逾期不予媳时,女父母徒一年"。同时男方娶媳时没有付清婚价,留有尾数,"一年期间皆当取,不予时可上告催促,不予者有官罚马一,庶人十三杖"③。

在规定婚价的同时,《天盛律令》对嫁妆也作了明确的限定:"为婚价予三百种之嫁妆中盖帐三具,二百种盖二具,一百种盖一具。无力亦允许不盖,不许比之增盖。"④"帐"当为帐篷式的居所,具有党项民族特点,其中三具盖帐不许超过七十木,二具盖帐不许超过六十木,可见规模宏大。

陪嫁的服饰也按照婚价(聘礼)多少来定,"一律予价三百种送七十服,予价二百种送五十服,予价一百种送十服以内。无力允许不服,不许比之超服及衣服全予"⑤。如果女方父母不能给嫁妆,可用一部分婚价抵偿。《天盛律令》卷八《为婚门》曰:"诸人为婚迎媳,然后曰'我未得嫁妆'者,一年期间可告。女有父母,则前婚价所取当如数予之。女父母无力,则当以前所取价二分之一为婚价,另一分为嫁妆而予之。"如果实在无力,可以不给嫁妆,"不许强令按价给屋舍、地畴、使军、奴仆等"⑥。

《天盛律令》对婚价(聘礼)与嫁妆的具体规定,实际上是最高额度的限制,如果超过限定数额,"所超嫁妆追告退还,承罪与所定相同"⑦。无力承担婚价的男方,可以劳役相抵;无力承担嫁妆的女方,可以不给嫁妆。这些都与经济相对落后、人民生活水平相对低下的西夏社会实际相适应。

西夏后期社会上盛行奢靡之风,世禄之家"悉以奢侈相高",为了整顿吏治,仁宗于天盛十五年(1163年)下令"禁奢侈"⑧,这应是《天盛律令·为婚门》限制婚价(聘礼)与嫁妆的社会基础。

①《天盛律令》卷八《为婚门》,第309页。
②《天盛律令》卷八《为婚门》,第306页。
③《天盛律令》卷八《为婚门》,第312页。
④《天盛律令》卷八《为婚门》,第312页。
⑤《天盛律令》卷八《为婚门》,第312页。
⑥《天盛律令》卷八《为婚门》,第311页。
⑦《天盛律令》卷八《为婚门》,第311—312页。
⑧[清]吴广成撰,龚世俊校证:《西夏书事校证》卷三七,兰州:甘肃文化出版社,1995年,第429页。

二、婚姻的禁止

（一）同姓不婚

史载早期党项实行收继婚制，妻其庶母、伯叔母、嫂及子弟妇，但"不婚同姓"①，即禁止族内婚。内迁后特别是建立政权后，随着儒家思想文化的影响，传统的收继婚制逐渐改变，至少在西夏中期已彻底废除，《天盛律令》明确规定寡妇可以改嫁，而不是在族内收继。"同姓不婚"的习俗更进一步得到法律的保护，同姓结婚者将被处三年徒刑，其中"同姓结婚之媒人传语者之罪，比结婚者之罪，当减二年为一年，婚姻当改过"②。妻其庶母、伯叔母、子弟妇时，根据情节轻重，处以三年有期徒刑至死刑。

（二）限制被俘者妻子改嫁

诸人为敌人俘获，其妻"有子女则十年，无子女则五年，未迎娶而住父母处则三年以待丈夫。逾期不来归，则有公婆者许与不许随意出，依各自实行。若无公婆而欲往随意处，则当告而往随意处"③。这反映了西夏人口较少、与宋金争夺劳动力的情况。

（三）禁止居父母、夫丧期间嫁娶

《天盛律令》规定，居父母三年丧不许嫁娶，原订婚者亦不能因此退婚，"废婚者需何年月日时，官示日期中变除，重为期限满三年，逾期限之外则改过"。夫丧则是三年内不能改嫁，只有"行三年孝礼期满"，寡妇方可再嫁。④

（四）禁止良贱为婚

西夏社会广泛存在使军、官人、私人等依附民阶层，使军为人身依附于主人（头监）的农奴或奴隶。官人为依附官府之人，私人即私属，亦为依附于贵族的农奴或奴隶。⑤他们自己没有主婚权，如果"不问所属头监，不取契据，不许送女、姐妹、姑等与诸人为婚，若违律为婚时徒四年"。"官人自身乐意，当允许将姑、姐妹、女等与使军为婚。"⑥这说明使军在本阶层通婚有一定的自主权。

上述婚姻的禁止及法律责任与唐、宋律大体相同，此外《天盛律令》没有唐、宋律禁止的有配偶再婚，官员与辖区女子结婚等，从一个侧面反映出西夏社会的

---

① 《旧唐书》卷一九八《党项羌传》，第5291页。
② 《天盛律令》卷八《行非礼门》，第305—306页。
③ 《天盛律令》卷八《为婚门》，第309页。
④ 《天盛律令》卷八《为婚门》，第307页。
⑤ 杜建录：《西夏经济史》，北京：中国社会科学出版社，2002年，第306—309页。
⑥ 《天盛律令》卷一二《无理注销诈言门》，第417页。

特点,以及上层社会一夫多妻的婚俗习惯。

三、婚姻的解除

　　我国古代婚姻法包括结婚和离婚两方面内容,如果说婚姻的缔结体现了男女之间的不平等,那么婚姻的解除,更体现了以男子为中心的不平等性。唐、宋律有"七出""三不去"之说,"七出"是一无子,二淫佚,三不事姑舅,四口舌,五盗窃,六妒忌,七恶疾。若无此七出之状,辄出之者,徒一年半。"三不去"是一经持姑舅之丧,二娶时贱后贵,三有所受无所归。有此三不去而出之者,杖一百,追还合。①《天盛律令》几乎将唐、宋律的"七去""三不出"完全继续下来,只在个别地方有一点变化。

　　其一,"七出"的顺序略有调整,将淫佚放在最突出的位置,并规定"妇人有七种恶中与人行淫一种,则父母及丈夫等共议不议一律允许出,不许反告"②。这反映了统治者把淫佚当作危害社会的大事,力图改变党项男女关系相对自由的社会习俗。

　　其二,淫佚之外,一不生子女,二不奉侍公婆,三多言,四盗窃,五妒忌,六恶疾与唐宋律同,但同时又规定了"丈夫及公婆等共议出之,则可往乐处",如果父母不知丈夫出之,或丈夫不知父母出之,"六个月期间谁未知者反告诉讼,则不须往乐处。父母出之则不治罪,丈夫出之而未问父母之意,有官罚马一,庶人十三杖"③。

　　其三,妻"有六种错,然一者能行孝礼于公婆,二者娶时贫苦低微后富贵威上,三者迎娶时送者迎人根断而无住处",则不能离弃。上述"三不出"或者妇人没有过错,"妻丈夫有出妇之心,女父母亦曰'我赎出',则当出,□当还回,女父母不欲赎,丈夫曰'出妻子媳等',则当罚聘价,退还嫁妆,随其愿往。父母不知不愿,则反告诉讼程序、期限与前述相同"④。显然,在以男性家长为中心的党项社会,"三不出"徒具空文而已,因为在"罚聘价,退还嫁妆"的前提下,丈夫是可以随意出妻的。

①《唐律疏议》卷一四《户婚》,第224页。
②《天盛律令》卷八《为婚门》,第308页。
③《天盛律令》卷八《为婚门》,第308页。
④《天盛律令》卷八《为婚门》,第308页。

四、有关婚姻的其他规定

(一)保护国家公务人员的婚姻

《天盛律令》规定,男女订婚后,"三年期间予价迎送皆当了毕",女父母逾期不予媳时徒一年,男父母三年期未迎媳,罪错自负,当罚婚价,婚姻改过。但"三年间女父母中所主持者、索媳者、户长及亲婿等,若官方依法远遣他国不同司院任职,诸司分析,……不许以此废婚。废婚者需何年月日时,官示日期中变除,重为期限满三年,逾期限之外则改过"①。

(二)禁止抢婚

抢婚与收继婚一样,是北方游牧民族进入阶级社会后普遍的婚俗,党项羌也不例外,建立政权前特别是内迁前,长期存在抢婚与收继婚制。建立政权后随着经济的发展与社会的进步,抢婚从法律上被禁止,结婚必须通过一定的手续,由家长主婚。

诸人有女长成,"父母不允,不许随意抢亲速受礼,违律而父、兄弟告时,抢亲受礼者有官罚马一,庶人十三杖。女人情愿则笞三十,不情愿则不治,归还父母,依愿嫁之。若已侵凌妇人则徒六个月,隐匿于其地者徒一年"②。"诸人与人妻行淫,以女人不愿,密谋持抢时,徒四年","而强持其处侵凌为妻子时,徒八年"③。

①《天盛律令》卷八《为婚门》,第306页。
②《天盛律令》卷八《为婚门》,第310页。
③《天盛律令》卷八《夺妻门》,第298页。

第四章　《天盛律令》中的经济法

第一节　土地与农田水利法

一、土地法

（一）鼓励垦荒

西夏地广人稀，为了发展农业生产，统治者通过减免赋税等优惠政策，鼓励农民开垦荒地。[①]《天盛律令》卷一五《租地门》规定："诸人地册上之租地边上，有自属树草、池地、泽地、生地等而开垦为地者，则可开垦为地而种之。开自一亩至一顷，勿为租庸草。"超过一顷时，所超部分当告转运司，"三年毕，堪种之，则一亩纳三升杂谷物，庸草以边等法为之。彼诸人新开至一顷之地，不许告举取状。若违律告举取状，导助者等有官罚马一，庶人十三杖"。

（二）保护土地私有权

官府向地主人颁发土地证书或凭据，若旧有凭据遗失，则依边等法，由"官家当再给予凭据、谕文"[②]。

不许诸人"于他人地处拓地、断取相邻地禾穗等。若违律断取禾穗者，计钱价，以偷盗法论。于他人地拓地，损坏地边角时，计拓地何长宽，地钱价，当比偷

[①] 原地主人放弃耕种并且三年不履行交纳租役草的义务，以及官私以外尚未开发的生地，有人愿意耕种，三年之内不承担赋役，三年之后，转运司派人前去丈量，根据庄稼长势及相邻地之租役法，在西夏的五等土地税内划定等级，交纳租役草。"诸人无力种租地而弃之，三年已过，无为租役草，及有不属官私之生地等，诸人有曰愿持而种之者，当告转运司，并当问邻界相接地之家主等，仔细推察审视，于弃地主人处当之，是实言则当予耕种谕文，著之簿册而当种之。三年已毕，当再遣人量之，当据苗情及相邻地之租法测度，一亩之地优劣依次应为五等租之高低何等，当为其一种，令依纳地租杂细次第法纳租。"（《天盛律令》卷一五《取闲地门》，第492页。）

[②]《天盛律令》卷二〇《罪则不同门》，第603页。

盗罪减一等。举赏计价十分中当得一分,勿过百缗"①。

(三)有关土地买卖的法律

1. 土地买卖须办理地税交割手续。"诸人互相买租地时,卖者地名中注销,买者曰'我求自己名下注册',则当告转运司注册,买者当依租庸草法为之。倘若卖处地中注销,买者自地中不注册时,租庸草计价,以偷盗法判断。"②

2. 种地者不得私买地主人土地。"官私地中治谷、农田监、地主人等不知,农主人随意私自卖与诸人而被举时,卖地者计地当比偷盗罪减一等。买者明知地主人,则以从犯法判断。为卖方传语、写文书者等知觉,有无受贿,罪依买盗物知觉有贿无贿之各种罪状法判断。未知,则勿治罪。举赏十分中当得一分,由犯罪者出,勿过百缗。原地官私谁属及价钱等,当还前属者。"③

3. 土地买卖须订立文书。《天盛律令》卷三《催索债利门》规定:"诸人买卖及借贷,以及其他类似与别人有各种事牵连时,各自自愿,可立文据,上有相关语,于买价、钱量及语情等当计量,自相等数至全部所定为多少,官私交取者当令明白,记于文书上。以后有悔语者时,罚交于官有名则当交官,交私人有名则当交私人取。"西夏卖地契约文书比较规范,从《天盛廿二年卖地文契》来看,上有立契人姓名、典卖顷亩、田色、坐落、四邻界至、价格以及买卖双方、保人的画押。④

4. 限制土地买卖中的相邻权。我国古代田宅买卖先问四邻,唐、宋时期进一步确立了土地买卖中的"亲邻权"。宋开宝二年(969年),宋太祖听从开封府司录参军孙屿的建议,"凡典卖物业,先问房亲,不买,次问四邻,其邻以东南为上,西北次之,上邻不买,递问次邻,四邻俱不售,乃召外钱主"⑤。西夏则对"亲邻权"作了很大的限制,《天盛律令》卷一五《租地门》规定:"诸人卖自属私地时,当卖情愿处,不许地边相接者谓'我边接'而强买之,不令卖情愿处及行贿等。违律时庶人十三杖,有官罚马一,所取贿亦当还之。"

二、农田水利法

唐、宋的水利法只保留在《水部式》⑥《庆元条法事类》等令、格、式中,《唐律疏义》《宋刑统》没有这方面内容的。西夏《天盛律令》则详细规定了农田水利的开

---

① 《天盛律令》卷一五《租地门》,第495页。
② 《天盛律令》卷一五《地水杂罪门》,第509页。
③ 《天盛律令》卷一五《催租罪功门》,第495页。
④ 黄振华:《西夏天盛二十二年卖地文契考释》,载白滨编《西夏史论文集》,银川:宁夏人民出版社,1984年。
⑤ 《宋会要辑稿·食货》三七之一,第6805页。
⑥ 唐代《水部式》首尾俱缺,残卷见郑炳林《敦煌地理文书汇辑校注》,兰州:甘肃教育出版社,1989年。

发与管理,这些制度继承了唐代的《水部式》,又比《水部式》详细。

(一)春季清淤开渠

1. 春开渠由宰相主持。河套平原地处沙厚风多的沙黄土带,灌溉渠道极易淤塞崩坍,水利工程远非一劳永逸,它要求每年夏灌之前,必须组织大批人工疏浚渠道并整修渠首水口。这一年一度的大规模"春工"和全灌区的用水管理①,决不是一家或几家地主所能胜任的,必须依靠封建国家或地方官府出面主持。《天盛律令》明确规定,每年例行的春开渠大事,先由局分处提议,夫事小监、诸司及转运司大人、承旨、前宫侍等"于宰相面前定之,当派胜任人,自□局分当好好开渠,修造垫板,使之坚固"②。

2. 开渠人工按渠干受益田亩的多寡摊派。自一亩至十亩开五日,十一亩至四十亩十五日,四十一亩至七十五亩二十日,七十五亩以上至一百亩三十日,一百亩以上至一顷二十亩三十五日,一顷二十亩以上至一顷五十亩一整幅四十日。③"当依顷亩数计日,先完毕当先遣之。其中期满不遣时,夫事小监有官罚马一,庶人十三杖。"④

春开渠自三月一日起至四月十日止,共四十天。自四月十日至入冬结冰前约五个月为灌水期。为了保证夏灌,必须在四十天内完成开渠清淤。为此律令明确规定,有关局分"依所属地沿水渠干应有何事计量,至四十日期间依高低当予之期限,令完毕。其中予之期限而未毕时,当告局分处并寻谕文。若不寻谕文而使逾期时,自一日至三日徒三个月,自四日至七日徒六个月,自七日以上至十日徒一年,十日以上一律徒二年"⑤。

3. 挖渠深宽有明确标准⑥,若不按标准为宽深时,有官罚马一,庶人十三杖。⑦

① 唐代修治渠道的时间是在秋收后,"依营缮令,近河及大水有堤防之处,刺史、县令以时检校。若须修理,每秋收讫,量功多少,差人夫修理"([唐]长孙无忌,岳纯之点校:《唐律疏议》卷二七《杂律》,上海:上海古籍出版社,2013年,第429—430页)。"诸近河及大水,有堤防之处,州县长吏以时检校。若须修理,每秋收讫,劝募众力,官为总领。或诸津桥道路,每年九月半,当界修理,十月使讫。"(中国社会科学院历史研究所天圣令整理课题组校证:《天一阁藏明钞本天圣令校证[附唐令复原研究]》[下],北京:中华书局,2006年,第348页。)

② 《天盛律令》卷一五《催租罪功门》,第494页。

③ 俄藏Инв.5067号《户耕地租役草账》记载,一户"七十五亩役二十日"、一户"十亩役五日"、一户"三十八亩役十五日"等,反映的每亩服役天数与《天盛律令》所载一致(史金波:《西夏农业租税考——西夏文农业租税文书译释》,《历史研究》2005年第1期,第112页)。

④ 《天盛律令》卷一五《春开渠事门》,第496页。

⑤ 《天盛律令》卷一五《春开渠事门》,第497页。

⑥ 宋朝治理汴河时,"须以沙尽至土为垠,弃沙堤外,遣三班使者分地以主其役。又为大锥以试筑堤之虚实,或引锥可人者,即坐所辖官吏,多被谴免者"。清代"侍郎通智修渠,制石埋各段工次。上镌'准底'字。每岁春浚,以挑见此石为准"([清]张金城修、[清]杨浣雨纂,陈明猷点校:《乾隆宁夏府志》,银川:宁夏人民出版社,1992年,第254页)。西夏大致也有类似的要求,只是《天盛律令》缺载。

⑦ 《天盛律令》卷一五《地水杂罪门》,第508页。

4. 不许超额派遣工头。开渠役夫中,二十人中当抽派一'和众'、一'支头',违律增派时,一人十三杖,二人徒三个月,三人徒六个月,自四人以上一律徒一年。受贿则与枉法贪赃罪比较,从重者判断。[①]

修渠所需柳条、柴草按田亩多少缴纳,所需椽则"于百夫事人做工中当减一夫,变而当纳细椽三百五十根,一根长七尺,当置渠干上。若未足,需多于彼,则计所须而告管事处,当减夫职而纳椽"[②]。

(二)水利管理

1. 派遣渠水巡检、渠主与渠头。渠水巡检、渠主、渠头为农田水利直接管理者。《天盛律令》规定:"大都督府至定远县沿诸渠干当为渠水巡检、渠主百五十人。"渠头从沿渠干租户家主、诸寺庙所属及官农主管水口户中"依次每年轮番派遣,不许不续派人。若违律时有官罚马一,庶人十三杖。受贿则以枉法贪赃论"[③]。

2. 规定渠水巡检、渠主、渠头职责以及失职处罚。渠头相当于斗门长,专司渠口管理及送水工作。灌水期间如果"当值渠头并未无论昼夜在所属渠口,放弃职事,不好好监察,渠口破而水断时",损失自一缗至五千缗,分别处以三个月至十二年徒刑,五千缗以上一律绞杀。"其中人死者,令与随意于知有人处射箭、投掷等而致人死之罪状相同。夫事小监、巡检、渠主因指挥检校不善,依渠主为渠头之从犯,巡检为渠主之从犯,夫事小监为巡检之从犯等,依次当承罪。"

渠水巡检巡察较大区域的水利设施,渠主专管某一支渠或某一段干渠。他们的日常任务为"于所属地界当沿线巡行",若发现问题,当立即依次上报,由有关局分指挥维修。如果"渠主局分所属沿渠干之垫版、闸口等不牢,预先不告于渠水巡检,生处断破时,与渠头放弃职事而致渠口断同样判断。渠水巡检因指挥检校不善,以渠主之从犯法判断"。

"渠主已告于渠水巡检,曰垫版、闸口不牢,渠水巡检不听其言,不立即告于局分,不修治而水断时,渠水巡检之罪与渠主垫版不牢而不告于局分致水断同样判断。水未断则徒一年。"

"渠主已告于渠水巡检,曰垫版、闸口不牢,渠水巡检不听,渠主不告于他局分而水断者,渠主比渠水巡检之罪状当减三等。渠未破、水未断,则渠主勿治罪,

---

① 《天盛律令》卷一五《春开渠事门》,第497页。
② 《天盛律令》卷一五《渠水门》,第503页。"夫事""夫职",西夏文同一词,即"夫役"。
③ 《天盛律令》卷一五《渠水门》,第499页。

渠水巡检有官罚马一,庶人十三杖。"①

3. 渠道监护人的职责。为了进一步加强水利灌溉设施的维护,《天盛律令》还规定灌区群众参与管理,"沿唐徕、汉延、新渠、诸大渠等至千步,当明其界,当置土堆,中立一碣,上书监者人之名字而埋之,两边附近租户、官私家主地方所应至处当遣之"。这些"各自记名,自相为续"的渠道监护人,在渠水巡检、渠主的检校指挥下,"好好审视所属渠干、渠背、土闸、用草等,不许使诸人断抽之。若有断抽者时,当捕而告管事处,罪依律令判断。监者见而放纵时同之,不见者坐庶人十三杖,用草当偿,并好好修治。若疏于监视,粗心而渠断坍时,比渠头粗心大意致渠断破之罪状当减二等"②。

4. 对不依次序灌水者的处罚。对不依次序灌水者的处罚是《天盛律令》水利法的重要内容:"渠水巡检、渠主等当紧紧指挥,令依番灌水。若违律,应予水处不予水,而不应予水处予水时,有官罚马一,庶人十三杖。"③

"节亲、宰相及他有位富贵人等若殴打渠头,令其畏势力而不依次放水,渠断破时,所损失畜物、财产、地苗、庸草之数,量其价,与渠头渎职不好好监察,致渠口破水断,依钱数承罪法相同,所损失畜物、财产数当偿二分之一。""又诸人予渠头贿赂,未轮至而索水,致渠断时,本罪由渠头承之,未轮至而索水者以从犯法判断。"④

5. 强化毛细渠进水管理,对冲毁他人田舍者依法赔偿。"租户家主沿诸供水细渠田地中灌水时,未毕,此方当好好监察,不许诸人地中放水。若违律无心失误致渠破培口断,舍院、田地中进水时,放水者有官罚马一,庶人十三杖。种时未过,则当偿牛工、种子等而再种之。种时已过,则当以所损失苗、粮食、果木等计价则偿之。舍院进水损毁者,当计价而予之一半。若无主贫儿实无力偿还工价,则依作错法判断。若人死者,与遮障中向有人处射箭投掷等而致人死之罪相同。"⑤

(三)防护林与大小桥道建设

1. 防护林建设。水利灌溉是一个系统工程,除纵横交错的渠道外,还有各种防护林带与大大小小的桥梁道路。《天盛律令》明文规定:"沿唐徕、汉延诸官渠等租户、官私家主地方所至处,当沿所属渠段植柳、柏、杨、榆及其他种种树,令其成材,与原先所植树木一同监护,除依时节剪枝条及伐而另植以外,不许诸人伐之,

---

① 《天盛律令》卷一五《渠水门》,第499—504页。
② 《天盛律令》卷一五《渠水门》,第501页。
③ 《天盛律令》卷一五《催租罪功门》,第494页。
④ 《天盛律令》卷一五《渠水门》,第501—502页。
⑤ 《天盛律令》卷一五《地水杂罪门》,第506—507页。

转运司人中间当遣胜任之监察人。"

从转运司人中间抽派植树检察人，反映出西夏对防护林带建设非常重视。负责所属渠段的植树造林也是渠水巡检与渠主的重要职责，如果他们"沿所属渠干不紧紧指挥租户家主，沿官渠不令植树时，渠主十三杖，渠水巡检十杖，并令植树"。租户家主"若违律不植树木，有官罚马一，庶人十三杖。树木已植而不护，及无心失误致牲畜入食时，畜主人一律庶人笞二十，有官罚铁五斤"[①]。

2. 桥道建设。《天盛律令》对灌渠桥道建设也有专门规定："沿诸渠干有大小各桥，不许诸人损之。若违律损之时，计价以偷盗法判断，用度盗人当偿之，桥当修治。"

"大渠中唐徕、汉延等上有各大道、大桥，有所修治时，当告转运司，遣人计量所需笨工多少，依官修治。""沿大渠干有各小桥，转运司亦当于租户家主中及时遣监者，依私修治，依次紧紧指挥，无论昼夜，好好监察。若监察失误，致取水、盗窃、损桥时，本人赔偿而修治之，不治罪，不修治则有官罚马一，庶人十三杖。"

"沿诸小渠有来往道处，附近家主当指挥建桥而监察之，破损时当修治。若不建桥不修治时，有官罚钱五缗，庶人十杖，桥当建而修治之。"

"诸租地中原有官大道，不许断破，耕种、沿道放水等。若违律时有官罚马二，庶人徒三个月。"

"诸大小桥不牢而不修，应建桥而不建，大小道断毁，又毁道为田，道内放水等时，渠水巡检、渠主当指挥，修治建设而正之。若渠水巡检、渠主见而不告，不令改正时，与放水断道等罪同样判断。"[②]

第二节　畜牧法

在我国古代，马牛为立国耕战之本，自来为立法者所重视。"汉制九章，创加厩律。魏以厩事散入诸篇。晋以牧事合之，名为厩牧律。自宋及梁，复名厩律。后魏太和年名牧产律，至正始年复名厩牧律。北齐、后周，更无改作。隋开皇以库事附之，更名厩库律。厩者，鸠聚也，马牛之所聚；库者，舍也，兵甲财帛之所藏，故齐鲁谓库为舍。"[③]唐承隋制，以厩库为名。党项人本以畜牧为生，建立政权后半农半牧，其畜牧法在继承唐、宋相关法律的同时，又有自己的特点。

---

①《天盛律令》卷一五《地水杂罪门》，第505—506页。
②《天盛律令》卷一五《桥道门》，第504—505页。
③［唐］长孙无忌等撰，岳纯之点校：《唐律疏议》卷一五《厩库》，上海：上海古籍出版社，2013年，第230页。

一、国有牧场管理

（一）官私地界的分离

西夏建立政权初期，官私双方经常因牧场地界发生纠纷，为解决这一问题，《天盛律令·牧场官地水井门》明确规定："诸牧场之官畜所至住处，昔未纳地册，官私交恶，此时官私地界当分离，当明其界划。官地之监标志者当与掌地记名，年年录于畜册之末，应纳地册，不许官私地相混。倘若违律时徒一年。"

（二）禁私家主于官牧场内居住、放牧与耕垦

既然官私牧场有明确的划界，所以原来在官牧场安家的私家主若"另外有私地者，不许于官地内安家，皆当弃之"。如果"地方无有，及若虽有而草木不生，或未有净水，无供给处，又原家实旧者，可于安家处安家"①。这些因特殊情况在官牧场内居住的私家主，是不能随意于牧官畜处开垦荒地。假若"彼地方内之牧人、杂家主等于妨害官畜处新耕时，大小牧监不告于局分，不令耕旧田地，牧主、牧人等叨扰时，一律有官罚马一，庶人十三杖"②。

此外，"若天旱□，官牧场中诸家主之寻牧草者来时，一年以内当安家，不许耕种。逾一年不去，则当告于局分而驱逐之。一年以内驱逐，及逾一年而不驱之时，有官罚马一，庶人十三杖"③。

《唐律疏议》与《宋刑统》没有牧场管理条款，《庆元条法事类》只列有"诸官牧草地放私畜产践食者，一笞四十，二加一等；猪、羊五笞四十，五加一等，罪止杖六十"④。内容虽少，但比《天盛律令》严格。

（三）禁于有害官畜处凿井

官牧场内有诸人凿井者，"则于不妨害官畜处可凿井。若于妨害处凿井及于不妨害处凿井而牧人护之等，一律有官罚马一，庶人十三杖"⑤。

二、官牧生产管理

（一）设立生产机构

西夏的官牧生产一般以部落为单位进行，末驱、小监、盈能等大小部落首领，

---

① 《天盛律令》卷一九《牧场官地水井门》，第598页。
② 《天盛律令》卷一九《牧场官地水井门》，第598页。
③ 《天盛律令》卷一九《牧场官地水井门》，第598页。
④ ［宋］谢深甫撰，戴建国点校：《庆元条法事类》卷七九《畜产门》，《中国珍稀法律典籍续编》，哈尔滨：黑龙江人民出版社，2002年，第872页。
⑤ 《天盛律令》卷一九《牧场官地水井门》，第598页。

既是各级行政、军事首领,又是大小群牧首领,其中盈能一职最为重要,《天盛律令》卷一九《牧盈能职事管门》规定:"邻近二百户至二百五十户牧首领中遣胜任人一名为盈能,当领号印检校官畜。"唐律则规定,"牧马、牛皆百二十为群;驼、骡、驴各以七十头为群;羊,六百二十口为群。群别置牧长一人,率十五长,置尉一人",每监尉数不限①。

(二)挑选胜任牧人

官牧的具体生产由牧人承担,如果官畜死亡,当由牧人赔偿。为了保证封建国家不受损失,牧人必须经过大小牧首领、牧监的考察,认为有一定的赔偿能力,方允其领取骆驼、马、牛十五、二十以上,羊自七十以上的官畜进行生产。至于没有赔偿能力的"无主贫儿"是没有权利领取官畜,只能给胜任牧人当"牧助",如果"大小牧监以胜任入不胜任,以不胜任入胜任中,及群牧司未收齐时,大小牧监、群牧司大人、承旨、都案、案头、司吏等有官罚马一,庶人十三杖,受贿则以枉法贪赃罪法及前述罪等比较,从重者判断"②。

(三)奖励胜任首领

大小牧监胜任一年,当予赏赐钱绢二,常茶三坨,绫一匹。二年连续胜任者,依前述法当予赏赐,当得一官。此后又胜任,则每年当加一官,赏赐当依前述所定予之。

牧首领、末驱本人胜任一年,当予赏赐三两银,杂锦一匹,钱绢五,茶五坨等。二年连续胜任者,赏赐当依前述所定数予之,其上当得一官,倘若彼又胜任,则每年当加一官,赏赐当依前述所定予之。③此外,"牧盈能大人检校已妥而胜任者,当于先本场胜任得官赏法上加一分予之"④。

(四)规定官畜利限

牧人领到规定的官畜后,必须按照百大母羖䍺骆驼一年限三十仔,百大母马一年五十驹,百大母牛一年六十犊,百大母羖䍺一年六十羔羊,百大母牦牛一年五十犊的繁殖率,向封建政权缴纳幼畜,如果"不足者当令偿之,所超数年年当予牧人"⑤。这个繁殖率大致接近唐、宋律的规定。⑥

①[唐]长孙无忌等撰,岳纯之点校:《唐律疏议》卷一五《厩库》,上海:上海古籍出版社,2013年,第232页。
②《天盛律令》卷一九《贫牧逃避无续门》,第599页。
③《天盛律令》卷一九《校畜磨勘门》,第594页。
④《天盛律令》卷一九《牧盈能职事管门》,第597页。
⑤《天盛律令》卷一九《畜利限门》,第576页。
⑥《唐律疏议》卷一五载:准令"牝马一百匹、牝牛、驴各一百头,每年课驹、犊各六十,骡驹减半。马从外蕃新来者,课驹四十,第二年五十,第三年同旧课。牝驼一百头,三年内课驹七十。白羊一百口,每年课羔七十口。羖羊一百口,课羔八十"。

除按一定的繁殖率缴纳幼畜外,牧人还要向官府上缴毛绒、乳酥等副产品,"四种畜中,牛、骆驼、羖䍹等之年年应交毛、酥者,预先当由群牧司于畜册上算明,斤两总数、人名等当明之而入一册,预先引送皇城、三司、行宫司所管事处。各牧监本人处放置典册,当于盈能处计之,数目当足。本人院中大小牧监中当派小监,与告状接,依汇聚数进之,不许住滞一斤一两。"其中大公驯骆驼每年纳腿、项绒八两,大母驯骆驼三两,旧驯骆驼公母一律二两。母骆驼一仔纳二斤酥,大食骆驼毛绒、酥不须交纳,牧者持之;羖䍹春毛绒七两,羊秋毛四两,羔夏毛二两、秋毛四两,羔绒不须纳。母羖䍹以羔羊计,一羊羔三两酥;大牦牛十两、小牛八两、犊五两春毛,于纳羊绒之日交纳。

上述官畜之毛、绒、酥缴纳后,"所遗尾数有未能偿之者,依时节按实卖法计价,当交钱"[1]。

(五)登记号印幼畜

为了加强对幼畜的管理,《天盛律令》规定每年四月一日至十月一日,牧人须将四种官畜(驼马牛羊)所繁殖的仔、驹、犊、羔于盈能处置号印,即于"盈能面前置号印于骆驼、马、牛之耳上,及羖䍹、羊之面颊"[2],以示为官畜。假若违律不置号印,"盈能受贿者,依枉法贪赃罪法判断。未受贿,则仔、驹自一至二十,十三杖;二十以上至五十,徒三个月;五十以上至一百,徒六个月;一百以上一律徒一年。羔羊自一至五十,十杖;五十以上至一百,十三杖;一百以上至一百五十,徒三个月;一百五十以上至二百,徒六个月;二百以上一律徒一年"[3]。

(六)死亡验视与注销

西夏畜牧法有关官畜死亡验视、注销的规定非常严格,"四畜群公母畜混者,十中当减取一死"[4],死畜的皮及肉价钱不须交。这是按照十分之一的正常死亡比例注销。

此外,对因突发性疾病而死亡的官畜,如果验证是实,也予以注销。《天盛律令》卷一九《畜患病门》曰:"诸牧场四种官畜中患病时,总数当明之。隶属于经略者,当速告经略处,不隶属于经略者,当速告群牧司。验者当往,于病卧处验之。其中因地程远而过限日,于验者未到来之前病卧而死时,当制肉疤,置接耳皮,皮、疤实有置印者,共用水井、草场之相邻官私畜患有同病,管事大小牧监、同院

---

① 《天盛律令》卷一九《畜利限门》,第577—579页。
② 《天盛律令》卷一九《牧盈能职事管门》,第595页。
③ 《天盛律令》卷一九《牧盈能职事管门》,第597页。
④ 《天盛律令》卷一九《牧盈能职事管门》,第574页。

不同户之胜任人、验者等依次当担保只关,则可入注销中。不患病及并未亡而入死中为虚假时,以偷盗法判断。有举者,亦当依举偷盗之赏法予之。"

死畜的接耳皮,"大校到来时当验之,当断耳印而焚之"①,即将接耳印记焚掉,以防作弊重验。死畜的肉当计价,"骆驼、马、牛一律五百,仔、犊、大殺瓆等一百,小殺瓆五十,与皮一并全部总计,当上交。群牧司到来时,钱当入库,皮送三司"②。

马院中的生、熟马及予汉、契丹马的病死注销,亦大抵如此。首先将病情速告局分处,局分处遣医人按视,"其中已告,判写已出然后死,及已视然后死等,应告注销,计肉价熟马一缌,生马五百钱,原皮等当交三司。若牧监失误致瘦死亡、盗取,及预先未告而生癞患病死等,记名牧人当赔偿。其中牧人实无力偿,则牧人当承置命罪③,所属小牧主偿之。小牧主实无力偿,则于首领、末驱等当催促偿之"。如果"预先未告而死者,入已告然后死中注销时,注销之畜计价,以偷盗法判断"④。

(七)死减赔偿与处罚

诸牧场四种官畜在正常死减与确系病死以外而损失者,当依次"紧紧催促牧人偿之。倘若牧人无力,则当催促小牧监令偿之。小牧监偿之不足,则当催促牧首领、末驱令偿之。其中倘若催促偿之而无所偿,实无力者,当置命。四种畜一律依以下所定之数高低判断"⑤。

骆驼、马:

牧人无一二,十杖;无三四,十三杖;无五六,徒六个月;至无二十五以上,一律当绞杀。

小牧监自一至三,八杖;自四至六,十杖;自七至九,十三杖;自十至十二,徒六个月;然后依次递增,至四十以上一律当绞杀。

牧首领、末驱自一至五勿治罪;自六至八,八杖;自九至十一,十杖;自十二至十四,十三杖;自十五至十七,徒六个月;至五十以上一律当绞杀。

牛:

牧人无一二至无三十五以上,分别处以八杖至绞杀。

小牧监自一至五十,分别处以笞二十至徒十二年;五十以上一律当绞杀。

①《天盛律令》卷一九《死减门》,第584页。
②《天盛律令》卷一九《畜患病门》,第584页。
③置命罪,西夏文三字原义为"命置罪",可能指致畜死亡这刑事罪。
④《天盛律令》卷一九《畜患病门》,第583页。
⑤《天盛律令》卷一九《校畜磨勘门》,第598页。

牧首领,末驱自一至五,勿治罪;六至六十,分别处以二十答至十二年徒刑;六十以上一律当绞杀。

羊:

牧人自一至五十,分别处以七杖至十二年徒刑;五十以上一律当绞杀。

小牧监自一至五勿治罪;自六至六十处以八杖至十二年徒刑;六十以上一律当绞杀。

牧首领、末驱自一至十勿治罪;自十一至七十,徒十二年;七十以上一律当绞杀。

由此我们不难发现,尽管官畜损失到一定的数目,要对相关人员处以极刑。但牧人损失驼、马四匹以内,小牧监九匹以内,牧首领、末驱十四匹以内,仅责以八至十三杖。显然,这要比赔偿合算得多,许多牧人宁愿选择杖击,也不愿意赔偿。因此,律令对是否有赔偿能力的规定相当严格。假若牧人"实无力偿,则当令于盈能处置命,预先当告群牧司而送知状"[1],待大校时,校畜官"应再好好问之,无力偿而已置命是实言,则同场不同场人当担保",方可"依律承罪"[2]。若违律时,罪依以下所定判断:"盈能与牧人暗中徇情,能偿而入置命中时,计畜价,以偷盗法判断,畜当令偿之。"[3]

大校头监、案头、司吏违法受贿,则以枉法贪赃罪及计畜价以偷盗罪等比较,从重者判断。若未知其能偿,未受贿而催促未成者,有官罚马一,庶人十三杖。[4]

"诸牧场牧人、大小牧监偿畜,虽能偿而曰无力偿,于大校头监、案头、司吏处行贿时,其所偿牲畜者,依数当令大小牧监、牧人等偿之。罪者,受贿则与大校局分人等同样判断。"[5]

牧人"不依齿偿之而为号时",一律自一至五,十三杖;五以上至十,徒三个月;十以上至十五,徒六个月;十五以上至二十,徒一年;二十以上一律徒二年。大小牧监依从犯法判断。畜当换实齿而令偿之。[6]

(八)校畜

所谓校畜,即十月一日幼畜登记号印结束后,由政府组织的大规模的官畜校

①《天盛律令》卷一九《牧盈能职事管门》,第595页。
②《天盛律令》卷一九《牧盈能职事管门》,第596页。
③《天盛律令》卷一九《牧盈能职事管门》,第596页。
④《天盛律令》卷一九《校畜磨勘门》,第594页。
⑤《天盛律令》卷一九《校畜磨勘门》,第594页。
⑥《天盛律令》卷一九《牧盈能职事管门》,第596页。

验①,《天盛律令》对此有详细的规定:

1. 校畜官员原则上从群牧司及诸司大人、承旨、前内侍之空闲臣僚等中派遣,"诸司称职之案头、司吏文字计量引导"②。黑水地区因地程遥远,"校畜者当由监军、习判中一人前往校验,完毕时,令执典册、收据种种及一局分言本送上,二月一日以内当来到京师"③。

2. 校畜官出发时,携铜印一面,有关《律令》一卷,"由局分处借领,事毕时当依旧交还"。"制畜册所用小纸应几何,群牧司库中当买,使分领之"。大校所需枷索、大杖等,"当于所属盈能处取,毕时当依旧还之"。"大校处所使用人,于牧监子弟未持取畜者中,可抽出十五人使用,不许多抽使用人。"④

3. 大校头监、案头、司吏、随从、马匹的食粮草料,"当自官方领取,于牧场中取时,计其价,以枉法贪赃罪法判断"。其中大校七日一屠,每日米面四升。二马食中一七升,一五升。一僮仆米一升;案头、司吏二人共十五日一屠,各自每日米一升。一马食五升;行杖者每日米一升;检视十五日一屠,每日米面二升。一马食五升。⑤

4. 校畜的程序,首先"令牧场牲畜一并聚集",然后对照畜册,一一点验齿岁、毛色、公母、瘠肥。若是赔偿之畜,更要与畜册仔细核校,"不许不实齿偿还"⑥。

在校验过程中,还有一个容易出现的问题,即牧人之间相互索借官畜重验,为此,律令专门规定:牧人索借骆驼、马一至三,徒二年;三至五,徒三年;五至七,徒四年;七至九,徒五年;九至十二,徒六年;十二至十五,徒八年;十五至十八,徒十年;十八至二十一,徒十二年;二十一以上一律当绞杀。

大小牧主闻知场下牧人转借驼、马再验,自一至三,庶人十三杖;三至七,徒一年;七至十,徒二年;十至十五,徒三年;十五至二十,徒四年;二十至二十五,徒五年;二十五至三十,徒六年;三十至三十五,徒八年;三十五至四十,徒十年;四十至四十五,徒十二年;四十五以上一律当绞杀。除骆驼、马以外,还有对索借牛重验的处罚⑦,限于篇幅,不一一列举。

---

① 西夏政府对牲畜的检验每年有两次,一次是由各地牧场盈能主持,对本牧场中的牲畜进行检校,四月一日开始至十月一日。另外就是这次,律令中称之为"大校""大验""大检",由政府差专门的官员下至各地牧场进行校验。

②《天盛律令》卷一九《牧盈能职事管门》,第596页。

③《天盛律令》卷一九《校畜磨勘门》,第588页。

④《天盛律令》卷一九《校畜磨勘门》,第586页。

⑤《天盛律令》卷一九《校畜磨勘门》,第585页。

⑥《天盛律令》卷一九《牧盈能职事管门》,第596页。

⑦《天盛律令》卷一九《校畜磨勘门》,第586—587页。

三、其他有关畜牧方面的法令

（一）捡、罚畜当交官牧场

"诸人捡得畜，律令限期已过，应充公，及有诸人罚赃畜，又无力偿官钱物而换算纳畜等，由所辖司引送，当接与头字而送群牧司，于官畜中注册。"①"诸人有受罚马者，当交所属司，隶属于经略者当告经略处。经略使当行所属司，军卒无马者当令申领，于殿前司导送，册上当著为正编。若军卒无马者不申领，则当就近送于官之牧场，群牧司当行之，牧册上当著。"②

（二）官牧场畜由群牧司负责调拨分配

《天盛律令》卷一九《分畜门》全佚，我们只能从《名略》的条文目录中了解官畜调配的大概，诸如"遣分弱畜时分京师近边牧处管住""遣分弱畜时弱不分予好""牧场马畜遣分法""设宴祭神增福求继等分畜""不经群牧司分用畜""有无分畜御旨""领畜者迟来早往"，等等。显然，官牧场牲畜主要由群牧司③负责调拨分配。

（三）严禁牧人擅自外借官畜

官畜属西夏国家所有，牧人不得擅自借给他人驮、骑、耕作，若违律借人时，借者、求借者一律依以下所定之罪实行：

骆驼、马自一日至十日，十杖；十日至二十日，十三杖；二十日至一个月，徒三个月；一个月以上至百日，分别徒六个月至六年；百日以上一律为八年长徒。

牛、驴自一日至十五日，十杖；十五日至一个月，十三杖；一个月至五十日，徒三个月；五十日至七十日，徒六个月；七十日至百日，徒一年；百日以上一律徒二年。

此外，诸人也"不许牧人未知而随意捕官私畜驮、骑、耕作，若捕捉畜以驮、骑、耕作时，比前述牧人擅自将官私大小畜借人之日限罪状加一等，最重当为十年长徒"④。

---

① 《天盛律令》卷一九《畜利限门》，第581页。
② 《天盛律令》卷二〇《罪则不同门》，第602页。
③ 群牧司的职责范围很广，几乎涵盖与牲畜有关的所有内容，牧养马、驼、牛、羊四大官畜，为官方机构提供使用的畜力，为执行公务的人员提供肉食，收缴乳、毛等畜产品上交三司等。详见高仁《西夏畜牧研究》，宁夏大学博士论文，2016年。
④ 《天盛律令》卷一九《官畜驮骑门》，第582页。

（四）重视马匹牧养

"官牧场之马不好好养育而减食草者①,计量之,比偷盗法加一等。未减食草,其时检校失误致马羸瘦者,当视肥马已瘦之数罚之,自杖罪至一年劳役,令依高低承罪。"②

（五）严禁宰杀马、牛、骆驼

诸人杀自属牛、骆驼、马时,不论大小,杀一头徒四年,杀二头徒五年,杀三头以上一律徒六年。有相议协助者,则当比主造意依次减一等。盗杀五服内亲的牛、骆驼、马,不论大小,杀一头徒五年,杀二头徒六年,杀三头以上一律徒八年。盗杀五服外及其他人的牛、骆驼、马一头徒六年,二头徒八年,三头徒十年。③

"诸人杀自属牛、骆驼、马时,他人知觉而食肉时,徒一年。盗杀及亲节牛、骆驼、马时,知觉食肉者,徒二年。"

为了判明马、牛、驼是摔死或患病死,而不是私意宰杀,律令规定当"前述三种畜中坠谷内、患病死等,当告附近司中,距司远则当告巡检、迁留、检校、边管等处。是实话,则勿治罪。若不告擅自杀时,有官罚马一,庶人十三杖。其中暗地推谷内,则依杀罪判断。行军及其他行路道中,牛、骆驼、马因过失而杀,及所作负载畜而有不堪任者,知而令住,是实话,则杀时勿治罪。若其假冒而杀,则依法判断"。

"诸人骡、驴,不论大小,杀自属一头徒三个月,杀二头徒六个月,杀三头以上一律徒一年。别人知觉,则十杖。盗、杀他人所有者,依次递增一等。盗者与钱量罪比,依其重者判断。他人知觉则十三杖。"④

四、与《唐律疏议》厩律之比较

《天盛律令》卷十九列有十三门畜牧法,《唐律疏议》卷十五列有十四条厩律,为了便于讨论,兹表列如下:

---

① 官府为官马提供草料,英藏《马匹草料账册》就有明确记录(《英藏黑水城文献》第四册,上海:上海古籍出版社,2005年,第290页)。

② 《天盛律令》卷一九《畜利限门》,第580页。

③ 《天盛律令》卷二《盗杀牛、骆驼、马门》,第154页。

④ 《天盛律令》卷二《盗杀牛、骆驼、马门》,第155页。

《唐律疏议》与《天盛律令》厩牧法门类一览表

《唐律疏议》卷一五	《天盛律令》卷一九
牧畜产死失及课不充	"畜利限门"除课幼驹、犊、羔外,比唐律增加了毛、绒、乳、酥。
验畜产不实	校畜唐勘门
受官羸病畜产养疗不如法	无
乘官畜车私驮载	卷一八"他国买卖门"涉及相关内容
大祀牺牲养饲不如法	见"分畜门"的"设宴祭神增福求继等分畜"与"畜患病门"的神
乘官畜脊破领穿	供给驮门
官马不调习	无
故杀官私马牛	卷二"杀牛、骆驼、马门"
杀缌麻亲马牛	卷二"杀牛、骆驼、马门"
官私畜毁食官私物	无
犬伤杀畜产	无
畜产觝蹹齿人	无
监主借官奴畜产	官畜驮骑门
《官私畜损食物》	无
见《牧畜产死失及失课不充》	死减门
同上	派牧监纳册门
无	分畜门
无	减牧杂事门
无	畜患病门
无	官私畜调换门
无	牧盈能职事管门
无	牧场官地水井门
无	贫牧逃避无续门

表中可见,《唐律疏议》与《天盛律令》均有官畜课利、校验、羸瘦及盗杀处罚等条款。同时,《唐律疏议》多病畜养疗不如法、官马不调习、官私畜损毁食物、犬伤杀畜产以及官私畜毁物或觝咬人时被杀等条目。《天盛律令》则多牧场、牧人、牧监的管理以及牧人杂役负担等方面的内容,反映出该律令对《唐律疏议》既有继承,又有发展。

第三节 工商与货币立法

一、手工业生产中原料与库藏物品的损耗规定

《天盛律令》卷一七《物离库门》详细地规定了手工业生产中的原料损耗,兹分述如下:

（一）金银铜锻铸损耗

金耗减法:生熔铸,生金末一两耗减一字,生金有碎石圆珠一两耗减二字;熟再熔一番为熟板金时,上等一两耗减二字,次等一两耗减三字;熟打为器,百两中耗减二钱。

银耗减法:上等、次等者,一律百两中可耗减五钱。中等、下等所至,一律百两中可耗减一两。

铜耗减法:为种种打事则一两中可耗减三钱;为种种铸事则一两中可耗减二钱。

（二）冶铁损耗

"铁匠局分生熟铁为打粗细料,实铁如药秤之,耗实数所定等级高低,可耗减。"其中打制镬头、斧头、钉七寸、钉五寸、钉四寸、熟勿、铁凿、斩刀、屠刀等粗铁器,一斤耗减八两;打制钉三寸、钉二寸、常留、灯烛、火炉、火锹、铁罐、火筋、熨斗、镰刀、城叉、锯、推耙、辔衔铁、镫、钩细、钥匙、锹头等细铁器,一斤耗减十两;打制黑铁、刀剑、剪刀、边条、耙叶、大小铁叶、金木护胸、枪下刃等水磨铁器,一斤耗减十一两。

（三）皮毛加工损耗

官营作坊"百斤毛已均匀,造为毛线时可耗减四十斤。百斤绒毛为织锦事,三斤线渣,三十斤剪头毛绒,前断碎散落可耗减三十三斤";"染生毛线百斤耗减二十斤";"绳索匠领麻皮斤两明,完毕交时称之,一斤可耗减三两";毡匠为毡褐已毕时,"秋毛十斤可耗减三斤,羔毛、春毛等一律各自十斤可耗减四斤"。

（四）库藏物品的损耗

掌粮食库者一斛可耗减五升,马院予马食时簸扬,则一斛可耗减七升,米、谷二种,一斛可耗减三升。

钱朽烂、绳索断,一缗可耗减二钱。纸大小一律百卷中可耗减十卷。陶器皿因损,百中可耗减十。种种毛绒十两中可耗减二两。种种草、蒲苇百捆中可耗减

十捆。种种酥十两中可耗减二两。酒二等耗减：置库内供给者，一斗可耗减一升；驮运供给者，一斗可耗减二升。

朱砂、云母、雄黄、雌黄、硫磺、珍珠、珊瑚、玛瑙等40种生药"因蛆虫不食，不耗减"。矾石、牛黄、麝香、茯苓、苦参、硝石、菊花、杜仲、黄连等130种"蛆虫不食而应耗减，一斤可耗减一两"。大黄、何首乌、甘草、天麻、山芋、人参、贝母、附子、五味子、蜈蚣、鸣虫等54种"蛆虫食之耗减，一斤耗减二两"①。

二、盐、酒生产与征榷规定

唐、宋的专卖榷禁属编敕范畴，不载于《唐律疏议》与《宋刑统》，而同样作为王朝法典的《天盛律令》，却保留了较为详细的榷禁规定。

（一）盐法

1. 设立管理机构。为了控制池盐的生产与征榷，西夏特设盐务、税院之类的机构，专门进行管理。"池大则派二巡检，池小则派一巡检，与池税院局分人共监护之。□池者，当就近次第总计，每三、四种当派一巡检，以下家主中不须派监池者。"此外，还设小监、出纳、掌斗等职员，其中贺兰池等七种一律二小监、二出纳、一掌斗，杂金池等九种一律一小监、二出纳，一掌斗，具体负责过斗榷税。②

2. 规定征榷税额。"诸人卖盐，池中乌池之盐者，一斗一百五十钱，其余各池一斗一百钱，当计税实抽纳。不许随意偷税。倘若违律时，偷税几何，当计其税，所逃之数以偷盗法判。"③盐利在国家财政中占有相当重要的地位。④

3. 守护未开盐池。"国内有不开闭池盐，应护之者当护之，不许守护无盐之碱池。倘若闭护池中盐而盗抽者，依其盗抽多寡，当依所犯地界中已开池纳税次第法量之，以偷盗法判断。其中守护无盐之碱池，分别令掩盖之。谓已抽盐时，徒六个月。"⑤

（二）酒的生产与征榷

1. 踏曲与卖曲。为了垄断酒利，西夏实行严格的榷曲制度，从都城到地方都设有官营踏曲库与卖曲库，律令规定踏曲库"大麦、麦二斗当以十五斤计，一斤当计三百钱卖之"。如果"踏曲库每年踏曲事中不好好踏，不细细磨，粗磨致曲劣，又不依时为之等时，管事者局分大小、小监、库监、出纳、局分人等一律徒二

---

① 《天盛律令》卷一七《物离库门》，第547—557页。
② 《天盛律令》卷一七《库局分转派门》，第535页。
③ 《天盛律令》卷一八《盐池开闭门》，第566页。
④ 《包孝肃奏议》卷九《论杨守素》（四库影印本427—171）载："元昊数州之地，财用所出，并仰给于青盐。"
⑤ 《天盛律令》卷一八《盐池开闭门》，第566页。

年"①。卖曲库主要负责曲、酒的销售,卖百斤粗曲,京畿耗减一斤,地边耗减一斤半。②

不同地区的曲库,法定的吏员编制也不尽相同,如中兴府踏曲库设二提举、一小监、二出纳、一掌钥匙、四掌斗、六监库;鸣沙军、官黑山、黑水三种踏曲库、二小监、二出纳、一掌秤、一掌斗、二监库;大都督府踏曲库二提举、二头监、二出纳、一掌钥匙、二掌斗、二监库;中兴府卖曲院二小监、二出纳、一掌钥匙、四监库;大都督府属卖曲税院二小监、二出纳、一掌钥匙、十拦头;③定远县等十八种地方卖曲税院一律二小监、二出纳、四拦头。④

2. 不许私造曲。"若违律时,当量先后造曲若干斤,一缗以内,造意十三杖,从犯十杖"。一缗以上至二十缗,造意分别徒六个月至十二年,从犯徒三个月至十年。二十缗以上一律造意无期徒刑,从犯徒十二年。"买者知晓,则当比从犯减一等,若买者不知,勿治罪。"举赏自杖罪至徒十二年,分别赏五缗至九十缗,无期徒刑赏一百缗,当由各犯罪者依罪情次第承当予之。

3. 不许造小曲。"若违律造之时,一团与一斤相等,当量其造私曲量,承罪次第依法判断"。

4. 不许买敌国之曲。若"买敌之曲自用时,当比造私曲罪减一等。曲当罚没纳入官"。

5. 不许转卖酒曲。如果买者转卖,"自一斤至五十斤,庶人十杖,有官罚钱五缗。五十斤以上,一律有官罚马二,庶人徒三个月"。

6. 不许酿饮小曲酒。若违律酿饮时,先后酿饮多少,当总计其数。如果是都案、案头、司吏、卖糟局分人以及大人、承旨、有位臣僚、种种执事等酿饮,"因是执法者,一律酿五斗以内者无论大小,徒六年,五斗以上一律八年长期徒刑。以下至溜首领、种种待命、军民,一律酿五斗以内者获徒四年,五斗以上一律当获五年劳役。从犯及买者之罪:从犯比酿者之罪减一等,买者减二等"。奖励举告,获徒四年至八年,分别赏五十至一百缗,钱由酿者承担,酿者不能则由饮者承担,当予举者。彼亦不能,则官方予之。无举者,问以知之,举赏当纳于官。

7. 不许酿饮酽酒、普康酒。若违律酿饮时,与酿饮小曲酒之罪状、获举赏次

①《天盛律令》卷一八《杂曲门》,第566页。
②《天盛律令》卷一七《物离库门》,第553页。
③拦头是负责收酒曲税的基层官吏,宋代拦头掌拘收税钱,并审验客人(商旅)所执"地头引"以放行。西夏在卖曲税院设拦头,反映出酒曲专卖的强制性。
④《天盛律令》卷一七《库局分转派门》,第534页。

第同样判断。①

三、货币法

《天盛律令》有关货币法的内容很少，只有第七卷《敕禁门》关于私铸、买卖货币方面的处罚规定。但这些规定比《唐律疏议》与《宋刑统》杂律中"私铸钱"的范围要广，兹分述如下。

诸人不许去敌界卖钱或私自铸钱、毁钱，假若违律时，一百至三百钱徒三个月，五百钱以上至一缗徒六个月，二缗徒一年，三缗徒二年，四缗徒三年，五缗徒四年，六缗徒五年，七缗徒六年，八缗徒八年，九缗徒十年，十缗徒十二年，十缗以上一律绞杀。从犯依次当各减一等。

不许将南院黑铁钱运来京师，及京铜钱运往南院等，若违律时，多寡一律徒二年，举告赏当按杂罪举告得赏。

不许由水上运钱到敌界去卖，若违律，"渡船主、掌检警口者等罪，按卖敕禁畜物状法判断以外，其余人知闻，受贿则与盗分他人物相同，未受贿当与不举告等各种罪状相同"②。

---

①《天盛律令》卷一八《杂曲门》，第564—566页。
②《天盛律令》卷七《敕禁门》，第287页。

第五章 《天盛律令》中的财政法

财政法主要指国家财政收入、财政分配以及财政管理等方面法律规范的总称，是国家获取赖以生存物质基础的法律保障。《天盛律令》中的财政法比较分散，有的在仓库门，有的在税收门，有的则在盐酒专卖门，现加以综合整理，分述如下。

第一节 财政收入法规

西夏的财政收入大致由赋税收入、国有农田牧场收入、专卖收入、对外贸易收入以及罚赎赃没收入组成。国有牧场与专卖在经济法中作了论述，这里主要讨论《天盛律令》涉及较多的农业税收与罚赎赃没。

一、农业税收

(一) 编制纳税地册

纳税地册是缴纳土地税的依据。律令规定，所有税户家主的土地都由官方登记造册，上书"租户家主①各自种地多少，与耕牛几何记名，地租（当为地税，下同——引者）、冬草，条橼等何时纳之"②，分别藏于中书、转运司、受纳司、皇城司、三司、农田司以及所在郡县。此外，每个租户家主也持有土地册，其上"登录顷亩、升斗、草之数"，家主当视其上依数纳之。③

(二)推检土地变更

土地税根据占田多少缴纳，而田地经常因买卖及其他原因发生变化，因此律

---

① "租户"当译文"税户"，它是土地的所有者，相当于宋代"税户者，有常产之人也"（［清］徐松辑，刘琳点校：《宋会要辑稿·食货》一二《身丁》，北京：中华书局，2014年，第6240页）。

② 《天盛律令》卷一五《纳领谷派遣计量小监门》，第514页。

③ 《天盛律令》卷一五《地水杂罪门》，第508页。

令规定三年推检一次。具体程序:先由农迁溜、小监、小甲①等于其所辖家主人中推寻有无变卖田地,有则家主人勿来。农迁溜、小监当推察,然后上报所属郡县。郡县于二月一日开始订正变更情况,"一县写五面地册板簿,自己处及皇城、三司、转运司、中书等当分别予之"。其中"四月十日当送转运司,分别为手记于板簿。五月一日当送中书。十五日以内当校验,无参差,则中书大人亦当为手记、置印。五月二十日当散予应予处"②。

(三)划定征税等级

根据土地瘠肥,将农业税划分为五等,上等每亩纳租一斗,次等八升,中等六升,下等五升,末等三升。③假如有人耕种抛荒地及不属官私的生地,三年内不纳税,三年后遣人丈量,"当据苗情及相邻地之租法测度,一亩之地优劣依次应为五等租之高低何等,当为其一种,令依纳地租杂细次第法纳租"④。

(四)规定征税内容

西夏的土地税主要征收粮食、草等实物。《天盛律令》明确规定:麦一种,灵武郡人当交纳。大麦一种,保静县人当交纳。麻褐、黄豆⑤二种,华阳县家主当分别交纳。秫一种,临河县人当交纳。粟一种,治源县人当交纳。糜一种,定远、怀远二县人当交纳。其中秫、粟两种,有的地方直接纳谷物,有的地方则令纳米,没有统一规定。《天盛律令》则规定,"此后租户家主人不须纳米,实当纳秫粟"⑥。草为西夏土地税的重要组成部分,除冬草蓬子、夏莠外,还有麦草、粟草等谷物秸秆与谷糠,"一顷五十亩一块地,麦草七捆,粟草三十捆,捆绳四尺五寸,捆袋内以麦糠三斛入其中",各自依法交官之所需处,"当入于三司库,逾期时与违纳租谷物之纳利相同"⑦。

(五)建立磨勘制度

土地税的缴纳时间大致在秋收后的九月、十月,至十一月一日,各郡县依法将纳税的簿册、凭据呈送转运司,转运司人于十一月底以前引送磨勘司,磨勘司

① 农迁溜为西夏农业区基层组织,每税户家主按地缘关系就近结合,每十户设一小甲,五小甲上有一小监,二小监上置一农迁溜,类似于宋代乡里制。《纳领谷派遣计量小监门》载:"各税户家主由管事者以就近结合,十户遣一小甲,五小甲遣一小监等胜任人,二小监遣一农迁溜,当于附近下臣、官吏、独诱、正军、辅主之胜任、空闲者中遣之。"
② 《天盛律令》卷一五《纳领谷派遣计量小监门》,第515页。
③ 潘洁:《〈天盛改旧新定律令·催缴租门〉一段西夏文缀合》,《宁夏社会科学》2012年第6期。
④ 《天盛律令》卷一五《取闲地门》,第492页。
⑤ "麻褐、黄豆",当译为"黄麻、豌豆",见潘洁《天盛律令农业门整理研究》,上海:上海古籍出版社,2016年,第265页。
⑥ 《天盛律令》卷一五《催缴租门》,第490页。
⑦ 《天盛律令》卷一五《催缴租门》,第490页。

必须在十二月底以前磨勘完毕。如果郡县迟交转运司,转运司迟送磨勘司,磨勘司逾期磨勘不毕,有关局分人所迟缓、延误之罪,"自一日至五日十三杖,五日以上至十日徒三个月,十日以上至二十日徒六个月,二十日以上一律徒一年"①。

磨勘司"于腊月一日至月末一个月期间磨勘已毕时,所遗尾数地租当引送转送司,当令所属郡县催促者再行催促"。如果再"于所予期限不完毕而住滞时,局分人之罪与前述郡县人催促地租、转运司告凭据延误罪同样判断"②。

(六)奖惩催税官吏

"诸租户所属种种地租见于地册,依各自所属次第,郡县管事者当紧紧催促,令于所明期限缴纳完毕。其中注滞时,种种地租分为十分,使全纳、部分纳、全不纳等时,功罪依所定实行。"其中九分已纳一分未纳勿治罪,八分纳二分未纳徒六个月,七分纳三分未纳徒一年,六分纳四分未纳徒二年,五分纳五分未纳徒三年,四分纳六分未纳徒四年,三分纳七分未纳徒五年,二分纳八分未纳徒六年,一分纳九分未纳徒八年,十分全未纳徒十年。若十分全已纳,则当加一官,获赏银五两,杂锦一匹。③

(七)减税免税

为了鼓励生产,垦田一至一百亩,勿纳租庸草,超过一百亩者,所超之数当告转运司,"三年毕,堪种之,则一亩纳三升杂谷物,庸草依边等法为之。彼诸人新开至一顷之地,不许告举取状。若违律告举取状,导助者有官罚马一,庶人十三杖"④。

(八)严惩偷税漏税

"诸人互相买租地时,卖者地名中注销,买者曰'我求自己名下注册',则当告转运司注册,买者当依租庸草法为之。倘若卖处地中注销,买者自地中不注册时,租庸草计价,以偷盗法判断。"⑤僧人、道士、诸大小臣僚等,因公索求农田司所属地及寺院中地、节亲主所属地等,"自买日始一年之内当告转运司,于地册上注册,依法为租庸草事。若隐之,逾一年不告,则所避租庸草数当计量,应比偷盗罪减一等,租庸草数当偿。已告而局分人不过问者,受贿徇情则依枉法贪赃罪判断,未受贿徇情则依延误公文法判断"⑥。

①《天盛律令》卷一五《催缴租门》,第490页。
②《天盛律令》卷一五《催缴租门》,第491页。
③《天盛律令》卷一五《催租罪功门》,第493页。
④《天盛律令》卷一五《租地门》,第496页。
⑤《天盛律令》卷一五《地水杂罪门》,第509页。
⑥《天盛律令》卷一五《租地门》,第496页。

（九）禁止非法摊派"和买"

"无官方谕文，不许擅自于租户家主收取钱物、红花、麻皮等种种及摊派杂事。若违律摊派时，已纳官库内，则依纳租法判断，自食之则与枉法贪赃罪比较，从重判断。若国家内临时修缮佛塔、寺院，建造大城、官地墓，为碑志等时，应不应于租户家主摊派杂事，当告中书、枢密，计量奏报实行。"①"诸司有应派人买种种官之物、杂财产、树草炭等，及临时买畜、物等，诸家主双方情愿，可买卖，不许强以逼迫买取。若违律强以逼迫买取等时，大人、承旨、都案、案头、局分人等之罪，一律以强买取物之价与所予之价相较，令家主所损几何，少则徒一年。"②

二、罚、赎、赃、没

（一）罚、赎

西夏的罚与中原王朝的罚有所不同，它是把赎与罚结合起来。各种轻微犯罪，一般对庶人处人杖刑，有官人罚纳马或铜钱。如"河水上置船舶处，左右十里以内，不许诸人免税渡船。倘若违律时，当纳税三分，一分当交官，二分由举告者得。若罪税钱自五十至一缗，庶人七杖，有官罚钱三缗。罪税钱一缗以上至二缗，有官罚钱五缗，庶人十杖。二缗以上一律有官罚马一，庶人十三杖"③。

可见，庶人责七杖时，有官人罚钱三缗，十杖时有官人罚五缗，十三杖时则罚一马。其中庶人十三杖，有官人罚马一最为普遍。如诸人放债，"本利相等以后，不允取超额。若违律得多利时，有官罚马一，庶人十三杖"④。"诸司承旨、习判、都案、案头、司吏、都监、小监等不许于司中行大杖。违律时，有官罚马一，庶人十三杖。"⑤"诸人不得以著籍官马祭葬。违律者有官罚马一，庶人十三杖。"⑥诸如此类，不一一列举。

除上述罚钱、罚马外，还有罚铁，"诸大人、承旨、司判、都案、案头等不赴任上及超出宽限期，又得职位官敕谕文已发而不赴任等，一律超一二日罚五斤铁，三四日十斤铁"⑦。灌区树木被牲畜啃食。"畜主人等一律庶人笞二十，有官罚铁五斤。"⑧

---

① 《天盛律令》卷一五《催缴租门》，第491页。
② 《天盛律令》卷一七《急用不买门》，第540页。
③ 《天盛律令》卷一一《渡船门》，第392页。
④ 《天盛律令》卷三《催索债利门》，第189页。
⑤ 《天盛律令》卷九《行狱杖门》，第325页。
⑥ 《天盛律令》卷六《官披甲马门》，第249页。
⑦ 《天盛律令》卷一〇《失职宽限变告门》，第351页。
⑧ 《天盛律令》卷十五《地水杂罪门》，第506页。

（二）赃钱

《唐律疏议》卷二六《杂律》曰："赃罪正名，其数有六，谓受财枉法、不枉法、受所监临、强盗、盗窃，并坐赃。"西夏坐赃大抵如此，《天盛律令·贪状罪法门》规定：官员判案时，枉法受贿自一百钱至四十缗，主犯分别判以十三杖至绞杀，从犯判十杖至十二年徒刑。不枉法受贿一百钱至八十缗以上，主犯处以八杖至十二年徒刑，从犯处以七杖至十年徒刑。所贪赃物若"三年以内物属者追告，则当依法审问，已还，当给属者。若以审问得知，则当交官"①。

（三）没入

没，是对违式犯禁之物、私度关之物以及谋反、谋大逆者家资的籍没。"入者，谓得阑遗之物，限满无人识认者，入官及应入私之类。"②譬如"诸人捡得畜，律令限期已过，应充公"③。"入"的财政意义不大，这里主要讲"没"。

《天盛律令》规定："诸人不允去敌界卖钱，及匠人铸钱、毁钱等，假若违律时，一百至三百钱徒三个月，五百钱以上至一缗徒六个月，……十缗以上一律绞杀。"④所卖、铸、毁之钱，一律没收入官。

"谋逆已发及未发等之儿子、妻子、子媳、孙及孙媳等，同居不同居一样，而父母、祖父母、兄弟、未嫁女姐妹，此等同居者应连坐，当易地居，使入牧农主中，畜、谷、宝物、地、人等，所有当并皆没收入官。"⑤"诸人议逃，已行者造意以剑斩杀……其中地、院、人、铠甲、兵器种种物没收入官。"⑥

第二节 财政支出法规

一、供国

（一）官吏俸禄

《天盛律令》卷二〇《罪则不同门》曰：假若诸人"不堪罚马是实，则当令寻担保者，罚一马当折交二十缗钱。彼亦不堪，则依司品，有俸禄者当于俸禄中减除，未有俸禄，则罚一马折算降官一级"。可见西夏的官分有俸禄与无俸禄两种，但

①《天盛律令》卷二《贪状罪法门》，第149页。
②〔唐〕长孙无忌等撰，岳纯之点校：《唐律疏议》卷三〇《断狱篇》，上海：上海古籍出版社，2013年，第484页。
③《天盛律令》卷一九《畜利限门》，第581页。
④《天盛律令》卷七《敕禁门》，第287页。
⑤《天盛律令》卷一《谋逆门》，第111页。
⑥《天盛律令》卷一《背叛门》，第115页。

律令没有规定从哪一品级官开始有俸禄。

除一定级别的官外,重要岗位上的吏也有俸禄,中兴府、大都督府租院与诸踏曲院、卖曲一样,"提举头监一律三百,出纳二百,掌钥匙一百,司吏、指挥、拦头等七十"①。

(二)赏赐

《天盛律令》中的赏赐,实际是一种考绩奖励,如"诸司任职位人三年完毕,无住滞,不误入轻杂,则中书、枢密、经略等别计官赏,其余依次赐次中下末四等人得官赏:次等升一级,大锦一匹,银十五两,茶绢十。中等升一级,大锦一匹,银十两,绢三段,茶四坨。下等升一级,杂花锦一匹,银七两,茶三坨,绢二段。末等升一级,紧丝一匹,银五两,茶绢二。中书、枢密都案依下等司正法则得官赏"②。

催税大人所催租税全部缴纳,"则当加一官,获赏银五两、杂锦一匹"③。

官牧场"大小牧监胜任一年,当予赏赐钱绢二,常茶三坨、绫一匹。二年连续胜任者,依前述法当予赏赐,当得一官。此后又胜任,则每年当加一官,赏赐当依前述所定予之。牧首领、末驱本人胜任一年,当予赏赐银三两、杂锦一匹、钱绢五、茶五坨。二年连续胜任者,赏赐当依前述所定数予之,其上当得一官。倘若彼又胜任,则每年当加一官,赏赐当依前述所定予之"④。

捕盗巡检"捕获死罪一至三人[赏]银三两、杂锦一匹、茶绢三中一段绢;四至六人银五两、杂锦一匹、茶绢五中二段绢;七至十人银七两、杂花锦一匹、茶绢七中三段绢;十一人以上一律加一官,银十两、杂花锦一匹、茶绢十中四段绢"⑤。

(三)公务支出

1. 纸张费。校验官畜时,"制畜册所用小纸应几何,群牧司库中当买,使分领之。"⑥"诸院主簿,司吏每年纳簿时,写簿用纸,按簿上所有抄数,各自当取纸钱二十钱,由大小首领各自收取,当交主簿、司吏,不得超予。"⑦

2. 公务补助。京师派往官牧场校畜的大人、案头、司吏、仆童的食粮,"当自官方领取",其中大校七日一屠,每日米面四升,其中米一升。二马食中一马七升,一马五升。一僮仆米一升。案头、司吏二人共十五日一屠,各自每日米一

①《天盛律令》卷一七《物离库门》,第558页。
②《天盛律令》卷一〇《续转赏门》,第349页。
③《天盛律令》卷一五《催租罪功门》,第493页。
④《天盛律令》卷一九《校畜磨勘门》,第594页。
⑤《天盛律令》卷一三《派大小巡检门》,第458页。
⑥《天盛律令》卷一九《校畜磨勘门》,第585页。
⑦《天盛律令》卷六《纳军籍磨勘门》,第256页。

升。一马食五升。行杖者每日米一升。检视十五日一屠,每日米面二升。一马食五升。①

3. 修造支出。"诸司司院有当修旧为新时,作物价钱及笨工、食粮价等,所属司所有罚贿畜,则当置其中修造。如彼无,则当告管事处以寻谕文,使计量所需作物数,皆当由三司出供修造。"②

水利工程用草亦由官库供给,假若水涨渠破,而"附近未置官之备草,则当于附近家主中有私草处取而置之。当明其总数,草主人有田地则当计入冬草中,多于一年冬草则当依次计入冬草中。未有田地则依捆现卖法计价,官方予之"③。

二、供御

(一)御膳供给

"御用等年供给乳畜,依先群牧司人计议能定之用度,母牛、母羖䍽、母羊者,应使笨工牧人中出多少,不许于牧监、大小首领等中派遣。彼牧乳畜者所在之处当奏报,当求谕文判写,直接供应酪脂、乳酥等,勿与诸牧场同,勿交羖䍽毛绒,牧者当得之。"④"御供之食馔、其他用度等应分取准备者,当速分之,好好制作,依数准备。"⑤

(二)御用仪物服饰

御用仪物服饰由文思院负责制造供应,藏于内库、行宫库,"御舟不固者,营造者工匠人员等当绞杀,头监、检校者等徒十二年"⑥。

舆辇(汉语轿子)制造完毕,入库时坚固结实,"库内放置年月久而行用时已变劣,因公出行中不牢时,行前修造序未提醒,则局分大小之罪一律徒二年"⑦。

(三)御用驼马供给

群牧司"旧训之公骆驼年年当分离,当托付行宫司",以供御用,同时"行宫司之公驯骆驼中之老弱不堪骑用者,当交群牧司,入杂分用中"⑧。

---

①《天盛律令》卷一九《校畜磨勘门》,第585页。
②《天盛律令》卷二〇《罪则不同门》,第607页。
③《天盛律令》卷五《地水杂罪门》,第507页。
④《天盛律令》卷一九《畜利限门》,第579页
⑤《天盛律令》卷一二《内宫待命等头项门》,第433页。
⑥《天盛律令》卷一二《内宫待命等头项门》,第431页。
⑦《天盛律令》卷一二《内宫待命等头项门》,第432页。
⑧《天盛律令》卷一九《供给驮门》,第575页。

三、供军

(一)军用驼马

西夏兵制,男子年十五为丁,二丁取正军一人"凡正军给长生马、驼各一"①。一般情况下,军用马、驼从官营牧场领取,有时也从罚马中支拨。"诸人有受罚马者,当交所属司,隶属于经略者当告经略处。经略使当行所属司,军卒无马者当令申领,于殿前司导送,册上当著为正编。若军卒无马者不申领,则当就近送于官之牧场,群牧司当行之,牧册上当著。"②

(二)武器装备

军队的武器装备一般由官府统一配给,"团练使以上,帐一、弓一、箭五百、马一、橐驼五,旗、鼓、枪、剑、棍棓、钞袋、披毡、浑脱、背索、锹钁、斤斧、箭牌、铁爪篱各一。刺史以下,无帐无旗鼓,人各橐驼一、箭三百、幕梁一。兵三人同一幕梁。幕梁,织毛为幕,而以木架。"③

《天盛律令》卷五《军持兵器供给门》有关兵器的配备,既有农主、牧主、使军、大小臣僚、内宫宿卫的区别,又有正军、辅主、负担的不同。

(三)军赏

军赏支出数额巨大,西夏文军事法典《贞观玉镜将》就有战斗中所获人马、铠甲、旗鼓超过损失一百种以上至五百种者,主将加一官,"当得三十两银碗,衣服一袭十带,五两银腰带一条,茶、绢一百"。尔后依次递增,至"三千种以上,一律加七官,当得五十两金碗,百两银碗,衣服一袭十带,上缝缍丝,十两金腰带一条,银鞍鞯一副,银一锭,茶、绢千"④。

《天盛律令》也有军赏方面的规定,边防哨卡及时发现并向有关局分报告入侵敌军一至十人,巡检主管赏绢一段,检人二人赏绢一段。然后依次递增,至"察觉一千以上人来,一律检主管升三官,银七两、杂锦一块、茶绢十五,检人银五两、绫一块、茶绢七"⑤。

(四)军食及军马草料

西夏开国皇帝李元昊在亦兵亦民的部落兵制的基础上,"选豪族善弓马五千

---

① [元]脱脱等:《宋史》卷四八六《夏国传下》,北京:中华书局,1977年,第14028页。
②《天盛律令》卷二〇《罪则不同门》,第602页。
③ [元]脱脱等:《宋史》卷四八六《夏国传下》,中华书局,1977年,第14028页。
④ 陈炳应:《贞观玉镜将研究》,银川:宁夏人民出版社,1995年,第72—73页。
⑤《天盛律令》卷四《边地巡检门》,第205—206页。

人选直,号六班直,月给米二石"①。元昊以后,随着形势的变化与加强皇权的需要,护卫军由五千人增加到二万五千人,又"别副以兵七万为资赡,号御围内六班,分三番以宿卫"②。我们且不说七万负赡兵的供给,就护卫军每人"月给米二石",两万五千人每月需支米五万石,这是一个不小的数目。但奇怪的是《天盛律令》没有对军粮供给作出明确的规定。

《天盛律令》卷一七《物离库门》规定:"马院予马食者簸扬,则一斛可耗减七升。"马院所养马匹主要供应军队,因而所支马食,当为军费开支的一部分。另外,贫困正军无力养治军马,但又属勇健能战斗者,则军马不须交出,"可于原地就近官廪谷物支拨若干,以资助养治"③。

第三节　财政管理规定

一、财政收支制度

(一)收入管理

缴纳租税时,"计量小监当坐于库门,巡察者当并坐于计量小监之侧。纳粮食者当于簿册依次一一唤其名,量而纳之。当予之收据,上有斛斗总数、计量小监手记,不许所纳粮食中入虚杂。计量小监、局分大小之巡察者巡察不精,管事刺史人中间应巡察亦当巡察。若违律,未纳而入已纳中,为虚杂时,计未纳粮食之价,以偷盗法判断。受贿则与枉法贪赃罪比较,从重者判断。未受贿,检校未善者,有官罚马一,庶人十三杖"④。

"地边、畿内诸司来交种种官物时,预先测解原状,案当过。判凭完毕,当予管事案内,大人处当过问。所入钱、谷、物甚多,物大,则大人、承旨谁在当共过目。若物小无疑,则当视其物状,应何往当往。入库毕时,库上当取敛状,彼敛状当予前置文书处案内,其上头字当了毕,与敛状接而取用,内库与其他相同。"⑤

上述各种官谷、钱物,五日以内应使纳毕,予之凭据,不治罪。若逾期不使纳毕,不予凭据时,局分大小一律自六日至十日徒三个月,十日以上至十五日徒六

① [元]脱脱等:《宋史》卷四八五《夏国传上》,北京:中华书局,1977年,第13995页。
② [元]脱脱等:《宋史》卷四八六《夏国传下》,北京:中华书局,1977年,第14029页。
③《天盛律令》卷六《官披甲马门》,第250页。
④《天盛律令》卷一五《纳领谷派遣计量小监门》,第513页。
⑤《天盛律令》卷一七《急用不买门》,第514页。

个月,十五日以上一律徒一年。①

(二)支出管理

领用谷物须有监军司或相关局分的谕文,谕文写明"领粮食斛斗者为谁,刺史处知觉当行。计量小监由监军习判、同判等轮番当往一人。领粮食处邻近,则刺史当自往巡察,若远则可遣胜任巡察之人,依数分派。所予为谁,分用几何,当行升册。完毕时,现本册当送刺史处磨勘,同时令库局分、巡察者等当一并只关。未有虚杂,谕文、本册相同无疑,则当还监军司,并告出谕文之局分处,以索注销。若局分大小人受贿徇情而使无理多领及刺史人受贿不弃虚杂、不巡察等时,计多领粮食之价,以偷盗法判断,受贿则与枉法贪赃罪比较,从重者判断"②。

和同时代宋朝一样,谷物出库坚持予旧留新的原则③,"若枉法留旧予新,徇情索贿等时,当自共计新旧之价,新者所高之价依做错法罪情条款承罪,所超出数当还库内,领者以库局分之从犯法判断。若受贿,则与枉法贪赃罪比较,从重者判断"。如果"前述领粮食之大人、承旨、习判、都案、案头、司吏、库监、小监、出纳等指挥徇情,令予新粮食时,与前述库局分同样判断。库局分、领者等为指挥者从犯"④。

谕文或领单已出时,仓库局分应尽快予以支付,若拖延时,"一个月以内可至局分处三番推寻。彼期间已往数次而不使领取,则当告所管事处,依延误文书法判断,当再予之限期,催促立即使领取"⑤。

因公借贷种种官物,须有上谕。若"无上谕,则当再奏之。倘若不为再奏时,求借求贷者,予之借贷者,又局分人不过问,不奏而予之时,一律徒一年"⑥。

领用种种耐用品,"完毕时当立即交还库内,不许随意置之。若迟交十日以内者,勿治罪,十日以上至二十日十杖,二十日以上至一个月十三杖,一个月以上至二个月徒六个月,二个月以上至三个月徒一年,迟交三个月以上者,一律当比偷盗罪减二等判断"⑦。

---

① 《天盛律令》卷一七《供给交还门》,第538页。

② 《天盛律令》卷一五《纳领谷派遣计量小监门》,第511—512页。

③ 《天圣令》中也有相似的记载,按照储存年头的次序,"诸仓库贮积杂物应出给者,先尽远年"。旧的仓屋、窖藏出尽,然后按顺序用新的,"诸仓屋及窖出给者,每出一屋一窖尽,然后更用以次者"(中国社会科学院历史研究所校证:《天一阁藏明钞本天圣令校证[附唐令复原研究]》[下],北京:中华书局,2006年,第280、278页)。

④ 《天盛律令》卷一五《纳领谷派遣计量小监门》,第512页。

⑤ 《天盛律令》卷一七《供给交还门》,第539页。

⑥ 《天盛律令》卷一七《供给交还门》,第537页。

⑦ 《天盛律令》卷一七《供给交还门》,第538页。

二、官物管理制度

（一）确定仓、场、库、务吏员编制

为了加强官物管理，《天盛律令》对案头、司吏、提举、小监、出纳、指挥、掌秤、掌斗、掌钥匙、拦头等仓、场、库、务吏员的配置，作出明确的规定。案头、司吏"当于诸司超数之司吏中派遣，未足，然后可依以下所定派独诱中之识文字、空闲者"[1]。其中，军杂物库、细柳库、内库、中兴府租院、织绢院等一律一案头四司吏；京师踏曲库、卖曲库、纳上杂库、茶钱库、衣服库、皮毛库、铁柄库、绫罗库、杂食库、官黑山踏曲库、卖曲库等一律一案头二司吏；罚赃库、买酥库、草库、行宫库、买羊库、地租库、转卖库、蒲苇库、大都督府租院、踏曲库、富清县租院、踏曲库等一律二司吏。

边中粮食库以所藏斛斗数派遣，五千斛以内二司吏；五千斛以上至一万斛，一案头二司吏；一万斛以上至三万斛，一案头三司吏；三万斛以上至六万斛，一案头四司吏；六万斛以上至十万斛，一案头五司吏；十万斛以上，一律一案头六司吏。

提举、小监、出纳、指挥、掌秤、掌斗、拦头的职数，也是根据仓、场、库、务的类型与规模来确定：

中兴府租院二小监、二出纳、四十拦头；

黑水等十八种卖典税院二小监、二出纳、四拦头；

灵武郡租院二小监、二出纳、一掌钥匙、二指挥、十拦头；

鸣沙军、官黑山、黑水三种踏曲库二小监、二出纳、一掌秤、一掌斗、二监库；

酥库、草库以及官黑山、鸣沙军等粮食库二小监、二出纳、二掌斗、四监军；

馆驿库二小监、四出纳、四掌斗、十监库；

酒库、买肉库、砖瓦库、木工库、造作库、纸工库、细柳库、蒲苇库、出车库等一律二小监、二出纳；

中兴府踏曲库二提举、一小监、二出纳、一掌钥匙、四掌斗、六监库；

中兴府卖曲院二小监、二出纳、一掌钥匙、四监库；

大都督府卖曲税院二小监、二出纳、一掌钥匙、十拦头；

大都督府踏曲库二提举，二头监、二出纳、一掌钥匙、二掌斗、二监库；

三司所属药钱库、纳上杂库、衣服库、赃物库、皮毛库、铁柄库、绫罗库、杂食

---

①《天盛律令》卷一七《库局分转派门》，第531页。

库、柴薪库、帐库等一提举、一都案、二掌钥匙。①

本着以薪养廉和调动管理者的积极性,《天盛律令》还规定给仓库官吏发放薪俸,其中"中兴府、大都督府等租院、踏卖曲院所有数一样:提举头监一律三百;出纳二百,掌钥匙一百;司吏、指挥、拦头等七十"②。至于禄食谷物,只保留下来条目,具体内容不得而知。

(二)健全收支账簿

《天盛律令》对仓、场、库、务的账簿也有明确的规定,诸司所属种种仓库的流水账,每月由专人整理成册,并与原始凭据细细核校,不误入虚杂,若"隐匿收入支出,不录册上时,当过问。若诸司先不录散册,不与典册凭据好好校,案中不过问,相遮掩而不告时,局分案头、司吏有官罚马一,庶人十三杖。库局分说项行贿求安,则以枉法贪赃论,予者取者等一样判断"③。还有"官物管辖处司每日所行用何有,准备所行用数,领用本人来未来及名为谁,如何用度,领用数几何,交还限期当登录。有遣买卖隐交易,亦已交未交,又依次转卖,利何所得。库内已入未入,另曰彼处置之,亦是实情,何所置处当检视,总数物色实数当明之。借领已有裂伤亡失,与有转劣,亦当明之"④。

(三)规定新旧仓库局分接交程序

地边及京师"库局分三年期满,迁转日已近,所遣新局分已明时,前宫侍、门臣僚等中当派能胜任之人,分别当往实地上,种种钱谷物何置,令交接者及新旧库等共于眼前交接,典、升册分明当行,新库局分人已敛几何当明之,与当取敛状相接,于所辖本司分明,一文典当告,往都磨勘司核校"⑤。

粮食库小监、出纳三年迁转交接从十月一日开始,对转交的粮食予以簸扬,"倘若彼粮食中已毁,不堪取扬,有尘土者,当入先执局分人之损失中,量当减之,后又不足者,当令偿之"⑥。

(四)严惩监守自盗

诸库局分人不许擅自持取、盗抽、分用或借贷种种官物,倘若违律时,罪情依下列所定判断:

其一,大小局分人将官物"随意擅自持取、饮食、分用、给予或卖与诸人,文书

---

① 《天盛律令》卷一七《库局分转派门》,第533—566页。
② 《天盛律令》卷一七《物离库门》,第558页。
③ 《天盛律令》卷一七《库局分转派门》,第528页。
④ 《天盛律令》卷一七《库局分转派门》,第529页。
⑤ 《天盛律令》卷一七《库局分转派门》,第528页。
⑥ 《天盛律令》卷一五《纳领谷派遣计量小监门》,第510页。

典册上未录,本人因私使用时,大人、承旨、监军、习判等一律比偷盗罪加二等,局分都案、案头、司吏、库局分人等当加一等,其中未知者勿治罪"。

其二,"官之诸畜、谷、钱、物、屋舍、田畴,及种种内宫物、铠甲、杂物等,所属处局分大小擅自持取甚多,犯有盗抽分用罪实大时,应处重罪。所处何罪当奏报实行"①。

（五）加强安全防范

库藏物品的安全防范首要是防盗、防潮、防水、防蛀、防火。《天盛律令》规定:贮藏放置铠甲、武器、杂物等种种官物的仓库,"当好为垫盖,下方勿使透湿,上方勿过雨水。局分处当常常视之,依时节晾晒。若不晾晒致损毁时,当计损毁几何,局分大小库局分等当共偿之"②。

该律令对粮仓的防潮、防水规定更为详细:"地边、地中纳粮食者,监军司及诸司等局分处当计之。有木料处当为库房,务需置瓦,无木料处当于干地坚实处掘窖,以火烤之,使好好干。垛囤、垫草当为密厚,顶上当撒土三尺,不使官粮食损毁。"③这种规定和宋朝如出一辙。④

《天盛律令》卷一七"沿官库燃烧失火"条全佚,具体内容不得而知,只能以一个侧面反映出对仓库防火工作的重视。

《天盛律令》关于防盗规定的重点在仓库内部,为了预防监守自盗,内宿库的钥匙"每夜晚当交纳,早晨当领取。诸府、军、郡、县,边中地方内各库之库门上钥匙,勿置库局分处,每夜由所属管事大人藏之,每早晨当使领取。此外大门上钥匙者,当置自己库主处,依时开启"⑤。这样,管事大人和库主分别执库门和大门钥匙,相互制约。如果每晚不按时交纳内宫库钥匙,或者"遗门后及门记上不置御印子而忘之等,一律徒三个月"⑥。

---

①《天盛律令》卷一七《供给交还门》,第536—537页。

②《天盛律令》卷一八《他国买卖门》,第570页。

③《天盛律令》卷一五《纳领谷派遣计量小监门》,第513页。

④《天圣令》规定,仓窖于高燥处置之,并于仓侧开渠泄水,地势高、环境干燥、远离水源的粮仓,既可以防雨,又可以避免地下水的侵蚀,即使下雨,泄水沟渠也能够迅速排水。《天圣令》载:"诸仓窖,皆于城内高燥处置之,于仓侧开渠泄水,兼种榆柳,使得成荫。若地下湿,不可为窖者,造屋贮之,皆布砖为地,仓内仍为砖场,以拟输户量覆税物。"（中国社会科学院历史研究所校证:《天一阁藏明钞本天圣令校证[附唐令复原研究]》[下],北京:中华书局,2006年,第277页。）

⑤《天盛律令》卷一七《库局分转派门》,第532页。

⑥《天盛律令》卷一二《内宫待命等头项门》,第439页。

三、督察与审计制度

(一)督察制度

所谓督察即各级主管部门对仓、场、库、务的"借领、供给、交还及偿还,催促损失"的督促检查,其法定程序为:承旨人和仓库都检校大人先仔细核校所属仓库的账目,然后"依各自本职所行用之地程远近次第,自三个月至一年一番当告中书、枢密所管事处。附属于经略者,当经经略使处依次转告。不附属于经略使处,当各自来状"。其中瓜、沙二州一年一番当告;肃州、黑水、西院、啰庞岭、官黑山、北院、卓啰、南院、年斜、石州、东院、南地中、北地中、西寿、韦州、鸣沙十六种六个月一番当告;京师界内、五州地、中兴府、山中后面、大都督府等,一律三个月一番当告。①

中书、枢密管事处接到来状后,将诸司应磨勘催促之官钱谷物分为十分,"九分纳一分未纳者,勿治罪。八分纳二分未纳徒六个月,三分未纳徒一年,四分未纳徒二年,五分未纳徒三年,六分未纳徒四年,七分未纳徒五年,八分未纳徒六年,九分未纳徒八年,十分未纳则当获十年长徒"②。主罪由大人、承旨承担,"彼人以下都案、案头、司吏等以大人、承旨之从犯法论,按任职高低,依次当减一等"③。

此外,"中兴府租院租钱及卖曲税钱等,每日之所得,每晚一番,五州地租院一个月一番,当告三司,依另列之磨勘法施行"④,不在上述中书,枢密管事处督促检查之内。

(二)离任审计

离任审计,即诸库局分三年迁转时,须磨勘其任职期间仓库收支状况和库藏物品损耗率。《天盛律令》规定:"种种库局分三年迁转,十五日以内使分析完毕,本人文书、录册、接交文字等"报送管事处。⑤"管事处监军司、府、军、郡、县、经略等依次已磨勘,来去已明时,送京师来隶属处磨勘。不隶属于经略之边中诸司地方内各住家,直接派遣来至京师管事处磨勘。"⑥京师隶属处审核后,又报送都磨勘司审核。

---

① 《天盛律令》卷一七《库局分转派门》,第529—531页。
② 《天盛律令》卷一七《库局分转派门》,第531页。
③ 《天盛律令》卷一七《库局分转派门》,第530页。
④ 《天盛律令》卷一七《库局分转派门》,第529页。
⑤ 《天盛律令》卷一七《库局分转派门》,第527页。
⑥ 《天盛律令》卷一七《物离库门》,第543页。

　　由于各地仓、场、库、务所属系统与地程远近不同,因而限定磨勘完毕的时间也不尽相同:

　　瓜、沙二州一律监军司三十日,自派出来到经略处二十日,经略处磨勘二十日,派京师途中二十日,所辖处司内磨勘三十五日,都磨勘司二十五日;

　　肃州、黑水二种一律监军司三十日,自派出至来到经略司之日十五日,经略处磨勘二十日,派京师途中十五日,京师所辖司磨勘四十日,都磨勘司三十日;

　　西院、官黑山、北院三种一律监军司四十日,派出至来到经略处十日,经略处磨勘三十日,派京师途中十日,京师所辖司磨勘三十日,都磨勘司三十日;

　　卓啰、南院、年斜、石州四种一律监军司四十日,派出至来到经略处十日,经略处磨勘三十日,派京师沿途十日,京师所辖司磨勘四十日,都磨勘司二十日;

　　北地中、东院、西寿三种一律监军司四十日,派出至来到经略处十日,经略处磨勘二十五日,派出来到京师十日,京师所辖司磨勘四十日,都磨勘司二十五日;

　　韦州、南地中二种一律监军司三十日,派出至来到经略处十日,经略处磨勘三十日,派来京师沿途十日,京师所辖司磨勘三十五日,都磨勘司三十五日;

　　鸣沙、大都督府一律本司三十五日,派出至来到经略处十日,经略处磨勘三十日,派来京师十日,京师所辖司磨勘三十五日,都磨勘司三十日;

　　灵武县、保静县、临河县、怀远县、定远县一律京师郡县四十日,派出来到所辖处十日,所辖司磨勘六十日,都磨勘司四十日。

　　"啰庞岭监军司①者,因不在经略,本处管辖种种赏物、军粮、武器、军杂物等于库局分迁转时,本处当磨勘五十日,则派往京师所管事处,沿途十五日,来到京师,所辖司磨勘五十日,都磨勘司三十五日。"②

　　为了便于库局分离任审计,《天盛律令》还规定了各种库藏物品的损耗率,如前述掌粮食库者,"一斛可耗减五升,马院予马食者簸扬,则一斛可耗减七升。米、谷二种,一斛可耗减三升"③。钱朽烂、绳索断,一缗可耗减二钱。纸大小一律百卷中可耗减十卷。陶器皿易损,百中可耗减十。种种毛绒十两中可耗减二两。种种草、蒲苇百捆中可耗减十捆。种种酥十两中可耗减二两。酒置库内供给者,一斗可耗减一升;驮运供给者,一斗可耗减二升。麻皮十斤中可耗减一斤。油酥一斛中可耗减一斗。炭十斤中可耗减二斤。卖曲库百斤曲京畿城内耗

---

　　① 啰庞岭监军司为西夏文音译,汉文意译白马强镇监军司,在《续资治通鉴长编》四库底本中改名为"娄博贝监军司",其驻地位于西夏右厢、今内蒙古自治区阿拉善左旗察汗克日木古城(邓文韬:《西夏啰庞岭监军司再考》——从四库底本〈续资治通鉴长编〉出发的考察,《西夏学》2021年第1期,第78—87页)。

　　②《天盛律令》卷一七《物离库门》,第545—547页。

　　③ 按西夏量制,十合一升,十升一斗,十斗一斛(见《西夏史论文集》,第175页),上述损耗为3%至7%。

减一斤,地边耗减一斤半。虎骨、枸杞、大黄、甘草、人参、荜豆、车前子等一百余
种中草药,一斤可耗减一至二两。[①]

①《天盛律令》卷一七《物离库门》,第547—556页。

第六章　《天盛律令》中的军事法

第一节　边防制度

　　立国190年的西夏,边防形势一直比较严峻。北有强大的契丹,东及东南为北宋(后期为大金),西及西南为回鹘、吐蕃。夏辽边境的西段为荒漠半荒漠地带,除居延地区外,很少有边防城寨。东段隔河与辽相望,沿黄河至午腊蒻山,多立城寨,屯兵戍守。夏辽经常因河外党项归属问题在这一地区发生冲突,两国之间的河曲之役也爆发在这里。[①]

　　夏宋边境,前期东起横山,西至天都山、马衔山,又东接黄河西岸的麟、府,"横山延袤千里,多马宜稼,人物劲悍善战,且有盐铁之利,夏人峙人为生,其城垒皆控险,足以守御"[②]。李元昊曾在这一地区修筑堡寨三百余处[③],作为巩固边防的前沿阵地。北宋为了制服西夏,从仁宗庆历(1041—1048年)初开始进驻横山,到徽宗宣和(1119—1125年)初前后70多年时间里,双方在这一地区爆发了上百次战争,使这一地区成为西夏边防任务最繁重的地区。

　　宋神宗熙宁年间(1068—1077年)派王韶经略熙河,数年之间,收复了熙(今甘肃省临洮县)、河(今甘肃省临夏市)、洮(今甘肃省临潭县)、岷(今甘肃省岷县)、叠(今甘肃省临潭县南)、宕(今甘肃省宕昌县)等州,幅员二千余里,受抚蕃族三十余万帐,针对西夏右厢地区建立起一道进可攻退可守的边防线,西夏对宋的防线也因此扩大到西南吐蕃居地。

　　公元12世纪初,女真迅速从白山黑水之间崛起,1115年灭辽,1127年灭北宋,原夏辽、夏宋边界变为夏金边界。13世纪初蒙古部落又从草原上崛起,西夏

---

①　杜建录:《西夏与周边民族关系》,兰州:甘肃文化出版社,2017年,第91—96页。

②　[元]脱脱等:《宋史》卷三三五《种谔传》,北京:中华书局,1977年,第10747页。

③　[宋]李焘:《续资治通鉴长编》卷一三二庆历元年五月甲戌条,北京:中华书局,2004年,第3129页。

北部又与蒙古诸部对峙。《天盛律令》的边防制度就是在这种形式下形成的。

一、防守州城堡寨①

(一)守护州郡大城

州郡大城是沿边政治、军事、经济中心,它的弃守直接关系整个国家的安危,为此《天盛律令》专列"弃守大城门",规定如果"州主、城守、通判弃城,造意等有官无官,及在城中之正副溜中无官等,一律以剑斩。其中正副溜有官者,官、职、军皆当革除,徒十二年。正首领、权检校等职、军皆革,徒六年。小首领、舍监、末驱等当革职,徒二年,有官则以官品当。其下军卒,正军十三杖,辅主、寨妇勿治罪"。可见,若弃守大城,不仅各级军事长官要处以死刑或徒刑,就是一般兵卒也要十三杖,可谓守卫大城,人人有责。

大城州主、城守、通判必须使所属正军、辅主、寨妇按时轮值,如果未能按时轮值,出现缺额时,州主、城守、通判等未贪赃受贿,则十分中缺一二分,不治罪;缺三四分,十三杖,勿革职;缺五分,当革职,十三杖;缺六分,徒三个月;缺七分,徒六个月;缺八分,徒一年;缺九分以上一律当革军职,徒二年,无官徒三年。若贪赃则加重处罚,并"据其贪量,按枉法贪赃罪法,依其重者判断。所贪赃当交官"②。

州主、城守、通判、边检校、营垒主管等受贿,逸放下属正副溜、大小军首领一至三人,十三杖,勿革职;四至七人,十三杖,当革职;八至十人,徒六个月;十人以上一律徒一年。并按"枉法贪赃罪法及不召集人罪,依其重者判断,所贪赃当交官"③。正副军溜"放逸局分大小军首领,受贿使他处在等,与州主、城守、通判等放逸大小溜首领,受贿使何处在等罪同等判断"④。

州主、城守、通判还须经常验视城防设施与武器粮饷,应配备则配备,应修治则修治。如果绳索、板门、石砲等损坏,城破不修治,垒浅不开掘,则根据情节轻重,分别处以六个月至三年徒刑。⑤

(二)防守营垒堡寨

营垒堡寨上承州郡大城,下辖边防哨卡,是西夏边防体系中一个重要的中间

---

① 元昊建立政权时,置兵戍守四境,"自河北至午腊蒻山七万人,以备契丹;河南洪州、白豹、安盐州、罗落、天都、惟精山等五万人,以备环、庆、镇戎、原州;左厢宥州路五万人,以备鄜、延、麟、府;右厢甘州路三万人,以备西蕃、回纥"([元]脱脱等:《宋史》卷四八五《夏国传上》,北京:中华书局,1977年,第13994—13995页)。这二十多万边防军队,轮番守卫着沿边州郡与营垒堡寨。

②《天盛律令》卷四《弃守大城门》,第197—198页。

③《天盛律令》卷四《弃守大城门》,第198页。

④《天盛律令》卷四《弃守大城门》,第198页。

⑤《天盛律令》卷四《修城应用门》,第219页。

环节。大率"每寨实有八百余人,马四百匹"①。在亦兵亦民的部落兵制下,为保证这些士卒井然有序地轮番,不给敌人可乘之机,西夏统治者通过法律的形式,对造成边防空虚的责任人给以严厉的处罚:边检校、营垒堡城主管等收受贿赂,枉法徇情,不令军卒、寨妇戍边,而往他处时,放一人至二十人,十杖;二十一人至四十人,十三杖;四十一人至六十人,当革职,徒三个月;六十一人至八十人,徒六个月;八十人以上至一百人,徒一年;百人以上,一律徒二年,勿革军职。"使他处往罪及量其所贪之枉法贪赃罪,依其重者判断。未贪赃知情者,当比贪赃罪减一等,勿革军职。未贪赃不知情者,一人至三十人勿治罪;三十人以上一律有官罚马一,庶人十三杖。"②

守营垒堡城大小首领、舍监、末驱等,擅离职守,不往营垒城堡军溜时,一律一日至十日十三杖,十日以上至二十日徒三个月,二十日以上至一个月徒六个月,一个月以上一律徒一年,勿革军职。日满当依旧前往,其中有官则以官当。

守营垒堡寨正军往城垒中,而寨妇③不来,"寨妇当依法受杖,勿及服劳役。属者男人因不送寨妇,打十杖。寨妇、男人等皆不来者,依法判断,寨妇勿及服劳役。已行贿则与行贿罪比,按重者判断。"④

守边境营垒军溜者,"当于所定地区聚集而住,退避或变住处时,提出退避之造意者及边检校、营垒主管、正副溜等,一律革军职,徒十二年。其下正首领、舍监、末驱等勿革军职。其中正首领徒四年,舍监、末驱等一律徒二年"。

副行统率部驻守边境,任期未满或任期已满,但其防区敌人不安定,未得局分指示擅自放弃军寨,并令所率防守军马等散去时,一律与边检校、营垒主管、州主等放弃军溜相同判断。⑤

二、边防巡逻检查

(一)选派巡防人员

这里说的巡防人员,即负责沿边巡逻放哨的检人和大小首领。《天盛律令》对他们的选派有专门的规定,任大小检人者,当依数派遣刚健之人,"当分队按期前

---

　①[宋]李焘:《续资治通鉴长编》卷四七一元祐七年三月甲午条,北京:中华书局,2004年,第11244页。
　②《天盛律令》卷四《弃守营垒城堡溜等门》,第194页。
　③寨妇,西夏文第一个字为音译,第二个字为"妇"意。寨妇为守城军卒,从事后勤保障,有时也直接参加战斗,即文献中的女兵"麻魁"。
　④《天盛律令》卷四《弃守营垒城堡溜等门》,第196页。
　⑤《天盛律令》卷四《弃守营垒城堡溜等门》,第196页。

往地段明显处住"①。

"沿边检校者应派监军习判中堪任之人。若在任司职上,及各处使用处已多派,仍未满足,则当于行监、溜首领中有谋、力大、能习军马、识禁令、勇健刚强、胜任职务之人中派遣。"

"检队提点、夜禁主管等,当于下臣官员、阁门、神策、内宿、军独诱等中堪任职者派遣。"②

(二)规定巡防任务

《天盛律令》规定沿边巡防人员的职责主要有三:一是沿边地巡逻放哨,及时发现来犯之敌,报告所属堡寨、州城及相邻哨卡,以便各哨卡、堡寨、州城做好充分的御敌准备。

二是阻止本国或邻国农牧民越过边界耕作、放牧、狩猎或住家。边境"牲畜主当在各自所定地界中牧耕、住家,不许超过。若违律往地界之外住家、牧耕,敌人入寇者来,入他人之手者,迁留、检校、边管依前述法判断。""不允迁家牲畜主越地界之外牧耕、住家。……军留、边检校、检主管等当使返回,令入地段明确处。"③

三是阻止沿边蕃部叛逃。西夏与周边的宋、辽、金都采取过招诱沿边蕃部,以瓦解和削弱对方力量的策略,因此,阻止沿边蕃部叛逃成为沿边巡防人员的重要职责。"逃跑者往逃,检人监察先知",则给予一定奖励,若未有觉察,致使逃入敌界,则根据叛逃人数,给予相应的处罚。④

(三)确定巡防制度

沿边检人"依确定地段当值"⑤,由边地巡检、队提点,夜禁主管等负责指挥。新旧检人换岗时,需履行一定的手续,若大小检人"巡检日毕,未待交接先往,新遣检人未按日来到,所管属地敌人进攻者穿越,逃避者通过",新旧检人都要给予处罚。假如"旧检人日毕,未相交接仍住任上,敌军诈盗来,先监察者,当依法得功"⑥大小检人不仅与所属首领保持密切联系,还要"与旁检人相接,互相当回

①《天盛律令》卷四《边地巡检门》,第199页。
②《天盛律令》卷四《边地巡检门》,第211—212页。
③《天盛律令》卷四《边地巡检门》,第210—211页。
④《天盛律令》卷四《边地巡检门》,第206页。
⑤《天盛律令》卷四《边地巡检门》,第207页。
⑥《天盛律令》卷四《边地巡检门》,第203页。

应"①。如果发现敌情,"当告先所属军溜及两厢接旁检人等,其相接旁检人亦当告自己营垒堡城军溜等"②。营垒堡城军溜接报后,"州主、城守、通判、边检校、营垒主管、军溜,在上正、副溜等,当速告相邻城堡营垒军溜,及邻近家主、监军司等,当相聚。"③

（四）严明赏罚

在确定巡防将士职责的同时,《天盛律令》对他们的功过赏罚也有明确的规定。功赏方面:

大小检人察觉入寇军一至十人,巡检主管赏绢一段,检人二人赏绢一段,然后依次递增,至察觉入寇敌人一千人以上,检主管一律升三官,赏七两银、杂锦一块、茶绢十五,检人赏银五两、绫一块、茶绢七。④

检队提点、夜禁主管监察指挥之功,察觉敌人一至一千人,分别赏绢一段至升一官,赏银五两、杂锦一块、茶绢七。一千人以上,一律升二官,赏银七两、杂锦一块、茶绢十。

大小检人察觉蕃人叛逃,及时报告相邻检所及所属营垒,追而不及者,不得功,亦不治罪。追回一至十人,检主管赏绢一段,检人二人茶一坨。然后依次递增,至"一千人以上,一律头监升二官,杂锦一块、银三两、茶绢三,检人茶绢五"⑤。

检队提点、夜禁主管监察指挥之功:追回一至一千人,分别赏茶一坨至杂锦一块、银三两、茶绢二。一千人以上,一律升一官,杂锦一段、银五两、茶绢三。⑥

过失处罚内容较多,归纳起来大致有以下几个方面:

其一,对检人及各级监察指挥人员疏于职守,使敌人越过边界的惩罚。

大小检人失察,使敌人从所管地段通过,而畜、人、物未落入敌手,惩罚根据放入敌人多少而定。放过一至一千人,主管处以三个月至十二年徒刑,检人处以十三杖至八年徒刑,一千人以上,一律检主管绞杀,检人徒十年。⑦

在边境之军溜、边检校、正副统麻痹大意与指挥检校不当之罪依以下所定判断。

军溜盈能之罪:一至一千人越过,处以十杖至五年徒刑,一千人以上一律徒

①《天盛律令》卷四《边地巡检门》,第203页。
②《天盛律令》卷四《边地巡检门》,第204页。
③《天盛律令》卷四《敌军寇门》,第212页。
④《天盛律令》卷四《边地巡检门》,第205—206页。
⑤《天盛律令》卷四《边地巡检门》,第206页。
⑥《天盛律令》卷四《边地巡检门》,第210页。
⑦《天盛律令》卷四《边地巡检门》,第199—200页。

六年。

边检校之罪：一至十人越过，不治罪，十一至一千人越过，处以十三杖至三年徒刑，一千人以上，一律徒五年。

副行统之罪：一至三十人越过，不治罪，三十至七十人越过，罚马一，七十至一千人越过，处以三个月至两年徒刑，一千人以上，一律徒四年。

正统之罪：一至七十人越过，不治罪，七十至一百人越过，罚马一，一百至五百人越过，徒六个月，五百至一千人越过，徒一年，一千人以上越过，一律徒三年。[1]

巡检提点、夜禁主管等擅自放弃巡防，致敌人穿过一至十人，十三杖；十至三十人，徒六个月；三十至七十人，徒一年；七十至一百人，徒二年；一百人至五百人，徒三年；五百人至一千人，徒四年；一千人以上，一律徒六年。[2]

大小检人失察，使敌人从所管地段通过，而畜、人、物落入敌手，检头监之罪，损失一缗至五千缗，处以三个月至十二年徒刑，五千缗以上，一律当绞杀。[3]检人之罪比检头监减一等，军溜盈能减二等，边检校减三等，住边副行统减四等，正统减五等[4]，可见主要责任由具体负责巡察的检头监与检人承担。

上述放敌入界与畜、人、物落入敌手罪比较，从其重者判断。[5]

其二，各级巡检人员行贿、受贿，疏于巡察，致使边防出现漏洞，则根据贪赃枉法罪与玩忽职守罪，从其重者判断。

检主管受贿放逸检人，不按规定巡防，当于住滞不出罪上加一等，并"视其贪赃量，与枉法贪赃罪等，依其重者判断"[6]。

检人向主管行贿，不往检所，"在日期内，未生住滞，则徒一年。有住滞，则有何住滞，与未有住滞、枉法贪赃等三种罪相比较，依其重者判断"[7]。

检主管贪赃放逸部分检人期间，发生敌军进寇或蕃人叛逃，"检主管之罪当计赃量，按贪赃枉法罪，及有何住滞罪等，依其重者判断"[8]。

其三，对大小检人失于监察，致使蕃部越界叛逃的处罚。

检队提点、夜禁主管失于监察，蕃人叛逃一至三十人不治罪，三十至七十人，

---

① 《天盛律令》卷四《敌军寇门》，第214—215页。
② 《天盛律令》卷四《边地巡检门》，第208页。
③ 《天盛律令》卷四《边地巡检门》，第201页。
④ 《天盛律令》卷四《边地巡检门》，第200页。
⑤ 《天盛律令》卷四《边地巡检门》，第200页。
⑥ 《天盛律令》卷四《边地巡检门》，第202页。
⑦ 《天盛律令》卷四《边地巡检门》，第202页。
⑧ 《天盛律令》卷四《边地巡检门》，第202页。

十三杖;七十人至一百人,徒六个月;一百至五百人,徒一年;五百至一千人,徒二年;一千人以上,一律徒四年。①

大小检人失于监察,使叛逃者逃入敌界,与敌人进入,畜、人、物未入手,依人数承罪法比较,检主管、检人等减二等,管事军溜、盈能、边检校、正副统等各依次减一等判断。如果叛逃中有在位大人,"应比前有罪增加多少,依时节奏报实行"②。

追击叛逃蕃人或入寇敌兵时,力能大胜而小胜,能小胜而失败者,将给予一定的惩罚。其中追击对象十人以内,力能全胜而小胜,大主管有官罚马一,庶人十三杖;若失败使叛逃者或入寇敌军越界,则徒三个月。追击对象十人以上,则被追击者按十分计,若"五分入手,五分穿过者,功罪相抵;四分入手,六分穿过者,徒六个月;七分穿过,徒一年;八分穿过,徒二年;九分穿过,徒三年;十分皆穿过,则徒四年。小主管当比大主管罪减一等,其下军士勿治罪。"③

边检校、营垒主管等接到敌兵入寇或蕃部叛逃的报告,不积极发兵追斗者,徒五年;军卒接报后不追者徒一年。如果地程太远,或因人甚少,确实不敌他人,则不治罪。正副统接报后,则根据情况,本人应追则追,不应追则遣他人追,如果应遣人不遣,或应追不追时,正统徒一年,副统徒二年。④

其四,对大小检人失于监察,使边境农牧民越界耕种、放牧、狩猎或居住时的处罚。

沿边农牧人越地界之外耕牧、住家时,军溜、边检校、检主等当令还回,"若边检校等知见不令还回,超越地界,入他人手时,与先前敌盗寇者来,检人失察,畜物入于他人手,计物量罪状相同。不入他人手,无住滞,则边管、检校等按迁全部人不禁制法判断"⑤。

除与周边临国互相差派外,禁止西番、回鹘、鞑靼、女真等国猎人入界狩猎,若不禁止,"守更口者中检主管徒六个月,检人徒三个月。将佐、首领有官降一官,罚马一,无官十三杖,罚马二。管事边检校降二官,罚马三。刺史因未检察,罚马二。正、副统等在边境任职,则副行统降一官,罚马二。正统曾说地界勿通防线,管事人已行指挥,则勿治罪,未行指挥则当降一官,罚马一。若正、副统归京师,边事、军马头项交付监军司,则监军、习判承罪顺序:习判按副行统、监军按

---

① 《天盛律令》卷四《边地巡检门》,第209页。
② 《天盛律令》卷四《边地巡检门》,第201页。
③ 《天盛律令》卷四《敌军寇门》,第213页。
④ 《天盛律令》卷四《敌军寇门》,第216页。
⑤ 《天盛律令》卷四《边地巡检门》,第211页。

正统法判断"①。《天盛律令》规定猎人入界狩猎,一般检人到头监、将佐、检校、刺史、监军、习判、副统、正统都要承担相应的法律责任,可见统治者之重视。

其五,大小检人玩忽职守,不按规定交接、报告或处理边防事务,也将受到法律的制裁。

新旧检人不按规定交接换防,旧检人巡逻结束,未有交接先离去,新检人没有按期接防,以致敌寇或叛逃者通过,新旧检人均受到惩处,其中"旧检人当比新检人减一等"②。

与旁检相接地检人已派,当告局分处,令旁检人与之接应,若不告局分处,旁检人没有回应,无住滞则检主管有官罚马一,庶人十三杖,有住滞即敌寇与叛逃蕃人通过,则要给予严惩。③

大小检人发现敌寇,只告知自己所属军溜,而"未告两上相接旁巡检",若敌寇于接旁检地通过时,将受到一定的惩处。如果已派遣,但"告知者未往,传语中断,有住滞者,其告知者□当依检主管失察法承罪。检主管勿治罪"④。

大小检人发现敌寇,已告知所属营垒军溜城堡及相接旁检所,后发现敌情变化,但没有再派人报告,检主管十三杖,检人勿治罪,"其中已派告者而未往者,依前法十三杖,主管勿治罪"⑤。

大小检人发现敌寇,派人报告接旁检人,接旁检人却不接续报告,以致传语中断,敌寇从所属地穿过,接旁检人当以所穿越多少承罪。如果敌寇没有从所属地穿过,但"相接旁检来告,因知未回报告,检主管徒六个月,检人徒三个月"⑥。

沿边堡城营垒军溜接到敌寇情报,州主、城守、通判、边检校、营垒主管、军溜、在上正副溜等,当速告相邻城堡营垒军溜及邻近家主、监军司等。若不报告,或"已派报告者而不往,传话中断,敌人、盗贼攻入,畜、人入他人手者,依攻入多少,边检校、营垒主管、州主、溜正等,及报告语中断者,与检主管失察及与城守、通判、副将佐等对检人失察等罪相同判断。其中已派遣报者,传话中断时,州主、城守、通判、边检校、营垒主管、将佐等勿治罪"⑦。

西夏严密的边防巡逻检查制度,在宋人记载中也有反映。泾州总管黄绶"尝

---

① 《天盛律令》卷四《边地巡检门》,第211页。
② 《天盛律令》卷四《边地巡检门》,第203页。
③ 《天盛律令》卷四《边地巡检门》,第203页。
④ 《天盛律令》卷四《边地巡检门》,第204页。
⑤ 《天盛律令》卷四《边地巡检门》,第204页。
⑥ 《天盛律令》卷四《边地巡检门》,第205页。
⑦ 《天盛律令》卷四《敌军寇门》,第212页。

夜雪临边,顾有马迹,使逐得之,乃夏之逻人,当四更者,夏人逐更而巡,中国之备不及也。"①

第二节　兵役与发兵集校制度

一、军抄组合与兵役登记

(一)军抄组合

"抄"是西夏最小的军事单位,《宋史·夏国传》曰:"其民一家号一帐,男年登十五为丁,率二丁取正军一人。每负赡一人为一抄。负赡者,随军杂役也。四丁为两抄,余号空丁。愿隶正军者,得射他丁为负赡,无则许射正军之疲弱者为之。故壮者皆习战斗,而得正军为多。"《天盛律令》卷六《抄分合除籍门》对"抄"的组合有着详细的规定。

诸种军待命、独诱八丁以上分抄,"其中有余,则当留旧抄组;若旧正军自愿,亦可随新抄后。族式八丁以下现有六七丁者,正军自愿,亦许分抄。其中案头、司吏者,族式有四丁以上者,正军乐许,亦二丁当合分抄。其有余丁,则亦当留旧抄,旧正军自愿,则随新抄法当与前述军卒分抄法同"②。可见由于情况不同,法律规定可以四丁为一抄,也可以三丁或二丁为一抄,与《宋史·夏国传》所载二丁一抄略异。

"军卒一种孤人,正军本处自愿,当允许二人结合为一抄,何勇健者当为正军。不允比其人数超出,及使非自愿结合为抄"③,若违律,使不自愿者组合成抄,首领、局分人徒一年,若超出人数组合成抄,徒二年。

(二)长子袭抄

与党项家族嫡长子继承制相一致,西夏的军抄也由长门继承。大小臣僚、诸种待命、军卒、独诱中的正军若死老病弱时,当由其长子继抄。若袭抄的正军(长子)年幼,将由辅主代为正军,"待彼长成,则本人当职掌"。如果"案头、司吏之儿子长门不识文字,则当以本抄中幼门节亲通晓文字者承袭案头、司吏抄官。若违律应袭抄官而不使袭抄官时,则袭者、命袭者有官罚马一,庶人十三杖。其应袭

---

① [宋]陈师道:《后山谈丛》卷四,四库影印本1037—92。
②《天盛律令》卷六《抄分合除籍门》,第259页。
③《天盛律令》卷六《抄分合除籍门》,第261页。

抄者袭抄"①。

此外,内宿、后卫、神策、内宫侍、臣僚、稗官、巫、阴阳、医者等待命者革职时,"可遣同姓五服最近亲为继。若无,则遣同姓辅主或不同姓辅主谁最勇健强悍者为继抄"②。

(三)兵役登记

西夏实行亦兵亦民的部落兵制,法律规定男子"年十五当及丁,年至七十入老人中"③。为了保证兵源,男孩从十岁开始就要登记注册,"若违律,年及十至十四不注册隐瞒时,隐者正军隐一至三人者,徒三个月;三至五人者,徒六个月;六至九人者,徒一年;十人以上一律徒二年。首领、主簿等知情,则当比正军罪减一等,不知情者不治罪"。

若及丁即年十五以上隐瞒不注册时,正军隐一至二人,徒四年;三至五人,徒五年;六至九人,徒六年;十人以上一律徒八年。"及丁籍册上犹著年幼者,当比丁壮不注册罪减一等。彼二种首领、主簿知晓隐言者,则当比正军罪减一等,不知情者不治罪。"④

上述种种隐瞒不注册时,许人举告,其中举发一至二人赏二十缗,三至五人三十缗,六至九人四十缗,十人以上一律五十缗。"年幼者应注册不注册及年已及丁虚报幼小者,举发赏则依上述人丁不于籍上注册隐瞒举告赏给二分之一,一律由隐者正军给予。"正军不能予者,当由知情主簿,首领给予。

诸人所属使军也应登记注册,若及丁后隐瞒不注册,隐一至五人徒六个月,六至十人徒一年,十人以上一律徒二年,举告赏按一至五人五缗,六至十人十缗,十人以上一律十五缗,由头监给予。其中"新生子男应注册不注册,及丁而诈为幼小者,比使军壮丁不注册院籍各种罪状之告赏当各减一等。"⑤

(四)病弱免役

《天盛律令》规定老弱残疾免服兵役,但必须履行严格的手续,"诸人丁壮目盲、耳聋、躄挛、病弱等者,本人当于大人面前验校。医人当看检,是实,则可使请只关、担保者,应入转弱中"⑥。诸人如果逃避兵役,"以壮丁入转老弱,亦按人数多少、年岁长幼,比及丁不注册隐瞒之正军、首领、主簿知闻之罪状当依次各加一

---

① 《天盛律令》卷六《抄分合除籍门》,第261页。
② 《天盛律令》卷六《抄分合除籍门》,第260页。
③ 《天盛律令》卷六《抄分合除籍门》,第262页。
④ 《天盛律令》卷六《抄分合除籍门》,第262页。
⑤ 《天盛律令》卷六《抄分合除籍门》,第264页。
⑥ 《天盛律令》卷六《抄分合除籍门》,第262页。

等"。还有"诸人现在,而入死者注销,及丁则当绞杀,未及丁则依钱量按偷盗法判断"①。

（五）军籍磨勘

所谓军籍磨勘,包括两方面内容,一是各部门或系统在一定的期限内自行勘验所属丁壮名册,使之准确无误;二是在自行勘验的基础上,按照"畿内三月一日,中地四月一日,边境六月一日等三种日期",上报中央磨勘。②如果地方监军司行动迟缓,没能在规定期限内上报,延误一至五日勿治罪,五日以上至一个月,监军、习判各罚马一,都案罚钱七缗;一个月以上,监军、习判各降一官,并罚一马,都案罚一马。③此外,《天盛律令》还规定,群牧司、农田司、功德司三司所属人马注销时,"当经由所属司,每隔三月报送殿前司一次,其中不按时报送延误者,其大小局分人等有住滞,则依迟误文书罪判断"④。如果无死亡、减员或新增军丁等,则在军籍上注明"无注销"⑤。

二、种落兵制

（一）兵溜分合重组

《续资治通鉴长编》卷一三二载,"西贼首领各将种落之兵,谓之一溜,少长服习,盖如臂之使指",最小的溜大致只有数十抄,且人数达到六十抄以上,"掌军首领可与成年儿孙共议,依自愿分拨同姓类三十抄给予。若违律分与外姓类及不足六十抄而分时,则据转院法判断,当回归原军"⑥。

掌军首领所统者势单力薄,不能单独成溜时,则"按部溜盈能相同顺序,允许自愿结合为'班'"⑦,即在同部类中合并重组,以维护种落兵制。

（二）盈能、副溜、行监、舍监的任命与派遣

"盈能、副溜有应派遣时,监军司大人应亲自按所属同院溜顺序,于各首领处遴选。当派遣先后战斗有名、勇健有殊功、能行军规命令、人□□□折服、无非议

---

①《天盛律令》卷六《抄分合除籍门》,第262页。
②《天盛律令》卷六《纳军籍磨勘门》规定:纳籍时先造册,册上用印。黑水城出土的军籍文书就有印,可以和法律文献相互印证。
③《天盛律令》卷六《纳军籍磨勘门》,第255—256页。
④《天盛律令》卷六《抄分合除籍门》,第263页。
⑤ 俄藏Инв.No.4197天庆申年七年（1200年）、Инв.No.4196应天丙寅元年军籍文书标明"无注销,已定"等字样（史金波:《西夏文军籍文书考略——以俄藏黑水城出土军籍文书为例》,《中国史研究》2012年第4期,第146、169页）。
⑥《天盛律令》卷六《行监溜首领舍监等派遣门》,第265页。
⑦《天盛律令》卷六《行监溜首领舍监等派遣门》,第265页。

者。"人选确定后,刺史、正副将、经略等"依次当告奏枢密,方可派遣。若大小局分人等应告改而不告改,或不应告改派遣而告改派遣,则局分人徒二年,共事案头徒一年,都案徒六个月,诸大人罚马一。受贿则与贪赃枉法罪比较,依其重者判断"①。

步马行监缺额时,当于本院队溜上"派战斗有名、勇健强悍、有殊功、众皆折服、无非议者"。"所属首领、族父同意,自有二十抄者可设小首领一人,十抄可设舍监一人。彼勇健强悍堪任者亦可擢为首领、盈能等。"②

盈能、副溜、行监等首领在同院溜中选派,小首领与舍监的任命要族父同意,显然与种落兵制有密不可分的关系。

(三)投诚人员安置

敌界投诚部族,"若统摄十抄以上,则当为所统摄军首领。若十抄以下,及我方人叛逃往敌界复归来投,统摄来归者则不得为首领,可置于旧有首领属下。其中人有麻力海来投,言语及义、立大功者,则应是否遣为首领,届时视人状、功阶,依时节奏议实行"③。

三、点集制度

《宋史·夏国传》在论述西夏兵制时指出:"每有事于西,则自东点集而西;于东,则自西点集而东;中路则东西皆集。"《天盛律令》卷六《发兵集校门》对这种点集制度及违令惩罚作了明确的规定。

(一)点集迟到

保证准时集合是点集法的最根本目的,由于《发兵集校门》前半部残缺,我们只能看到"末驱、小首领、舍监点集迟到一至五天徒一年;五天以上一律革职、军,徒二年;未能赶上参战或根本没来报到,一律革职、军,徒三年。两度不至者,皆革职军,徒六年;三度不至者,皆革职、军,徒十二年"。头监比舍监、末驱点集迟到之罪状当减一等判断。

军卒在点校结束后迟到一天,十三杖;迟到五天,但赶上战斗,徒六个月;没能赶上战斗或干脆不到者,一律徒六年;"两度不往,徒十年;三度不往者,无期徒刑。"④

---

① 《天盛律令》卷六《行监溜首领舍监等派遣门》,第265—266页。
② 《天盛律令》卷六《行监溜首领舍监等派遣门》,第266—267页。
③ 《天盛律令》卷六《行监溜首领舍监等派遣门》,第267页。
④ 《天盛律令》卷六《发兵集校门》,第244页。

（二）擅留或遗弃官马、坚甲

发兵时大小首领、正军、辅主一律按律令携官马、坚甲，以备战斗。若大小首领擅自准许正军、辅主将官马、坚甲留在家中，或正军、辅主将官马、坚甲弃之沟壑，"未受贿，弃一种至三种，徒一年；三种以上至七种，徒二年；七种以上至十种，徒三年；十种以上至十三种，徒四年；十三种以上至十五种，徒五年；十五种以上至十七种，徒六年；十七种以上至二十种，徒十二年；二十种以上一律当绞杀。其中受贿者当以贪赃枉法论，视其重者判断"。许人举告，被举者若革军、职，则由举者代替，"若不当革军、职或无、军，则当赏举报者，徒一年赏十缗，二年者二十缗，三年者三十缗，四年者四十缗，五年者五十缗，六年者六十缗，三种长期、无期八十缗，死刑者一百缗。所赏由首领及擅留者支给。使军举告他人则当依边等法受赏"①。

（三）擅放军卒

行军时大小首领徇情枉法，擅自放纵应召军卒使其滞留在家，经查核实后，将受到严厉惩处。其中"纵一人徒三年，二人徒四年，三人徒五年，四人徒六年，五人徒八年，六人徒十年，七人徒十二年。纵八九人者无期徒刑，纵十人以上者一律当绞杀"②。

（四）擅自离队

大小首领，军卒在没有正式接到解散军队命令前，不得擅自离队，若违律将受到严惩。其中正副将、大小军首领在信使持解散军队令牌到来之前离队，一律徒八年；信使持散军令牌已到，但没有正式宣布，提前一二天离队徒三个月；三四天徒六个月；五天徒一年；五天以上与军头外逃一样判断。军卒在解散令牌使节没来前离队，"依出师全未往法判断，执牌到来闻退师语至，而不待指挥先行者，军卒不论先行时日长短，一概徒六个月"③。

（五）中断军令

"比邻各首领发大小军头字④来时，当依次相传告，若不相传告，使传语中断时，则中断传告者罪应按所告人迟误时日多寡，以及完全未告，有何住滞相同判

① 《天盛律令》卷六《发兵集校门》，第244—246页。
② 《天盛律令》卷六《发兵集校门》，第245页。
③ 《天盛律令》卷六《发兵集校门》，第246页。
④ 军头字，西夏文当译为"军头子"，即大小军首领颁发之帖。除了军头子，《天盛律令》中还有捕畜头子、圣旨头子、官敕头子等四种。西夏南边榷场使文书中有"安排官头子"的汉文记载。头子是一种官方文书，用途广泛，有捕畜、传唤、赐官、告谕、引送、捕逃、收葬、告奏、派遣、交纳等十余种，与宋朝头子制度有渊源关系（张笑峰：《西夏〈天盛律令〉中的头子考》，《宁夏师范学院学报》[社会科学版]2016年第2期，第88—91页）。

断。所告人不治罪。"①

第三节　战具配备与管理规定

一、战具配备

(一)明确配备范围

《天盛律令》规定,配备武器、战时出征者有臣僚、下臣、农人、牧人、各种匠、主簿、使人、真独诱、艺人行童、前宫内侍、阎门、杂院子、刻字、掌御旗、帐下内侍、出车、医人、向导、渠主、商人、回鹘通译、黑检主、船主、井匠、朝殿侍卫、占算、更夫、官巫、织褐、驮御柴、宗庙监、烧炭、宫监、卷帘者、测城、主飞禽、御车主、牵骆驼、相君、修城黑汉人、钱监院、织绢院、马侍、御院子、殿使、厨师、主传桌、帐侍卫者、门楼主、御仆役房勾管、案头司吏、采金、司监院子、种麻院子、养细狗、番汉乐人、内官、采药、马背戏、马院、归义军院黑汉人、种染青、主杂物库、使军,等等。②

上述可见,战具发放包括会各个层面,既有各级官员,大小首领,又有农牧民、手工工匠以及具有农奴或奴隶身份的使军,反映出西夏全民皆兵制的特点。

(二)规定发放标准

由于军队的种类与任务不同,因此,法定配备的装备也不尽相同。

1. 各种独诱(俄译本为"特差")

正军:官马、甲、披、弓一、箭三十、枪一、剑一、长矛杖一、全套拨子手扣③。

正辅主:弓一、箭二十、长矛杖一、全套拨子手扣。

负担:弓一、箭二十、剑一、长矛杖一。以上全供给,另"若发弓箭,则拨子手扣亦当供给"④。

2. 牧主

正军:官马、弓一、箭六十、箭袋、枪一、剑一、囊⑤一、弦一、长矛杖一、拨子手

---

① 《天盛律令》卷六《发兵集校门》,第246页。
② 《天盛律令》卷五《军持兵器供给门》,第224页。
③ 全套拨子手扣是绑在手、臂上的用于射箭的全套工具,包括扳指和臂鞲。扳指佩戴在勾弦的手指之上,保护手指在拉动、扣住弓弦时不被拉伤,也可以防止手指在放箭时被急速回抽的弓弦擦伤。臂鞲佩戴在持弓的手臂上,用于束缚宽松的衣袖,以便于射箭,或保护手臂不被放出的箭擦伤。(尤桦:《〈天盛律令〉武器装备条文整理研究》,上海:上海古籍出版社,2019年,第198页。)
④ 《天盛律令》卷五《军持兵器供给门》,第224页。
⑤ 囊,为浑脱,用整张剥下的动物皮制成的革囊或者皮袋,可用于渡水,单兵作战可作为浮囊,几个浑脱连在一起,可以作为筏子,承载更多兵卒渡河作战,浑脱也可以装水,在城堡防守中起到消防灭火的作用。

扣一。

正辅主：弓一、箭二十、长矛杖一、拨子手扣一。

负担：弓一、箭二十、长矛杖一、拨子手扣一。

3. 农主

正军：官马、剑一、弓一、箭三十、枪一、囊一、拨子手扣一、弦一、长矛杖一。

正辅主：弓一、箭二十、拨子手扣一、长矛杖一。

负担：同正辅主。

4. 使军

正军：官马、弓一、箭三十、枪一、剑一、长矛杖一、拨子手扣一。

正辅主：箭二十、弓一、剑一"一样点校一种，如校弓箭，则应供给拨子手扣全。"

负担：同正辅主。

5. 大小臣僚

正军：官马、披①、甲、弓一、枪一、剑一、拨子手扣、宽五寸革一。箭依官爵高低确定，"十乘"至"胜监"，箭五十；"暗监"至"戏监"，箭一百；"头主"至"柱趣"，箭一百五十；"语抵"至"真舍"，箭二百；"调伏"至"拒邪"，箭三百；"涨围"至"盛习"，箭四百；"茂寻"以上一律箭五百。

正辅主：与独诱正辅主同。

负担：与独诱辅担同。

6. 帐门后宿

正军：官马、披、甲、弓一、箭一百、箭袋、银剑一、圆头木橹②一、拨子手扣一、五寸叉一、囊一、弦一、凿斧头二、长矛杖一。

正辅主：弓一、箭六十、后毡木橹③一、拨子手扣一、长矛杖一。

负担：弓一、箭二十、拨子手扣一、长矛杖一。

7. 内宿后卫

正军：官马、披、甲、弓一、箭一百、箭袋、枪一、剑一、圆头木橹一、长矛杖一、

---

① "披"是马具，包括：河，保护马的身体躯干；颈，保护马颈；背，保护马的前胸；喉，保护马的喉咙；尾，保护尾部的搭后；盖，保护马的头部。西夏文军籍文书中"披"增加了马头套，驾驭马的马首挽具。(尤桦：《〈天盛律令〉武器装备条文整理研究》，上海：上海古籍出版社，2019年，第217—218页。)

② 圆头木橹，即盾牌。敦煌莫高窟第409窟中有西夏壁画《西夏皇帝供养像》，画中皇帝身后有侍从8人，分别为皇帝张伞盖、执扇、捧弓箭、举宝剑、执金瓜、背盾牌。待从着圆领窄袖袍，腰束带。前后各有一个侍从背着圆形盾牌。(汤晓芳：《西夏艺术》，银川：宁夏人民出版社，2003年，第8页。)

③ 后毡木橹，也叫作毡盾，西夏的盾牌多为木质，有的在上面还蒙以毡、皮，增强盾牌的防护效果和坚固性。西夏曾经大举进攻宋朝震威城，久攻不下，"其酉悟儿思齐介胄来，以毡盾自蔽"。([元]脱脱等：《宋史》卷四四六《朱昭传》，北京：中华书局，1977年，第13170页。)

拨子手扣一、五寸叉一、弦一、囊一、凿斧头二、铁笰篱一。

正辅主：弓一、箭六十、后毡木橹一、长矛杖一、拨子手扣一。

负担：弓一、箭二十、长矛杖一、拨子手扣一。

8. 神策内外侍

正军：官马、披、甲、弓一、箭五十、箭袋、枪一、剑一、圆头木橹一、拨子手扣一、宽五寸革一、弦一、囊一、凿斧头一、长矛杖一。

正辅主：弓一、箭三十、后毡木橹一、拨子手扣一、长矛杖一。

负担：长矛杖一。

9. 大小首领

"正首领不论有官无官，一律箭一百五十枝，小首领、舍监、末驱等当依军卒法办。"①

上述可见，只有正军才配备官马，其中独诱、臣僚、帐门后宿、内宿后卫、神策内外侍配备甲胄。牧、农主的披、甲、马原则上由个人自备，"以五十只羊、五条牛计量，实有则当烙印一马。有百只羊、十条牛则当寻马一及披、甲之一种，有二百只羊、十条牛者，则当由私寻披、甲、马三种，当在册上注册"②。使军的"披、甲、马三种，畜当按等级搜寻，披、甲二种毋须注册，按牧农主法当著于列队溜上，有损失无力偿修则不偿，但官马应作记号，永久注册"③。

牧农主、使军以外的军马，主要来源于国有牧场与有官人犯罪时缴纳的罚马。"诸人有受罚马者，当交所属司，隶属于经略者当告经略处。经略使当行所属司，军卒无马者当令申领，于殿前司导送，册上当著为正编。若军卒无马者不申领，则当就近送于官之牧场，群牧司当行之，牧册上当著。"④兵器甲胄主要由官府作坊锻造，元昊建立政权后就在夏州东设铁冶务，《天盛律令》卷一七《物离库门》规定：官营冶铁作坊打制黑铁、刀、剑、枪下刃、金木护胸等兵器，"一斤耗减十一两"。

《宋史》卷四八六《夏国传下》只载给正军配装备⑤，而《天盛律令》规定正军之外，还给辅主、负担配发战具。正军既是最主要的战斗员，又是"抄"长，辅主为后备军，与正军、负担同在抄内，共同组成最基层的军事单位。

---

① 《天盛律令》卷五《军持兵器供给门》，第223—228页。

② 《天盛律令》卷五《季校门》，第237页。

③ 《天盛律令》卷五《军持兵器供给门》，第225—226页。

④ 《天盛律令》卷二〇《罪则不同门》，第602页。

⑤ 《宋史》卷四八六《夏国传下》载："凡正军给长生马驼各一。团练使以上，帐一、弓一、箭五百、马一、橐驼五，旗、鼓、枪、剑、棍棓、粆袋、披毡、浑脱、背索、锹钁、斤斧、箭牌、铁爪篱各一。刺史以下，无帐无旗鼓，人各橐驼一、箭三百、幕梁一。兵三人同一幕梁。幕梁，织毛为幕，而以木架。"（北京：中华书局，1977年，第14028页。）

（三）确定兵器规格

"披、甲、袋，应以毡加褐布、革、兽皮等为之"；枪，"杆部一共长十一尺，务求一律"①。

甲，"胸五，头宽八寸，长一尺四寸；背七，头宽一尺一寸半，长一尺九寸；尾三，长一尺，下宽一尺四寸，头宽一尺一寸；胁四，宽八寸；裾六，长一尺五寸，下宽二尺四寸半，头宽一尺七寸；臂十四，前手口宽八寸，头宽一尺二寸，长二尺四寸；□目下四，长八寸，口宽一尺三寸；腰带约长三尺七寸"。

披，"河六，长一尺八寸，下宽三尺九寸；颈五，长一尺五寸；头宽一尺七寸，下宽九寸；背三，长九寸，下宽一尺七寸；喉二，长宽同六寸；末尾十，长二尺八寸，下宽二尺九，头宽一尺七寸；盖二，长七寸，下宽一尺，头宽八寸"②。

二、季校审验

《天盛律令》卷五《季校门》，为官马、兵器审验方面的法律规定，包括季校的时间，校验官员的派遣，校验程序以及各种违法行为的处罚。

（一）确定季校审验时间

《季校门》第一条规定，"全国中诸父子官马、坚甲、杂物、武器季校之法：应于每年十月一日临近时，应不应季校，应由殿前司大人表示同意、奏报。当视天丰国稔时，应派季校者，则当行文经略司所属者，当由经略大人按其处司所属次序，派遣堪胜任人使为季校队将，校毕时分别遣归，典册当送殿前司。非系属经略司者，当由殿前司自派遣能胜任人，一齐于十月一日进行季校"。如果天旱岁饥，不进行大规模季校审验，而由行监、溜首领进行"小校"，"但连续三年必行季校"③。

（二）处罚战具短缺人员

季校审验中，诸溜盈能、大小军头监、末驱、舍监、军卒等披、甲、马及其他兵器短缺不全时，将依法承罪。

正军：披、甲、马三种有一种不备，十三杖；二种不备，十五杖；三种皆不备，十七杖。箭袋、弓、箭、枪、剑五种缺一二，八杖；缺三，十杖。"上述坚甲、杂物等均检验合格，但弓、弦、皮囊、铁爪篱、砍斧等有一二种不备，则笞十，在其数以上不备，一律笞二十"④。

①《天盛律令》卷五《军持兵器供给门》，第228—229页。
②《天盛律令》卷五《军持兵器供给门》，第229—230页。
③《天盛律令》卷五《季校门》，第231页。
④《天盛律令》卷五《季校门》，第231页。

辅主：弓、箭、木櫓一二种不备，八杖；全不备则十杖。

负担：弓、箭、矛杖、锹钁一二种不备笞十五；三四种不备笞二十。

兵卒武器装备短缺时，大小首领、末驱还要承担领导责任。其中披、甲、马缺三分以内者，不治罪；缺四、五分，十三杖；缺六、七分，徒六个月；缺八九分，徒一年；十分全缺则十三杖，官、职、军皆当革。无官则当徒二年，“再令其于限期内偿修，务使全备”。

大小军事首领所属军卒披、甲、马不缺，而箭袋、弓、箭、枪、剑、木櫓、锹、矛杖等缺时，一百种里面缺二十五种，不治罪；二十五种以上至五十种不备，七杖；五十种以上至七十五种不备，十杖；七十五种以上至百种不备，十三杖。百种以上至千种中，二百五十种不备，不治罪；二百五十种以上至五百种不备，七杖；五百种以上至七百五十种不备，十杖；七百五十种以上至千种以不备，十三杖；逾千种以上不备，一律徒三个月。①

（三）补偿短缺战具

披、甲、马及种种杂物、武器或损毁，或式样不合格，或官马羸弱，正军、辅主等当事人除依法承罪外，还要限以时日，令其补偿。如披、甲、马三种中，“一种当给五十日，二种当给七十日，三种以上一律当给百日，务使偿修齐备”②。补偿官马，“一律当印从驹至有齿之良马。膘弱、塌脊者，齿不合格及老马等不得印验。若违律者，有官罚马一，庶人十三杖”③。

假若兵卒有能力补偿而未使补偿，首领将负法律责任，其中披、甲、马十分中一二分未补偿者，徒六个月；三四分未补偿者，徒一年；五六分未补偿者，徒二年；七八分未补偿者，徒三年；八分以上未补偿者，一律当革官、职、军，无官者徒三年。许人告赏，“所告军首领应获月徒刑，当赏告者五十缗；应徒一年时，当赏二十缗；应徒二年时，当赏三十缗，应徒三年时，当赏五十缗；应革职、军时，当赏七十缗。其赏金应按高低由获罪行监、大小溜首领、舍监、末驱等出给”④。

其他兵器能偿而未偿，其首领之罪依以下所定：

百种以内者：一律十分中有二分未补偿者不治罪；三四分未补偿者，七杖；五六分未补偿者，十杖；七八分未补偿者，十三杖；八分以上未补偿者，一律徒三个月。

百种当补偿者：十分中二分未补偿者，不治罪；三四分未补偿者，十三杖；五

---

① 《天盛律令》卷五《季校门》，第231—232页。
② 《天盛律令》卷五《季校门》，第236页。
③ 《天盛律令》卷五《季校门》，第238页。
④ 《天盛律令》卷五《季校门》，第234页。

六分未补偿者,徒三个月;七八分未补偿者,徒六个月;逾八分以上未补偿者,一律徒一年。

百种以上至二百种当补偿者:十分中二分未补偿者,不治罪;三四分未补偿者,徒三个月;五六分未补偿者,徒六个月;七八分未偿者,徒一年;八分以上未补偿者,一律徒二年。

二百种以上至三百种当补偿者:十分中二分未补偿者,不治罪;三四分未补偿,徒六个月;五六分未补偿,徒一年;七八分未补偿,徒二年;八分以上未补偿者,一律徒三年。

三百种以上杂物、武器当补偿者:十分中二分未补偿,不治罪;三四分未补偿者,徒一年;五六分未补偿者,徒二年;七八分未补偿者,徒三年;八分以上全未补偿者,不论官多寡,一律当革职军。①

（四）防止弄虚作假

其一,不允被校者相互索借,应付检验。季校过程中,经常出现大小首领、各类兵卒之间相互索借官马、坚甲、杂物、武器,以应付审验,蒙混过关。为此《律令》专门规定:"军首领、军卒等所有官马、坚甲、杂物、武器应依《律令》使数足、全备,官校者已行时,不允互为借索,违律借索时,应互相举发。披、甲、马三种悉借及借索一二种者,一律借者、索借者同罪,徒六个月,举告赏各自当出十五缗钱给予。其杂物、武器中箭袋一副及弓、箭、枪、剑、木橹、锹、矛杖等八种有互借者,则借者、索借者一律徒三个月,举告赏各自当出七缗钱给予。大小军首领、末驱、舍监等知索借者十三杖,不知者不治罪。"②

还有若以私马充当官马校验,则"当罚私马为官马"。如果送验者注册官马死损,"当以此私马代补偿,徒三个月",若送验者注册官马现在,而是因为羸弱以强壮私马代验,"则所验马当由另外无马军卒请领,当于校状上注册给予"③。

其二,严惩校畜官吏贪赃枉法,假冒虚报。"军卒中正军、辅主之官马、坚甲、杂物、武器等实无,及虽有但弱劣,式样不合",而校验官吏放过虚杂,审验过关。若受贿,则以贪赃枉法罪与放入虚杂罪比较,从其重者判断。其中官马、披、甲等三种实无,而假有其数著籍者,虚报一二种,徒六个月;三四种,徒一年;五六种,徒二年;七八种,则有职、军者革职、军,徒二年,无军、职者徒三年;九种至十种,徒四年;十一种至十二种,徒五年;十三种至十五种,徒六年;十五种以上至二十

① 《天盛律令》卷五《季校门》,第235—236页。
② 《天盛律令》卷五《季校门》,第233页。
③ 《天盛律令》卷五《季校门》,第238页。

种,徒十二年;二十种以上一律绞杀。其中不知情者不治罪,有官者可以官当。

箭袋、弓、箭、枪、剑、木橹、革、囊、弓弦、矛杖、砍斧、铁蒺藜、锹镢、披、甲、缚袋等各种杂物,虚报一种至十种,十杖;十种以上至二十种,十三杖;二十种以上至三十种,徒三个月;三十种以上至四十种,徒六个月;四十种以上至五十种,徒一年;五十种以上一律徒二年。不知者不治罪。[①]

(五)不允被校者无故不到或迟到

季校审验时,"所校军头监不依所给聚集日限前来,则迟一日至五日,十三杖;五日至十日,徒三个月;十日至十五日,徒六个月;十五日以上至校期未毕前来,徒一年。校日已毕来及完全未来者,一律当革职、军,徒二年。其中有官者当与官品当"。

"小首领、舍监、末驱等校集日迟至者,迟一至十日,十杖;十日以上至二十日,十三杖;二十日以上迟至校期未毕方到来,徒六个月;检校日已毕后来及完全不至者,一律当革职、军,徒一年,无军、职则徒二年,有官者许以官品当。"

"正军、辅主之官马、坚甲检校完全不至者,庶人徒六个月。本人不来校,派别人时,何人徒三个月。首领、正军等知情者十三杖,不知者不治罪。"[②]

诸院军卒、大小检人外出巡逻,"则由所在首领只关分析,其官马、坚甲、杂物、武器可由辅主校验"[③]。

(六)季校官吏禄食供给

季校局分人禄食由官库供,大人十日一屠,每日米谷四升,二马中一马七升,一马五升,一童子米一升。□监司写者等一律各自十五日一屠,每日米一升,一马食五升,童子一人,每日米一升。案头、司吏二人共二十日一屠,各自每日米一升,一童子及一行杖者,各自米一升。[④]此外,不允向兵卒再行摊派,若违律摊派,以枉法贪赃罪判断,若军卒主动提供,则以从犯判断。[⑤]

三、有关披、甲、马管理的其他规定

披、甲、马是重型军事装备,加之官马又属于役畜,容易被违法占用,《天盛律令》在《季校门》之外,另设《官披甲马门》,就其管理作出专门规定。

---

①《天盛律令》卷五《季校门》,第241页。
②《天盛律令》卷五《季校门》,第238页。
③《天盛律令》卷五《季校门》,第238—239页。
④《天盛律令》卷二〇《罪则不同门》,第614页。
⑤《天盛律令》卷五《季校门》,第240页。

（一）不得出卖官披、甲、马

各类军卒不得出卖官披、甲、马，"若违律出卖时，所得钱数以偷盗罪论处"。买者、助卖者依盗窃从犯论处。书文契者已知是官披、甲、马，但受贿书写，"则依知盗分财律论处，未受贿则有官罚马一，庶人十三杖。不知者不治罪"①。

（二）禁止交换官披、甲、马

大小臣僚、行监、盈能、首领等不得依仗权势，和军卒交换著籍的官披、甲、马，若违律交换时，价值相等徒四年。价值不等，也即以小换大，以劣换优，"则所得超利依偷盗法则及前有罪，依其重者判断。其中以私畜物交易者，徒五年，有超官马、坚甲价，按偷盗法及徒五年，依其重者判断，官马、坚甲依旧互相还送"②。

"诸人互相无纠葛，无有恃势语，注册官马、坚甲乐意互相交换时，当计量，价值相等，徒六个月，价值不等，则所得超利依偷盗律论处。若以私畜物给换，则价值相等者徒一年，价值不等者，则所得超利当依偷盗律计算，与前述罪依其重者判断。"③

行监、盈能等大小首领也不得拘乘下属军卒官马，"若违律时，自拘乘日起每日算力价七十，以枉法受贿罪判断"④。

（三）对无力养治官马、坚甲的处置

诸父子所属官马当各自养治，"每年正月一日起，依四季由职管行监、大小溜首领等校阅。若官马膘弱未塌脊，一律笞二十，羸瘦而塌脊，则笞三十"⑤。如果领有官马、坚甲者为"无室贫男"，则应报告所属首领，与子嗣已断，披、甲、马无人继承者一样，当由同院中勇健刚强之人养治。不过，"若应换坚甲、马之无室贫男尚属勇健能战者，则披、甲、马毋须移换。可于原地就近官廪谷物支拨若干，以资助养治"⑥。假若同院中无人请领"无室贫男"及子嗣已断者官马，可由不同院中无官马、坚甲者请领，"同院不同院无请领者，则当交官"⑦。

（四）陷没官马、坚甲注销法

诸人与官马、坚甲一起陷没，"其军抄后继者已断，无人赔偿者，大小军首领同院不同院当使三人担保注销。若违律以有继者入无继者注销，则依偷盗律论

①《天盛律令》卷六《官披甲马门》，第247页。
②《天盛律令》卷六《官披甲马门》，第248页。
③《天盛律令》卷六《官披甲马门》，第248页。
④《天盛律令》卷六《官披甲马门》，第250页。
⑤《天盛律令》卷六《军人使亲礼门》，第255页。
⑥《天盛律令》卷六《官披甲马门》，第250页。
⑦《天盛律令》卷六《官披甲马门》，第251页。

处,当赔偿坚甲、马"①。

辅主、子男、弟兄等骑乘正军著籍的官马,穿着坚甲,在战场上为敌所俘,亦当由同院不同院大小军首领三人担保,"自亡失日起一年以内当申报注销,披、甲、马当自官家请领。若穿骑者释归失坚甲、马者,不准注销,应由穿、骑者赔偿著籍人。其中为敌俘至敌界逃归者,当入担保注销中,著籍人当向官家请领披、甲、马。超过一年者不得注销,依法当赔偿著籍人。若违律以人、马、坚甲实未失说已失,及已超过一年而故意掩饰报请注销者,军头监担保者受贿未受贿一律与偷盗相同判断,贿赂当交纳,赔偿坚甲、马"②。

(五)不允执符随意辅骑官马

"派执符时,当骑诸家民所属私畜及官之牧场畜等有方便可骑乘者,不许差用一种官马。若附近无私畜及牧场畜等,及不堪骑乘,实无有,则允许捕骑官马。倘若违律,附近有堪骑之他畜不用而无理用官马时,徒二年。"③

结　语

全面系统的军事法,既是《天盛律令》的编纂特点,又是西夏社会的集中反映。在20卷150门1461条的法律条文中,军事法就有3卷16门198条,约占全书的1/7,而《唐律疏议》只有《擅兴律》1卷24条,仅占全书的1/30。从具体内容上看,大致一半以上是西夏独有的或独具特色的,诸如征兵制度集中体现了部落兵制下全民皆兵的特点,点集制度则把游牧社会的兵制法律化,战具配备、校验以及边防巡逻制度反映了西夏建立政权后军事正规化等,这些都值得进一步深入探讨。

---

①《天盛律令》卷六《官披甲马门》,第251页。
②《天盛律令》卷六《官披甲马门》,第252页。
③《天盛律令》卷一三《执符铁箭显贵言等失门》,第467页。

第七章 《天盛律令》中的行政法

第一节 唐宋行政立法

一、唐代行政法

行政法是规定国家行政机关的组织、职权范围、活动原则、管理制度、工作程序,调节国家行政机关在行政活动中所发生的各种社会关系法规的总称。我国行政法早在汉魏就已出现,汇编皇帝诏命的"令",如《汉令》《北魏令》《北周令》就具有行政立法的性质。不过汉魏律令不分,行政法带有行政与刑事混同的特点,直到西晋界分律、令,"律以正罪名,令以存事制",行政与刑事法规才正式分离,《令》成为行政法的重要载体。唐朝时《令》的概念更加明确,《唐六典》卷六称:"令,以设范立制。"《新唐书》卷五六《刑法志》云:"令者,尊卑贵贱之等数,国家之制度也。"进一步明确了《唐令》的行政法典性质。

唐高祖、太宗、武则天、玄宗等都颁行过《令》,其中唐太宗《贞观令》三十卷,分别为:(一)官品(上);(二)官品(下);(三)三师、三公、台、省职员;(四)寺监职员;(五)卫府职员;(六)东宫、王府职员;(七)州、县、镇、戍、狱、渎、关、津职员;(八)内外命妇职员;(九)祠;(十)户;(十一)选举;(十二)考课;(十三)宫卫;(十四)军防;(十五)衣服;(十六)仪制;(十七)卤簿(上);(十八)卤簿(下);(十九)公式(上);(二十)公式(下);(二十一)田;(二十二)赋役;(二十三)仓库;(二十四)厩牧;(二十五)关市;(二十六)医疾;(二十七)狱官;(二十八)营缮;(二十九)丧葬;(三十)杂令。

除"令"外,删定汇编皇帝诏命而成的"格""式"也具有行政法的性质。《唐六典》卷六称:"格以禁违正邪"。《新唐书·刑法志》云:"格者,百官有司之所常行之事也。"从前者判断,"格"接近刑事法规,从后者判断,则接近于行政法规,反映出

"格"具有行政与刑事两重性质。"式"为机关衙门办事的准则,是对"令"的补充与细则化,现保存下来的有"水部式"等残卷。①"敕"则偏重于刑罚。

二、宋代行政法

在唐朝的基础上,宋代行政立法得到了进一步发展,无论立法的数量还是规模,都大大超过了前代。为了便于讨论,兹将宋代的敕、令、格、式列表如下②:

部门	编敕种类	数量(部)	简要内容
朝廷	通行全国的综合性编敕	25	是通行全国的行为规范,适用于社会生活的各个领域。
中央最高行政机构	三省六部通用敕令格式	10	
吏部	①吏部通用敕令格式 ②审官院敕令格式及其他 ③禄秩敕令	10 12 6	有关官吏选试、差遣、资任、叙迁、荫补、考课、俸禄等方面的立法。
三司、户部	①三司、户部通行敕令格式 ②农田水利敕令格式 ③常平免役法 ④库务通行敕令格式 ⑤市易司敕令格式 ⑥茶盐酒敕令 ⑦转运司编敕 ⑧宽恤诏令	10 4 5 7 3 5 2 4	主要是调整经济关系方面的编敕,包括军国财政、土供征榷、户婚田讼、农田、水利、义仓、赈济、募役、国库积储及管理、盐茶专卖、平衡物价和市场管理、蠲减重赋、惩罚科扰、水陆运输等方面的立法。
礼部	①科举人方面的敕令格式 ②礼乐、丧葬、服制、祭祀方面的敕令格式 ③对外事务方面的敕令 ④学校教育方面的敕令格式 ⑤宗室族属管理方面的敕令格式	7 17 7 20 3	主要是有关贡举、御试方面,礼乐、供奉、丧葬、祭祀、孝赠、服制、朝会、宴飨方面,接送款待外国使节,出使国外及诸蕃进贡方面,国子监、太学、小学、律学、武学、算学、画学、宗子学、州县学等教育方面及对宗室族属人等管理方面的立法。

---

① 郑炳林:《敦煌地理文书汇辑校注》,兰州:甘肃教育出版社,1989年。
② 郭东旭:《宋代法制研究》,保定:河北大学出版社,2000年,第30—31页。

部门	编敕种类	数量(部)	简要内容
枢密院、兵部	①枢密院敕令 ②将官敕 ③诸军班直禄令 ④军马司敕令 ⑤马递铺敕令格式	4 3 2 6 3	主要是关于军队编制、统兵将官管理、诸军转员、国马饲养、驿站管理等方面的立法。
刑部	①刑部编敕 ②刑部叙用法 ③敕书德音编敕	1 1 4	有关刑名、狱讼、奏谳、赦宥、叙用方面的立法。
工部	①修城法式 ②营造法式 ③将作监式	1 2 2	有关修筑城郭、宫室、道路、桥梁、修治河渠,营缮舟车,制造金银珠玉、铜铁竹木等方面的立法。
地方	①京师通用敕令格式 ②诸路州县编敕 ③紧要地区特别法规	4 7 4	主要是有关京师和路州县的常法和特别地区的专门立法。

从表中可以看出,宋代敕令格式调整的范围更加广泛,遍及社会生活各个领域,尤其是有关经济方面的内容明显增多,但调节国家行政机关在行政活动中所发生的各种社会关系的行政法,仍占举足轻重的地位,除了像审官院敕令格式等直接的行政法外,还有三司通行敕令格式、农田水利敕令格式等,既是经济立法,又带有行政管理的性质。

三、《唐律疏议》与《宋刑统》中的职制律

作为皇朝法典的《唐律疏议》与《宋刑统》是以刑律为主,所谓"职司法制,备在此篇"的《唐律疏议·职制律》,不仅行政法方面的内容简略,而且多以《令》《格》《式》作为判断依据。如"置官过限及不应置而置条":

> 诸官有员数,而署置过限及不应置而置,一人杖一百,三人加一等,十人徒二年。
> 疏议曰:官员有数,谓内外百司,杂位以上,在《令》各有员数,而署置限及不应置而置,谓《格》《令》无员,妄相署置。

又"之官限满不赴"条:

诸之官限满不赴者，一日笞十，十日加一等，罪止徒一年。即代到不还。减二等。

疏议曰：依《令》，之官各有装束程限，限满不赴，一日笞十，十日加一等，罪止徒一年。其替人已到，淹留不还，准不赴任之程，减罪二等。其有田苗者，依《令》听待收田讫发遣。无田苗者，依限须还。

又"事应奏不奏"条：

诸事应奏而不奏，不应奏而奏者，杖八十。应言上而不言上，不应言上而言上，及不由所管而越言上，应行下而不行下，及不应行下而行下者，各杖六十。

疏议曰：应奏而不奏者，谓依《律》《令》及《式》，事应奏而不奏，或《格》《令》《式》无合奏之文，及事理不须闻奏者，是不应奏而奏，并合杖八十……

《宋刑统》与上述同。由此可见，唐、宋的职制律其实是违制律，不仅如此，诸如"匿父母及夫等丧""合和御药有误""御幸舟船有误""乘舆服御物持护修整不如法""主司私借服御物""监当主食有犯""百官外膳犯食禁"等，并不属于行政法的范畴。

和唐、宋律相比，西夏《天盛律令》除刑法外，还包括详细的行政法、民法、经济法、军事法，即有律又有令，因而名为"律令"是恰当的，它的编纂形式十分接近《庆元条法事类》。这是本节主旨之所在。

第二节　西夏行政机关的品级与编制

一、行政机关的品级

《天盛律令》卷一○《司序行文门》，将中央与地方机构按品级划分为上次中下末五等。

上等司：中书、枢密。

次等司：殿前司、御史、中兴府、三司、僧人功德司、出家功德司、大都督府、皇城司、宣徽、内宿司、道士功德司、阁门司、御庖厨司、瓯匣司、西凉府、府夷州、中府州。

中等司：大恒历司、都转运司、陈告司、都磨勘司、审刑司、群牧司、农田司、受纳司、边中监军司、前宫侍司、磨勘军案殿前司上管、鸣沙军、卜算院、养贤务、资善务、回夷务、医人院、华阳县、治源县、五原县、京师工院、虎控军、威地军、大通军、宣威军、圣容提举。

下等司：行宫司、择人司、南院行宫三司、马院司、西院经治司、沙州经制司、定远县、怀远县、临河县、保静县、灵武郡、甘州城司、永昌城、开边城；北院、南院、肃州三种工院；沙州、黑水、官黑山、卓啰、南院、西院、肃州、瓜州、大都督府、寺庙山等边中转运司；真武县、西宁、龙州、银州、年晋城、定功城、卫边城、富清县、河西县、安持寨等地边城司。

末等司：刻字司、作房司、制药司、织绢院、番汉乐人院、作首饰院、铁工院、木工院、纸工院、砖瓦院、出车院、绥远寨、西明寨、常威寨、镇国寨、定国寨、凉州、宣德堡、安远堡、讹泥寨、夏州、绥州。

此外，"经略司者，比中书、枢密低一品，然大于诸司"；京师工院为管治者、番汉大学院、秘书监等与次等司平级；边中刺史与中等司平级；皇帝之师与上等司相当，太子之师与次等司相当，诸王之师与中等司相当，皇帝谏臣与次等司平级，写敕、合为文字者学士，当与中等司平级。[①]

二、行政机构官吏职数

（一）上等司官吏职数

中书：六大人（智足、业全、义观、习能、副、同）、六承旨；七都案、四十二案头。

枢密：六大人（南柱、北座、西摄、东拒、副、名入）、六承旨；十四谍案（含二都案）、四十八案头。

（二）次等司官吏职数

中兴府、殿前司二司：一律八正、八承旨；中兴府八都案、二十六案头，殿前司十都案、六十案头（包括司礼四十二、军集十八）。

御史、大都督府、西凉府三司：一律六正、六承旨；御史六都案、二十二案头，大都督府、西凉府各六都案、六案头。

三司：四正、八承旨；八都案、二十案头。

---

① 《天盛律令》卷一〇《司序行文门》，第363—366页。

内宿司：六承旨；六都案、十四案头。

宣徽、皇城司、瓯匦司三司：一律四正、四承旨；宣徽四都案、九案头，皇城司四都案、十八案头，瓯匦司四都案、十案头。

阁门司：四奏知；四都案、四案头。

御庖厨司：三大人；三都案、六案头。

道士功德司：一正、一副、一判、二承旨；二都案、二案头。

在家功德司：六国师、二合管、四副、六判、六承旨；二都案、六案头。

出家功德司：六国师、二合管、六变道提点、六承旨；二都案、二案头。

府夷州、中府州二州判护司：各遣一正、一副、一同判、一经判；二都案、六案头。

(三)中等司官吏职数

都磨勘司：四正、四承旨；四都案、二十案头。

农田司：四正、四承旨；四都案、十二案头。

受纳司：四正、四承旨；三都案、四案头。

大恒历司：四正、四承旨；二都案、四案头。

都转运司：六正、八承旨；八都案、十案头。

群牧司：六正、六承旨；六都案、十四案头。

陈告司：六正、六承旨；六都案、十七案头。

磨勘军案：四正；四都案。

鸣沙城司：一城主、一副、一通判、一城守。

审刑司：二正、二承旨；二都案、二案头。

前宫侍司：六承旨；二都案、二案头。

养贤务、资善务、回夷务三司：一律二正、二承旨，二都案，其中养贤务六案头，资善务、回夷务各三案头。

华阳县、治源县二司：一律四大人；二都案、四案头。

五原郡：一城主、一副、一通判、一城守；二都案。

圣容提举司：一正、一副。

东院、五原郡、韦州、大都督府、鸣沙郡、西寿、卓啰、南院、西院、肃州、瓜州、沙州、黑水、啰庞岭、官黑山、北院、年斜、南北二地中、石州二十种司：一律刺史一人；都案一人。

京师工院：二正、二副、四承旨、四都案。

卜算院、医人院二司依事设职，大人数不定。

石州、东院、西寿、韦州、卓啰、南院、西院、沙州、啰庞岭、官黑山、北院、年斜等十二种监军司：一律二正、一副、二同判、四习判；三都案。

肃州、瓜州、黑水、北地中、南地中五种监军司：一律一正、一副、二同判、三习判、二都案。

虎控军、威地军、大通军、宣威军四种军：一安抚、一同判、二习判、一行主。

（四）下等司官吏职数

行宫司：四正；二都案、四案头。

择人司：四承旨；二都案、三案头。

南院行宫三司：四正、四承旨；二都案。

西院、大都督府二种转运司：四正、四承旨；二都案。

南院转运司：四正、六承旨；二都案。

寺庙山、卓啰、肃州、瓜州、沙州、黑水六种转运司：二正、二承旨；二都案。

北院、南院、肃州三种工院：一正、一副、二承旨；二都案。

西院、沙州二种经治寺：二大人、二承旨。

官黑山转运司：二正、四承旨、二都案。

马院：三承旨；二都案、四案头。

永便、孤山、魅拒、西宁、边净、末监、胜全、信同、应建、争止、甘州、龙州、远摄、合乐、真武县、年晋城、定功城、卫边城、折昌城、开边城、富清县、河西县、安持寨等二十三种地边城司：一城主、一通判、一城观、一行主。

西院城司：一城主、一同判、一城守、二都案。

定远县、怀远县、临河县、保静县、灵武郡等五种郡县：一律二城主、二通判、二经判、二都案、三案头。

（五）末等司官吏职数

木工院、砖瓦院、纸工院：三种一律四头监。

刻字司、织绢院：二种一律二头监。

造房司、制药司、铁工院、做首饰院、番乐人院、汉乐人院等六种依事设职，大人数不定。

讹尼寨：一寨主、一副。

出车院：二小监。

绥远寨、西明寨、常威寨、镇国寨、定国寨、宣德堡、安远堡、夏州、凉州九种：一寨主、一寨副、一行主。

宥州城司：一城主。

"前述诸司都案、案头数除以明定之外,司吏以及诸堡、城、军、寨、转运司、工院、经治寺、行宫三司、县末等司都案、案头、司吏者,当以职阶计,限量遣之。"[1]

五等司以外的巫提点、执飞禽提点派遣大人一至二人。[2]

第三节 官吏的选任、考核与奖惩

一、官吏的选任

公元1038年,元昊称帝建立政权,立文武班,"分命蕃汉人为之"[3],初步建立起官吏选拔任用制度。西夏中期以后,随着社会的进步与中央集权的加强,官吏的选任制度日趋健全,形成了科举、恩荫、世袭以及铨选并存的选官制度。

(一)世袭

世袭是党项部落制下的一种选官制度。西夏建立后,长期保留党项社会的部落制度,大大小小的宗族部落首领世代承袭,"父死子继,兄死弟袭,家无正亲,则又推其旁属之强者以为族首,多或数百,虽族首年幼,第其本门中妇女之令亦皆信服"[4]。宋人范纯粹也曾指出:"臣观边人之性,以种族为贵贱,故部酋之死,其后世之继袭者,虽刍稚之子,亦足以服长老之众,何哉?风俗使之然也。"[5]这些世代承袭的部落首领,又世代为各级军政首领[6],元昊"置十二监军司,委豪右分统其众"[7],"发兵以银牌召部长面受约束"[8]。

西夏中期以后,尽管封建中央集权得到进一步加强,但世袭世选仍继续保留下来,《天盛律令》卷一〇《官军敕门》规定:"国内官、军、抄等子孙中,大姓可袭,小姓不许袭,若违律小姓袭时,有官罚马一,庶人十三杖"。同时混生子亦"不许袭抄、官、军,当以亲子袭"。"诸人袭官、求官、由官家赐官等,文官经报中书,武官经报枢密,分别奏而得之。"[9]

---

①《天盛律令》卷一〇《司序行文门》,第377页。

②《天盛律令》卷一〇《司序行文门》,第363—378页。

③[元]脱脱等:《宋史》卷四八五《夏国传上》,北京:中华书局,1977年,第13993页。

④[元]脱脱等:《宋史》卷一九一《兵志五》,北京:中华书局,1977年,第4755—4756页。

⑤[宋]李焘:《续资治通鉴长编》卷三八九元祐元年十月戊戌条,北京:中华书局,2004年,第9472页。

⑥《西夏书事校证》卷一五:"元昊以官爵縻下,沿边逐族首领管三五百帐,悉署观察,团练之号。"[清]吴广成撰,龚世俊等校证,兰州:甘肃文化出版社,1995年,第179页。

⑦[元]脱脱等:《宋史》卷四八五《夏国传上》,北京:中华书局,1977年,第13994页。

⑧[元]脱脱等:《宋史》卷四八五《夏国传上》,北京:中华书局,1977年,第13995页。

⑨《天盛律令》卷一〇《官军敕门》,第356页。

（二）恩荫察举

恩荫察举是比世袭进步的选官制度，它既照顾家世出身，又考察能力才干。西夏贞观十二年(1112年)，崇宗乾顺"命选人以资格进，凡宗族世家议功议亲，俱加番汉一等，工文学者尤以不次擢"①，就具有恩荫察举的性质。当时宗室李仁忠、李仁礼"通蕃、汉字，有才思，善歌咏。始任秘书监，继擢仁忠礼部郎中、仁礼河南转运使"。西夏元德二年(1120年)，"二人自陈先世功"，崇宗乾顺乃封仁忠为濮王，仁礼为舒王。②

（三）科举

科举即分科取士，起始于隋朝，发展于唐朝，成熟于宋朝，为封建社会一种行之有效的选官制度。西夏人庆四年(宋绍兴十七年，1147年)，仁孝"策举人，始立唱名法"③。这是史书最早关于西夏科举取士的记载。其实早在仁孝开科取士之前，元昊建蕃学，"于蕃汉官僚子弟内选俊秀者入学教之，俟习学成效，出题试问，观其所对精通，所书端正，量授官职，并令诸州各置蕃学，设教授训之"④。这已经具有科考取士的性质，只不过没有科考之名罢了。

西夏后期许多名臣政要乃至皇帝都是通过科举考试发达的。仁宗时名相斡道冲，"八岁以《尚书》中童子举，长通《五经》，为蕃汉教授"，官至中书宰相。⑤

第八代皇帝神宗李遵顼，"始以宗室策试进士及第，为大都督府主"⑥。神宗进士出身，其吏部尚书权鼎雄亦是进士及第。"天庆(1194—1205年)中举进士，以文学名授翰林学士。"⑦西夏名臣高智耀，"字显达，曾大父西夏进士第一人"⑧。高智耀又"登本国进士第，夏亡，隐贺兰山"⑨。幼年投靠成吉思汗的西夏人察罕，其父曲也怯祖也"于夏国尝举进士第一人"⑩。

西夏后期出身科考的既有帝王将相，又有文人学士，有的还一门两代中进士，不过从《天盛律令》来看，这一时期西夏选官的主要途径不是科举，而是铨选。

① [清]吴广成撰，龚世俊等校证：《西夏书事校证》卷三二，兰州：甘肃文化出版社，1995年，第371页。
② [清]吴广成撰，龚世俊等校证：《西夏书事校证》卷三三，兰州：甘肃文化出版社，1995年，第380—381页。
③《宋史》卷四八六《夏国传下》，第14025页。
④ [清]吴广成撰，龚世俊等校证：《西夏书事校证》卷一三，兰州：甘肃文化出版社，第152页。
⑤《故西夏相斡公画像赞并序》，[元]虞集撰，王颋点校《虞集全集》，天津：天津古籍出版社，2007年，第321页。
⑥《宋史》卷四八六《夏国传下》，第14027页。
⑦ [清]吴广成撰，龚世俊等校证：《西夏书事校证》卷四一，兰州：甘肃文化出版社，第485页。
⑧《龙兴路东湖书院重建高文忠公祠堂记》，[元]虞集撰，王颋点校《虞集全集》，天津：天津古籍出版社，2007年，第663页。
⑨ [明]宋濂：《元史》卷一二五《高智耀传》，北京：中华书局，1976年，第3072页。
⑩《立只里威忠惠公神道碑》，[元]虞集撰，王颋点校《虞集全集》，天津：天津古籍出版社，2007年，第1098页。

（四）铨选

铨选是在较大范围内考察选拔官吏。《天盛律令》卷一〇《司序行文门》规定，"中书、枢密、经略使、次中下末等司都案者，遣干练、晓文字、善解之人，其遣法依以下所定，奏而遣之"。

中书、枢密等应遣都案者，当于本司正案头及经略，次等司中正都案等中遣。

经略使处都案，于中书、枢案正案头及次等司都案、经略本司正案头等中遣。

次等司都案者，于中书、枢密、经略使司正案头、中等司正都案、本司正案头等中遣。

中等司都案者，于次等司正案头派正都案及权案头、中书、枢密司吏等派权都案等。彼权案头及司吏等于所遣都案处依律令三年毕续转时，称职而无住滞，则当遣往平级司中任正都案及下属司中案头等有缺额处。

下等司都案者，于中等司正案头，中书、枢密司吏等派正都案，于中等司权案头、次等司司吏等派权都案。

末等司都案者，于下等司、本司正案头、次等司司吏等派正案头及权案头，中等司司吏等派权都案。

"中书、枢密诸司等应遣案头者，属司司吏中旧任职、晓文字、堪使人、晓事业、人有名者，依平级法量其业，奏报而遣为案头。"前述诸司都案、案头职数分明外，诸司"司吏及诸堡、城、军、寨、转运司、工院、经治寺、行宫三司、县末等司都案、案头、司吏者，当以职阶计，限量遣之"。

上述为吏员选派，诸司大人的铨选也有规定，"京师司大人、承旨及任职人等中，遣地边监军、习判、城主、通判、城守等时，是权则京师旧职勿转，当有名。而遣正，京师续转，有谕文，则前京师任职处不许有名。若违律时，有官罚马一、庶人十三杖"[①]。

"节亲、宰相遣别职上提点时，当报中书、枢密，然后当置诸司上。""节亲、宰相之外，其余臣僚往为地边正统时，当报中书、枢密、经略司等，然后置诸司上。副统者、当报中书、枢密、经略、正统等处，与次等司传导，然后置诸司上。"[②]

与西夏同时代的宋朝禁止他官转入中书、门下两省及御史台，而由皇帝特别恩授。[③]《天盛律令》没有他官转入中书、枢密的规定，从元昊建立政权时"以嵬名守全、张陟、张降、杨廓、徐敏宗、张文显辈主谋议，以钟鼎臣典文书、以成逋、克成

[①]《天盛律令》卷一〇《司序行文门》，第378页。
[②]《天盛律令》卷一〇《司序行文门》，第378页。
[③] 张晋藩主编：《中国法制通史》（第五卷），北京：法律出版社，1998年，第108页。

赏、都卧者多、如定多多马、窦惟吉主兵马,野利仁荣主蕃学"①的情况来看,这些重要职位当由皇帝特别恩授。

二、考核与奖励

西夏官员一般任期三年,三年期满后,则根据不同情况确定是否留任或迁转,其中中书、枢密承旨、诸司大人承旨;边中刺史、军主、同判、习判;边中诸城主、通判、城守;边中诸司都案、夜禁铸铁等提点、渠水、捕盗等"三年已满当续转";中书、枢密大人、诸司案头、司吏三年期满后继续留任,不予迁转;中书、枢密都案及京师诸司都案,"三年完毕应不应续转,依时节奏报实行"②。

"诸大小臣僚任职中,年高、有疾病及未能任职求续转等,有告者,视其年纪、疾病重轻,是否实为未能任职等衡量,奏报实行。"③此外,某些专业技术岗位,他人无法替代,因而也需留任,不能迁转,如史院、医人院、乐人院、卜算院"等依事设职,勿续转";铁工院、造房院、制药司、首饰院、砖瓦院、纸工院等"有匠人大人者勿续转,非匠人,其余官吏中所遣则当续转"④。

在确定迁转还是留任的同时,还对三年来的绩效进行考核,如果三年内"无住滞,不误入轻杂,则中书、枢密、经略等别计官赏,其余依次赐次中下末四等人得官赏:次等升一级,大锦一匹,银十五两,茶绢十。中等升一级,大锦一匹,银十两,绢三段,茶四坨。下等升一级,杂花锦一匹,银七两,茶三坨,绢二段。末等升一级,紧丝一匹,银五两,茶绢二。中书、枢密都案依下等司正法则得官赏"⑤。

倘若任职期间受到降官、罚马处分,当按照文武次第报送中书、枢密,登录在案。三年迁转考核时,"降一官者,官赏皆□□,遭罚马则罚一次者可得官,不得赏,罚二次者得半赏,不得官,罚三次官赏皆不得"。

如果不向中书、枢密报送降官、罚马处分,或报送而不登录造册,局分大小无受贿徇情,则有官罚马一,庶人十三杖。若局分大小徇情,故意不报送降官、罚马处分,则依律严惩,其中受贿者与枉法贪赃罪比较,从其重者判断。⑥

---

① 《宋史》卷四八五《夏国传上》,第13994页。
② 《天盛律令》卷一〇《续转赏门》,第349页。
③ 《天盛律令》卷一〇《续转赏门》,第350页。
④ 《天盛律令》卷一〇《司序行文门》,第377页。
⑤ 《天盛律令》卷一〇《续转赏门》,第349页。
⑥ 《天盛律令》卷一〇《续转赏门》,第350页。

三、赴任规定

官吏任命后,必须在规定期限内赴任,若逾期不赴任,将受到法律的制裁。其中大人、承旨、习判、都案、案头等逾期,一律超一二日,罚五斤铁;三四日,十斤铁;五日十三杖;六日至十日,徒三个月;十一日至十五日,徒六个月;十六日至二十日,徒一年;二十日至二十五日,徒二年;二十六日至三十日,徒三年。这种处罚规定,远远重于唐朝。[①]

司吏不赴司职时,一日至五日,笞十五;六日至十日,笞十杖;十一日至十五日,笞十三杖;十六日至二十五日,徒三个月;二十六日至一个月,徒六个月;一个月以上至三个月,徒一年;三个月以上至十个月,徒二年;十个月以上一律徒三年。[②]

使人、都监未赴任上,一二日,笞十五;三四日,笞二十;五日至十日,十杖;十日以上至一个月,徒三个月;一个月以上至三个月,徒六个月;三个月以上至十个月,徒一年;十个月以上一律徒三年。

对因故不能赴任的宽限,须经严格的报批手续,"京师所属诸司大人、承旨宽限期次第者,一日起至十日于阁门司,十日以上则一律于中书等分别奏报,当以为宽限期。诸司都案二十日期间当报属司、及期□上当报中书、与中书、枢密都案□□大人酌计限期。其余案头、司吏、□所使等当报于本司中大人,应酌计给予宽限"[③]。边中正副统、刺史、监军、习判等宽限在二十日以内,由所属经略酌计,二十日以上者,则要有谕文,"当以文武次第奏报中书、枢密所职管处定宽限期"[④]。

国师、法师、禅师、功德司大人、副判、承旨、道士功德司大人等宽限一至十日,寺检校、僧监、众主宽限二十日,当报所属功德司,使定宽限度,"二十日以上则当告变。国师、法师、禅师等司内不管者,径直当报中书,依所报次第限之"[⑤]。

除对因故不能赴任的官吏给予一定的宽限外,诸任职人自身染疾不能赴任,或父母、叔姨、兄弟、妻子、子孙等病危或死亡,再根据情况,给五至二十日宽限。[⑥]

---

①《唐律疏议》卷九《职制》载:"诸之官限满不赴者,一日笞十,十日加一等,罪止徒一年。"[唐]长孙无忌等撰,岳纯之点校,上海:上海古籍出版社,2013年,第152页。
②《天盛律令》卷一〇《失职宽限变告门》,第351页。
③《天盛律令》卷一〇《失职宽限变告门》,第352页。
④《天盛律令》卷一〇《失职宽限变告门》,第352页。
⑤《天盛律令》卷一〇《失职宽限变告门》,第352页。
⑥《天盛律令》卷一〇《失职宽限变告门》,第352页。

第八章 《天盛律令》中的宗教与禁卫法

第一节 《天盛律令》中的宗教法

唐、宋国家法典没有完全意义上的宗教法，《唐律疏议》与《宋刑统》只在《户婚律》禁止私为僧道[1]，这一时期的宗教立法主要通过编敕来完成[2]。西夏则不然，王朝法典《天盛律令》专列《为僧道修寺庙门》，详细规定了寺观建设与僧道管理，从而构成了该法典又一特点。

一、寺观管理

（一）中央管理机构

《天盛律令·司序行文门》在次等司中列有僧人功德司、出家功德司、道士功德司，其品级仅次于上等司的中书、枢密，与殿前司、御史、三司、中兴府等平级，反映出统治者对宗教的重视。道士功德司主管全国道教事务，设一正、一副、一判、二承旨、二都案、二案头。僧人功德司与出家功德司主管全国佛教事务，设六国师、二合管。另外，出家功德司设六变道提点、六承旨、二都案、二案头，在家功德司四副、六判、六承旨、二都案、六案头。功德司主官由僧侣贵族担任。[3]

（二）僧道官派遣

所谓僧、道官，就是管理寺观具体事务的僧监、副、判、寺主、寺检校、座主、众

---

①《唐律疏议》卷一二《户婚律》："诸私入道及度之者，杖一百；已除贯者，徒一年。本贯主司及观寺三纲知情者，与同罪。若犯法合出观寺，经断不还俗者，从私度法。即监临之官，私辄度人者，一人杖一百，二人加一等。"

②《庆元条法事类》的《道释门》内容较为详细。

③《胜慧到彼岸要论学禁现前解庄严论显颂》记载，叵僧人智满为出家功德寺正，没藏法净为出家功德寺副使，云智有为出家功德寺承旨。（史金波：《西夏社会》，上海：上海人民出版社，2007年，第565—566页）。

主等。西夏汉文本《杂字》记载的有僧官、僧正、僧副、僧判、僧录等①,如果僧道小监、副、判、众主等空缺时,"大家共议,实有,则依次□□新遣人当为,若一寺所属人中无堪升用,则遣他寺中堪任之人"②。寺检校一职则按寺院财产来派遣,"实量常住自一千缗至三万缗遣一人,实量三万缗以上至五万缗遣二人,五万缗以上一律当遣三人"③。

另外,还有一种名为圣容的寺院,"遣常住镇守者正副二提举④。此外,不许寺中多遣提举,倘若违律时,遣者被遣者,一律有官罚马一,庶人十三杖"⑤。这个圣容寺当为中等司里面设一正一副的"圣容提举"⑥,与群牧司、农田司、边中监军司等同级,可见地位相当高。

(三)赞庆修寺

诸人新修寺庙为赞庆,舍常住时,先不许度住寺僧人,可从旧寺内所住僧人分出若干,若旧寺僧人无所分,则"舍一千缗者当得二僧人,衣绯一人。舍二千缗当得三僧人,衣绯一人。自三千缗以上者一律当得五僧人,衣绯二人。不许别旧寺内行童为僧人,及新寺中所管诸人卖为僧人"⑦。若是重新修缮时,则"当依赞庆法为之,不许寻求僧人"⑧。

诸人修造寺庙,舍常住物者,数当足,而为赞庆。不许不聚集常住物,欺骗官方。倘若违律,报者、舍者、局分人等有所欺瞒,依贪赃不枉法罪之从犯判断,担保者当再比之减一等,常住数当置足。⑨

二、僧道管理

(一)出家变道

《天盛律令》规定,寺观服杂役的行童,其业行达到一定要求后,可奏为住家或

① 史金波:《西夏汉文本杂字初探》附西夏汉文本《杂字》,载《中国民族史研究》(2),北京:中央民族学院出版社,1989年,第177页。

② 《天盛律令》卷一一《为僧道修寺庙门》,第403页。

③ 《天盛律令》卷一一《为僧道修寺庙门》,第405页。

④ "提举",西夏文音译[地居]。《凉州护国寺感应塔碑铭》中,提举有两人:一是圣容寺感通塔两众提举药乜永诠,他还有行宫三司正的头衔;另一人是护国寺感通塔番汉四众提举王那征遇,他有典礼司正、功德司副的职务。这说明提举一职有较高的地位,当是总管、主管之职,不是每个寺院都有,只有特殊的大寺院才能设,同一寺院可以有两名提举。(史金波:《西夏社会》,上海:上海人民出版社,2007年,第568—569页。)

⑤ 《天盛律令》卷一一《为僧道修寺庙门》,第403页。

⑥ 《天盛律令》卷一〇《司序行文门》,第363页。

⑦ 《天盛律令》卷一一《为僧道修寺庙门》,第404页。

⑧ 《天盛律令》卷一一《为僧道修寺庙门》,第403页。

⑨ 《天盛律令》卷一一《为僧道修寺庙门》,第403—404页。

出家僧人、道士。其一,行童能颂《莲花经》《仁王护国》等二部及种种敬礼法,梵音清和,则可依次报告功德司及中书,"当问本人及所属寺僧监、副判、寺检校、行童首领、知信等,令寻担保只关者。推寻于册,实是行童根,则量其行,前各业晓,则当奏而为住家僧人。此外,居士及余类种种,虽知其有前述业行,亦不许为僧人"①。

其二,道童中有能颂《太上黄宫□□经》(二卷)、《太上君子消灾经》(一卷)、《太上北斗延生经》(一卷)、《太上灵宝度理无上阴经》(一卷)、《至分金刚经》(一卷)、《太上君子说天生阴经》(一卷)、《太上天堂护卫经》(一卷)、《太上君子说上东斗经》(一卷)、《太上南斗六司延寿妙经》(一卷)、《黄庭内景经》(一卷)、《黄帝阴符经》(一卷)、《太上元始天尊说十为一为大消灾神咒经》(一卷)、《太上灵宝九真妙戒金录□要拔罪阴经》(一卷),"则依出家变道法量其行,能诵无碍,则可奏为道士"②。

其三,番(党项)羌(吐番)僧行童能颂《仁王护国》《文殊真实名》《普贤行愿品》《三十五佛》《圣佛母》《守护国吉祥颂》《观世音普门品》《竭陀般若》《佛顶尊胜总持》《无垢净光》《金刚般若与颂全》,汉僧行童能颂《仁王护国》《普贤行愿品》《三十五佛》《守护国吉祥颂》《佛顶尊胜总持》《圣佛母》《大□□》《观世音普门品》《孔雀经》《广大行愿颂》《释迦赞》,"则可奏为出家僧人"③。

(二)不许出家变道

上述僧人行童、道士行童等达到一定业行要求,可奏为住家或出家僧人、道士外,其他"种种诸类中,不许使为僧人。若违律时,使为僧人者及为僧人者等之造意当绞杀,从犯徒十二年。若为僧人者未及丁,则罪勿治,使为僧人者依法判断,为僧人处之师傅与造意罪相同。担保者知觉则当比从犯减一等。其中受贿者与枉法贪赃罪比较,从重者判断"④。

还有诸人所属使军、除其主人(头监)情愿纳于辅主而外,也不许令为僧人、道士⑤;军独诱、正军、辅主入老弱中,也不许为僧人。"若使为僧人时,依为伪僧人法判断。"⑥

(三)出家须持度牒

度牒又名度僧牒,是出家僧侣的一种许可证,持有此证的僧人,才具有合法

---

① 《天盛律令》卷一一《为僧道修寺庙门》,第402页。
② 《天盛律令》卷一一《为僧道修寺庙门》,第405页。
③ 《天盛律令》卷一一《为僧道修寺庙门》,第406页。
④ 《天盛律令》卷一一《为僧道修寺庙门》,第406页。
⑤ 《天盛律令》卷一一《为僧道修寺庙门》,第403页。
⑥ 《天盛律令》卷一一《为僧道修寺庙门》,第405页。

的身份,否则是非法的。唐、宋特别是宋代,通过出售度僧牒,以缓解国家财政困难。西夏《天盛律令》不载鬻牒事,但明确规定,出家人必须得到官府许可,无论和尚还是尼姑,都要有合法的度牒。"诸妇人不许无牒而为僧尼,若违律时,有主、为他人奴仆则徒四年,无主而无障碍则徒二年。举赏二十缗钱,由犯罪者承担。"①

(四)不许冒名袭牒

僧人、道士死亡,其父、伯父、子、兄弟、孙等涂改度牒字迹,冒名顶替而为僧人、道士者,依为伪僧人、道士法判断。②

(五)登记注册

为了加强管理,僧人、道士自获取度牒起百日期间当告局分处,于本处所属寺册上注册,"若违律不注册时,徒一年,举赏依举杂罪赏法当得。已判断后仍不注册,则当免为僧人,而入于行童中"③。

(六)上报纳册

僧人、道士、居士、行童、农主以及常住物均须上报纳册,其中"佛僧常住物及僧人、道士等册,依前法当纳于中书。居士、童子、农主等册当纳于殿前司,并当为磨勘"④。

(七)纳牒还俗

僧人若情愿,可交出度牒,于前宫侍、阁门、帐门末宿等处纳册还俗,但不许入臣僚中。"尔后欲入军待命、独诱、执种种重职,则当报,于所情愿处注册,其中与行童引导,则不许为辅主,当另置抄"⑤。

(八)寡妇及未嫁女出家

寡妇及未嫁女诚心佛法,欲为尼僧而无异议时,"当令寻只关担保者,依所欲住家或出家为僧人。自中等司承旨、中书、枢密、都案以上人之母亲、妻子等衣绯,此外以下者当衣黄"⑥。

三、对私入道的处罚

私入道是指未经官府批准,擅自充当僧人、道士,这直接影响着国家兵源财

---

①《天盛律令》卷一一《为僧道修寺庙门》,第409页。
②《天盛律令》卷一一《为僧道修寺庙门》,第410页。
③《天盛律令》卷一一《为僧道修寺庙门》,第409页。
④《天盛律令》卷一一《为僧道修寺庙门》,第408页。
⑤《天盛律令》卷一一《为僧道修寺庙门》,第408—410页。
⑥《天盛律令》卷一一《为僧道修寺庙门》,第406页。

源以及对宗教的管理,因而《天盛律令》明确规定,诸人不许私自为僧人、道士,倘若违律为僧人、道士貌,则年十五以下罪勿治,不许举报,自十五以上诸人当报,所报罪状依以下所定判断。①

丁壮持假度牒为伪僧人、道士时,当绞杀。若不持假牒,仅为伪僧人、道士貌者,徒六年。"已判断后再为不止,则当以新罪判断。同抄内首领等知觉不报者,当比犯罪者减二等。其中亲父母者,因允许父子互相隐罪□□判断,与各节亲减罪次第相同。举赏当依杂罪举赏法得,由犯罪者承担给予,无能力则当由官赐。"②

使军为伪僧人、道士亦承罪,举赏与前述诸人为伪僧人相同。其中死罪以外,获劳役时,依别置所示罪实行。③

僧监、副、判、众主等知觉本寺所属人为伪僧人、道士,因不告、不禁止,则当比犯罪者判断减二等。④

小臣僚、小首领、舍监、权检校等知觉伪僧人、道士,不予禁止或不报告官方,依前述僧监不禁止、不报告罪同样判断。⑤

前述僧监、副、判、众主、大小臣僚、小首领、舍监等知觉伪僧人之罪分明外,还有虽未发觉,则"因是管事者,未好好禁止,有官罚马一,庶人十三杖"⑥。

诸人欲为伪僧人,执剃度者知其非僧人而为之落发时,当比有罪人减三等判断。未知,则因未仔细寻问,有官罚钱五缗,庶人十杖。⑦

四、其他相关规定

(一)不许隐匿他国来投僧众

他国僧俗人来投时,百日期间当纳监军司,本司人当明晓其实姓名、年龄及其中僧人所晓佛法、法名、师主为谁,依次来状于管事处,应注册当注册,应予牒当予牒。若百日期间不报纳,匿卖派分为私人时,依偷盗钱价法判断,其中匿而使力受贿则徒四年。投本者本人亦情愿自匿,则一年期间罪勿治,逾年他人报则徒二年,自报当赦罪,匿者依法判断。⑧

---

① 《天盛律令》卷一一《为僧道修寺庙门》,第407页。
② 《天盛律令》卷一一《为僧道修寺庙门》,第407页。
③ 《天盛律令》卷一一《为僧道修寺庙门》,第407页。
④ 《天盛律令》卷一一《为僧道修寺庙门》,第407页。
⑤ 《天盛律令》卷一一《为僧道修寺庙门》,第408页。
⑥ 《天盛律令》卷一一《为僧道修寺庙门》,第408页。
⑦ 《天盛律令》卷一一《为僧道修寺庙门》,第410页。
⑧ 《天盛律令》卷一一《为僧道修寺庙门》,第408—409页。

（二）不允于寺观内杀生、住宿

诸人不许于寺庙内杀生、捕捉禽鸟，倘若违律徒六个月。也不许于寺庙、官堂、神帐中住宿，违律住宿时，比于寺庙杀生之罪状当减一等。"若寺庙居士、行童、奴仆等应居寺中，亦当报职管处，应居则使居之。若不报而自行居时，依他人法判断"①。

（三）不得随意于寺观凿井、取土

诸寺庙、官堂、神帐需穿墙、凿井、取土时，当报职管处，寻求谕文。倘若违律不寻谕文，自行穿墙、取土、凿井时，依诸人于寺庙中住宿法判断。②

（四）寺观土地可以买卖

僧人、道士、大小臣僚等，因公索求农田司所属耕地及寺院中地、节亲主所属地等，诸人买时，自买日始一年之内当告转运司，于地册上注册，依法为租庸草事。③

（五）僧道上层享有减免特权

《天盛律令》卷二《罪情与官品当门》规定："僧人、道士中赐黄、黑、绯、紫者犯罪时，比庶人罪当减一等。除此以外，获徒一年罪时，赐绯、紫当革职，取消绯、紫，其中□依法按有位高低，律令、官品，革不革职以外，若为重罪已减轻，若革职位等后，赐黄、黑徒五年，赐绯、紫及与赐绯紫职位相等徒六年者，当除僧人道士，所遗劳役有官与官品当，无官，则依法服劳役。日毕后，入原属庙中为行童。"④

第二节　《天盛律令》中的禁卫制度

"《卫禁律》者，秦汉及魏未有此篇。晋太宰贾充等，酌汉魏之律，随事增损，创制此篇，名为《卫宫律》。自宋洎于后周，此名并无所改。至于北齐，将关禁附之，更名《禁卫律》。隋开皇改为《卫禁律》。"⑤唐、宋仍名为卫禁。"卫者，言警卫之法；禁者，以关禁为名。"⑥由于"敬上防非，于事尤重，故次《名例》之下，居诸篇之首"⑦。《天盛律令》与此不尽相同，"宫禁律"见卷一二《内宫待命等头项门》，"关禁

---

① 《天盛律令》卷一一《为僧道修寺庙门》，第411页。
② 《天盛律令》卷一一《为僧道修寺庙门》，第411页。
③ 《天盛律令》卷一五《租地门》，第496页。
④ 《天盛律令》卷二《罪情与官品当门》，第146页。
⑤ ［唐］长孙无忌等撰，岳纯之点校：《唐律疏议》卷七《卫禁》，上海：上海古籍出版社，2013年，第119页。
⑥ 同上。
⑦ 同上。

律"见卷七《敕禁门》。

一、禁卫待命的选派及法律地位

（一）禁卫待命的选派

禁卫待命或把守门禁，或昼夜巡逻，或御前待命，他们的素质及忠诚情况，直接关系到国主的安危，《天盛律令》对他们的选派有着明确的规定。"帐门末宿、内宿外护、神策、外内侍等所有分抄续转，悉数当过殿前司。其入待命者，人根是否鲜洁，当令寻担保只关者注册。"[①]"三种内宫及帐下等，外面沿门一律一种当派门楼主一人、内宿守护三人，内提举一人，又臣僚、下官、神策、内侍等一样一人。其中当派帐门末宿一人，互相连结。内提举不足，则当抽臣僚、下官、神策、内外侍、独诱等。"[②]

这些禁卫待命，当从京师界附近乡里"人根清洁"者中遣发，至于投奔者、汉山主、吐蕃、回鹘使军是没有资格"守护于官家住处内宫"，只能守护"官家不住之内宫、库藏及其他处"[③]。

（二）法律地位

禁卫待命是国主的侍卫，他们在法律上享有种种特权，除失职及重大犯罪外，一般犯罪可"另行减免"[④]，即使被有司诉讼，必须经内宿、阁门以及前内侍司[⑤]批准，方可缉捕归案。倘若违律"径直枷之"，庶人十三杖，有官罚马一。"待命者自未说当值语，则局分大小罪勿治。其中前内侍、帐门末宿等当奏报而遣。"[⑥]

二、对禁卫待命违律失职的处罚

（一）不按时当值

帐门末宿、内宿守护、神策、内外侍等"各一个月当值以外，其余门楼主、内提举等当为三班，十五日一当值，一律不论昼夜，可住其中。"[⑦]如果帐门末宿、内宿守护、神策等放弃职守，不按时当值，属下人迟一日徒一个月，二日徒两个月，三

---

① 《天盛律令》卷一二《内宫待命等头项门》，第442页。
② 《天盛律令》卷一二《内宫待命等头项门》，第437页。
③ 《天盛律令》卷一二《内宫待命等头项门》，第429页。
④ 《天盛律令》卷一二《内宫待命等头项门》，第428页。
⑤ 前内侍司，西夏中后期的宫廷内诸司机构，其级别低于内宿司和阁门司，它既是西夏宫廷的内侍机构，负责西夏皇帝在前廷活动范围内的事务，与后宫内侍机构相对，具体的有纳册、掌御印子等，又兼有护卫职责和外派处理民事的职能，设有承旨、都案、案头等（许伟伟：《西夏前内侍司小考》，《西夏学》2017年第2期，第34页）。
⑥ 《天盛律令》卷一二《内宫待命等头项门》，第439页。
⑦ 《天盛律令》卷一二《内宫待命等头项门》，第437页。

日以上以全月未至论,徒三个月。首领迟到一日徒一个月,二日徒三个月,三日以上以全月未至论,徒六个月,期满令依旧任职。若连续两番当值不来,除处徒刑外,一律当革职、军、十三杖,当于近处为军。①

"前内侍当日集迟,当值不来,放弃职守等时,承罪革职次第当与帐门末宿等当值不来相同。"②

帐门末宿、内宿、外卫、神策、内外侍等当值不来而遣他人时,"遣人者徒二年,所遣者徒一年"③。

帐门末宿等以外其他内宫当值人及阁门、择人、守护者放弃职守,当值不来时,属下庶人一日不来十杖,二至四日十三杖,五日以上至全月未来,一律徒三个月。所属首领一日不来十三杖,二至四日徒三个月,五日以上至全月未来,一律徒六个月。④

御前待命放弃职事,不来任上,一律一日庶人徒一个月,有官罚马二;二日庶人徒两个月,有官罚马三;三日庶人徒三个月,有官罚马四;若不堪罚马时,罚一马换算交纳二十缗钱,三日以上一律当奏报实行。⑤

此外,每晚点名,还未查毕时待命来到,无论有官无官,一律罚二缗。查完毕奏时来到罚二缗,已奏之后方来到罚五缗。夜二三更来时则罚七缗,天亮内门未开来时罚钱十缗。"不堪罚钱时,二缗笞二十,三缗七杖,五缗八杖,七缗十杖,十缗十三杖。其中有官者有禄食,则可于禄食中减除,无禄食则当依法入受杖中。"⑥

(二)当值期间饮酒

无官方谕文,于御前近处随意饮酒,不乱言事,无妨碍、则有官罚马一,庶人十三杖。若高声乱言或殴打争斗,一律徒一年,有官可以官品当。⑦

除在御前近处及当值饮酒外,"非在近处,仅仅任内宫待命种种事而当值饮酒时,罪依所定判断"。

内宿承旨、医人、帐门末宿、内宿神策、官守护、外内侍、阁门、前内侍、内侍承旨等待命者当值饮酒时,一律庶人徒一个月,有官罚马二。

---

① 《天盛律令》卷一二《内宫待命等头项门》,第427页。
② 《天盛律令》卷一二《内宫待命等头项门》,第427页。
③ 《天盛律令》卷一二《内宫待命等头项门》,第427页。
④ 《天盛律令》卷一二《内宫待命等头项门》,第428页。
⑤ 《天盛律令》卷一二《内宫待命等头项门》,第441页。
⑥ 《天盛律令》卷一二《内宫待命等头项门》,第441页。
⑦ 《天盛律令》卷一二《内宫待命等头项门》,第441页。

药酒器承旨、侍帐事者、殿使、主传桌、厨庖、门楼主、更夫、采薪灌水者、皮衣房、裁量匠、女子、帐下内宫都案头监、秘书监局分及司吏、内宿司都案案头司吏、内宫守护者、中书、枢密当值司吏、沿门巡检"等内宫种种任职当值饮酒时,庶人十三杖,有官罚钱五缗"①。

(三)不当值时宿于内宫

诸人非当值,无谕文不许随意于夜间闭门后住宿内宫中,若违律住宿时,当比内宫人阑入之罪情加一等。②

(四)丢失记名刀显、执杖

记名刀显、执杖为待命者身份与执行公务的凭证,不许丢失、典当以及争斗中丢弃,"若违律时,失一种徒三个月,失二种徒六个月,失三种徒一年,期满当依旧任职。其中火烧、水淹、为盗贼所夺属实,则罪勿治,记名人当偿。为他人强行夺取时,取者之罪与前述自丢失罪相当。若毁伤则有官罚马一,庶人十三杖。"③

(五)引无职人入内

待命任职人不许乱引无职人进入内宫、官家住处、待命当值处、信牌令箭置放处以及局分前内侍住处等地。"若违律时,有恶心则入谋逆中,此外无恶意则当比无职人入于内宫执不执武器之罪情依次各加一等。"④

(六)内宫任职人衣着违禁

内宫任职人不许履二卷靴,系革腰带等,违律时有官罚十缗,庶人八杖。⑤

(七)迟关宫城门

内宫门及城门等关迟时,局分人依所定判断:殿门迟一时以上一律十三杖,一夜徒一年;帐下门关迟一时十三杖,一夜徒一年;宫门迟关一时十三杖,一夜徒六个月;城门迟关一时十三杖,一夜徒三个月。⑥

三、阑入宫门

(一)随意带武器进宫

内宫里面除因公奉旨带刀、剑、铁杖等武器外,不许诸人随意带武器来宫。倘若违律时,有恶心者当入谋逆中,因酒醉、愤怒等带武器行者,依逾越宫墙带武

①《天盛律令》卷一二《内宫待命等头项门》,第427页。
②《天盛律令》卷一二《内宫待命等头项门》,第438页。
③《天盛律令》卷一二《内宫待命等头项门》,第429页。
④《天盛律令》卷一二《内宫待命等头项门》,第434页。
⑤《天盛律令》卷一二《内宫待命等头项门》,第434页。
⑥《天盛律令》卷一二《内宫待命等头项门》,第434页。

器之罪判断。守门、内宿、帐门末宿等不驱之,因疏忽大意,十杖。①

（二）无职杂人入内

无职杂人进入内宫,处罪次第依以下所定判断:

入车门之内十三杖,持武器则徒三个月。

入摄智门,官家（皇帝）未坐殿上,入门口徒一年,持武器徒二年。若往至殿上则徒三年,持武器徒四年。官家坐殿上,入门口徒二年,持武器徒三年。若往至殿上则徒十二年,持武器则绞杀。

入官家（皇帝）住处广寒门及南北怀门者,徒二年,持武器则徒三年。至御前徒十年,持武器则当绞杀。

入帐下徒一年,持武器徒二年,若往至后妃近处则徒六年,持武器徒十二年。②

诸人因公召来,守门人不传语而入内,或传语而未许之,往召人随意入内等,一律有官罚马一,庶人十三杖。③

（三）诈言入内

诸人诈传上谕,说御前召之入内宫,有恶心则当入谋逆中。无恶心,因推寻他事而诈传上谕者,依第十一卷上罪状另为实行。不传上谕,仅谓帐上御前召之,则当比杂人入内宫之罪状加一等。

守门、内宿、寝帐门上帐门末宿等,发现前述诈者而不传语,及内宫承旨亲眼见之而未仔细推寻,胡乱使诈者入内,守门者之罪当与乱引助放入内之罪状相同,内宿承旨以守门者之从犯法判断,未见则当依次各减一等。若守门者等已提醒,而内宿承旨不听,则守门勿治罪,内宿承旨以守门法判断。④

（四）不当值者随意入内

御前现当值者依法可入内外,已交班者奏言,当与当值内宿承旨回应,应转告则转告,应遣本人入内则当遣。若不经守门及内宿承旨转告而自行随意入内,一律有官罚马一,庶人十三杖。⑤

种种待命、任职非当值,然有内宫事务者,当经内宿承旨转告,应入内方可入内。若未转告而自行随意入,与守门者等一律当比有人阑入内宫之罪情各减

---

① 《天盛律令》卷一二《内宫待命等头项门》,第423页。
② 《天盛律令》卷一二《内宫待命等头项门》,第424页。
③ 《天盛律令》卷一二《内宫待命等头项门》,第425页。
④ 《天盛律令》卷一二《内宫待命等头项门》,第423—426页。
⑤ 《天盛律令》卷一二《内宫待命等头项门》,第435页。

一等。①

内宿司都案、案头、司吏者,非当值可在案内做文书,是当值则可于内中使用。非当值人阑入时,有官罚马一,庶人十三杖。②

（五）小医人随意入内

医人小监依内宫法出入以外,应有小医人每日在药房内,则当与当值内宿承旨回应方可入内。若不回应而自行随意入内及不告守门人等,一律有官罚马一,庶人十三杖③。

（六）无职臣僚及僧人、道士入内

无职臣僚及僧人、道士等于内宫有大小事,当经内宿承旨转告,应遣放则可往。若不回应而自专入时,依人阑入法判断。④

（七）中书、枢密入内

中书、枢密者,除因在宫中有种种任职依法可住之外,催促文书者当在车门以外,不许入内。其中有奏报言语及推问,须有解释等时,局分守门等大人处当提出、转告,应入方可入,推问言说毕时当回。若违律未经转告而入内时,有官罚马一,庶人十三杖。⑤

四、内宫杂役安全管理

（一）国主食馔转送

当值庖人、仆役、执传桌、采薪灌水者等不许至帐下,若依时执送食馔,当经诸门"盘布"女子、都案、小监等,依次执送。"若所为事多出,人手不及,则当不当值一律于所需时入,令都案、小监在御前速为,完毕立即返回。若违律时,当比帐下人阑入罪减一等判断"⑥。

（二）御用物品制作

种种工匠、绣女子不许至国主帐下,帐中"有所制作,则当往制于外面工匠所需司内。有须取视寻验,亦当得帐下都案、小监转告方可取视,匠人勿入帐下。若违律时,召者比帐下人阑入之罪情当减一等,所召人有官罚马一,庶人十

①《天盛律令》卷一二《内宫待命等头项门》,第436页。
②《天盛律令》卷一二《内宫待命等头项门》,第436页。
③《天盛律令》卷一二《内宫待命等头项门》,第435页。
④《天盛律令》卷一二《内宫待命等头项门》,第436页。
⑤《天盛律令》卷一二《内宫待命等头项门》,第435—437页。
⑥《天盛律令》卷一二《内宫待命等头项门》,第437页。

三杖"①。

（三）"盘布"女子登记

为了使帐下转送食馔方便，内宿司大人须将"盘布"女子人数若干、姓甚名谁、何时当值等"各注于典，当予守门者，使知往来行走法。若不予名册，守门者不遣等时，有官罚马一，庶人十三杖"②。

（四）内宫匠人用具管理

内宫中匠人所用刀、工具等往来，守门内宿当持送，不许内宫中他人持之。若违律使本人持之及使他人持之，入内宫他人不持而匠事者持之，则使持者及持者一律当比杂人入内宫执武器之罪情减二等。如果不是持到匠事处，而是持往他处，则以杂人执武器入内宫法判断。③

内宫中庖人不许失菜刀，若违律粗心失刀时，徒三个月。④

五、其他禁卫方面的规定

（一）混入国主仪卫队列

国主出宫时，依法护从仪卫，严禁诸人胡乱自入列中、骑马穿行等。"倘若违律进入内宿、外护及护卫者列间，则徒三个月。护卫者进入帐门末宿等列间，则徒六个月。骑马穿行队列前者，有官罚马一，庶人十三杖。"⑤

（二）御舟、御辇不固

"御舟不固者，营造者工匠人员等当绞杀，头监、检校者等徒十二年"。"御车舆辇（汉语轿子）等已造完毕，未成实用，及因检验时未视虚假，谓无伤损，行用时不牢等，一律营造者匠人徒三年，小监、检校等徒二年。检验者已见有虚假，受贿徇情而未检出者，罪与小监相当，若无受贿徇情则徒一年。"其中入库时坚固结实，因库内放置年岁久而变劣，但"行前修造序未提醒，则局分大小之罪一律徒二年"⑥。

（三）御膳不精

御膳及其他御用品应按时制作，依数准备，如果稽缓、盗减、制不精等时，罪依以下所定判断：

---

① 《天盛律令》卷一二《内宫待命等头项门》，第438页。
② 《天盛律令》卷一二《内宫待命等头项门》，第438页。
③ 《天盛律令》卷一二《内宫待命等头项门》，第439页。
④ 《天盛律令》卷一二《内宫待命等头项门》，第440页。
⑤ 《天盛律令》卷一二《内宫待命等头项门》，第429页。
⑥ 《天盛律令》卷一二《内宫待命等头项门》，第431—432页。

御供之用度分取、准备迟缓者,当比贻误文典罪各加一等。

御膳制作不精及种种贡献不足,徒二年。不依时节贡奉徒一年,运送途中盗减,徒六年。

御供种种用度,管事者领取后盗减,当比宫内外各种盗罪再加一等。

此外,御供之膳、药、酒器,不许他人使用,"若违律,是现用器则徒三年,是备用器则徒一年"。御供药、膳不好好拣选、器具不洁等,一律徒二年①。

(四)内宫失火

内宫中无职人不许擅自燃火,若违律时徒一年,其中无心失误而失火,则量所烧价钱多少,自一缗至十缗徒二年,十缗以上至二十缗徒三年,二十缗以上至三十缗徒四年,三十缗以上至四十缗徒五年,四十缗以上至五十缗徒六年,五十缗以上至六十缗徒八年,六十缗以上至七十缗徒十年,七十缗以上至八十缗,徒十二年,八十缗以上至百缗无期徒刑,百缗以上及其或死伤人,或火至宫殿、宗庙等,一律当绞杀。②

(五)内宫锁钥领交

为了防止监守自盗,内宫库钥匙白天由局分人领取,晚夕交还。若违律"不依时交、遗门后及门记上不置御印子而忘之等,一律徒三个月"③。丢失则徒六个月。④

(六)向宫射箭投掷

诸人向内宫射,"着于墙壁者徒二年,着于殿墙则徒三年,穿越殿及宫内则徒四年,至于官家住处内则绞杀"。若投掷,当比前述射之罪减一等⑤。这个规定基本是对《唐律疏议》的承袭。⑥

(七)损毁坛台

诸人损毁坛台,是用时则徒十年,非用时则徒二年。有相议者,依次各减一等。若盗取土多及已摧毁之,一律以偷盗钱财法及前述罪比较,从重者判断。⑦

(八)跳越宫殿、宫墙

诸人违律跳越宫殿、宫墙时,"避罪又有盗心,则造意不论官,当绞杀,从犯无

---

① 《天盛律令》卷一二《内宫待命等头项门》,第433页。
② 《天盛律令》卷一二《内宫待命等头项门》,第439页。
③ 《天盛律令》卷一二《内宫待命等头项门》,第439页。
④ 《天盛律令》卷一二《内宫待命等头项门》,第441页。
⑤ 《天盛律令》卷一二《内宫待命等头项门》,第426页。
⑥ 《唐律疏议》卷七《卫禁》:"诸向宫殿内射,宫垣,徒二年,殿垣,加一等。箭入者,各加一等,即箭入上阁内者,绞,御在所者,斩。"
⑦ 《天盛律令》卷一二《内宫待命等头项门》,第432页。

期徒刑"。若"无恶意,造意当绞杀,从犯徒十二年,有官可以官品当。执武器行已伤人,则当剑斩之,致死则依故杀律判断。其中虽议而未跳越者,有官罚马一,庶人十三杖"①。

(九)妄自涂写

诸人不许于内宫城墙上妄自涂写,若违律无心涂写则徒一年。②

六、关禁规定

《唐律疏议》与《宋刑统》中的"关禁律"包括私度关、不应度关而给过所、关津无故留难、私度有他罪者、妄随兵马度关、赍禁物度关、越度缘边关塞、缘边城戍不觉奸人出入、烽侯不警,等等。《天盛律令》"敕禁门"中的关禁主要是对私度关的处罚,兹述如下:

(一)向敌界出卖人马驼牛及其他违禁物

人、马、披、甲、牛、骆驼及其他种种物,敕禁不允敌界卖。若违律时,依以下所定判断:

到敌界卖人者,已过敌界则按有意杀人法判断,未过敌界则按有意伤人法判断。若所卖人自愿,则"当与逃跑已起行、未起行之各种罪状相同,不愿者不治罪"③。

到敌界卖驼、马、牛、铠甲、军披,庶人造意斩,从犯处无期、长期徒刑,有官当以官品当。

向敌界卖人、马、驼、牛、披甲以外种种杂物、战具,"当按本国地方现卖法计价,视其钱量高低,是战具以强盗持武器法,此外杂畜物按不持武器法判断。从犯当依次减一等"④。

正副统军、总制、州府使副行将、刺史、监军、同判、习判、承旨、参谋、教马、军察、州主、城守、通判、边检校、行监以及都案、案头、司吏等大小管事人出卖敕禁物时,当比其他人罪加二等。亦可加至死刑。⑤

任警口者知晓是敕禁物,但贪赃放行,使卖于敌界,当与有罪人相等,若"贪赃多,则与枉法贪赃罪比,按其重者判断"。若闻见为敕禁物,无贪赃徇情,只是迟误不捕,当比从犯减一等。若无贪赃徇情,全未闻见,为失误,监察已明时,应

①《天盛律令》卷一二《内宫待命等头项门》,第433页。
②《天盛律令》卷一二《内宫待命等头项门》,第433页。
③《天盛律令》卷七《敕禁门》,第284页。
④《天盛律令》卷七《敕禁门》,第284页。
⑤《天盛律令》卷七《敕禁门》,第285页。

获死罪,军溜、检头监等一律徒六个月,检提点徒三个月,检人十三杖。[1]

刺史、监军司局分、地方巡检等捕获卖敕禁者而枉法释放,"或问时转换其罪情,受贿徇情等,一律依第九卷上枉法加罪之罪状法判断。若受贿多则当计其枉法赃量,从重者判断"[2]。

对卖敕禁物举告赏,当与强盗持不持武器之得告赏法相同。同时,知有人卖敕禁物而不捕告,当视其有无受贿徇情,依第三卷上知盗有无受贿罪状判断。[3]

诸人卖敕禁物,已造意行动或未行动时反悔,向职管司巡检等处自首,当释其罪,"不告司中,于他人处说知令止者,按从犯法判断"[4]。

(二)向敌界卖钱

诸人不许去敌界卖钱,假若违律时,一百至三百钱徒三个月,五百钱以上至一缗徒六个月,二缗徒一年,三缗徒二年,四缗徒三年,五缗徒四年,六缗徒五年,七缗徒六年,八缗徒八年,九缗徒十年,十缗徒十二年,十缗以上一律绞杀,从犯依次各减一等。

诸人不许将南院黑铁钱运来京师,及京师铜钱运往南院等,若违律时,多寡一律徒二年,举告赏当按杂罪举告得赏。

诸人由水上运钱到敌界卖时,渡船主、掌检警口者之罪,按卖敕禁畜物法判断。他人知闻,受贿则与盗分他人物相同,未受贿当与不举告等各种罪状相同。[5]

①《天盛律令》卷七《敕禁门》,第286页。
②《天盛律令》卷七《敕禁门》,第286页。
③《天盛律令》卷七《敕禁门》,第286页。
④《天盛律令》卷七《敕禁门》,第287页。
⑤《天盛律令》卷七《敕禁门》,第287页。

第九章　《天盛律令》反映的西夏司法制度

第一节　司法机构

一、中央审判与复核机构

（一）中书、枢密

中书、枢密为西夏五等司中的上等司，为最高行政、军事机关，在处理全国行政、军政事务的同时，还兼有民事、刑事审判监督与复核审查职责。"诸司判断公事时，未合于所定律令，有缺失语，当举语情，当引送中书内定之。"①

边中、京师畿内诸司所判劳役如何遣发，预先当告中书、枢密，中书、枢密大人当量之。"倘若诸司局分大小人不寻中书、枢密谕文，擅自遣送有事处时，有官罚马一，庶人十三杖。"②

边中诸司审刑中，所判无期、死刑者不服，当报经略职管司，以待谕文。不隶属于经略的啰庞岭监军司，"自杖罪至六年劳役于其处判断。获死罪、长期徒刑、黜官、革职、军等行文书，应奏报中书、枢密，回文来时方可判断"③。

（二）御史台

御史台本"掌纠察官邪，肃正纲纪"，是封建政权中的最高监察机构。但自唐太宗起，御史台已开始置狱推鞫，兼管司法，至宋代这种职能进一步得到加强，咸平六年（1003年）真宗下诏，御史台应有刑狱公事，御史中丞以下，躬亲点检推鞫。④西夏承袭唐、宋，"诸人有互相争讼陈告者，推问公事种种已出时，京师当告

---

① 《天盛律令》卷二〇《罪则不同门》，第609页。
② 《天盛律令》卷二〇《罪则不同门》，第603页。
③ 《天盛律令》卷九《事过问典迟门》，第317页。
④ ［清］徐松辑，刘琳等点校：《宋会要辑稿·职官》五五之四一五，中华书局，2014年，第4499页。

于中兴府、御史，余文当告于职管处，应取状"①。

（三）审刑司

审刑司为西夏建立初仿照宋朝设置的十六司之一，成书于西夏后期的《天盛律令》与《番汉合时掌中珠》也均列有审刑司。该机构主要职责是刑事审判还是复核，还有待于进一步研究。

（四）殿前司

西夏十六司之一，为次于枢密的军事管理机构，负责军马季校②、中小军事首领派遣等③，同时也兼理司法，《天盛律令》卷二《戴铁枷门》就规定，使军因犯罪而判处戴铁枷，京师者当向殿前司、边中者当向经略司行文引送，经略司与殿前司"相总计记簿册而行，列犯罪者名，属者为谁，地名何处，使细细表示。假若因公当向摊派处出工时，前述使军因罪行期未满者当行，服刑已满□后，应分置其他何处当分置"④。

（五）瓯匦司

瓯匦司位居西夏五等司中位居次等，设四正四承旨，大致属重要公文管理与奏陈机构。诸人有互相争讼陈告，京师当告中兴府、御史，地方当告所属司，若对上述局分判处不服，"当入状于瓯匦中，瓯匦司人当问告者，如何枉误，有何争讼言语，当仔细明之"⑤。

二、京畿地方审判与司法机构

（一）中兴府

中兴府即西夏前期的兴庆府，不仅是京畿地区的行政机构，也是重要的审判机构，前述"诸人有互相争讼陈告者，推问公事种种已出时，京师当告于中兴府、御史，余文当告于职管处，应取状"⑥。西夏都城中兴府官衙的审判职能，很大程度上是仿照宋朝而来，元昊建立政权初期模仿宋朝设置的"开封府"⑦，就反映了

---

①《天盛律令》卷九《越司曲断有罪担保门》，第338页。
②《天盛律令》卷五《季校门》规定："全国中诸父子官马、坚甲、杂物、武器季校之法：应于每年十月一日临近时，应不应季校，应由殿前司大人表示同意、报奏。"第230页。
③《天盛律令》卷六《抄分合除籍门》："军待命、独诱、牧农主等首领及以下小首领、舍监等，前明确以外，其小首领、舍监等未明确时，但如所属首领、族父等同意，自有二十抄者可设小首领一人，十抄可设舍监一人。彼勇健强悍堪任者亦可擢为首领、盈能等，由监军司何职管处迁盈能，当经殿前司，所言为实，则当奏请派遣。"第267页。
④《天盛律令》卷二《戴铁枷门》，第157页。
⑤《天盛律令》卷九《越司曲断有罪担保门》，第338页。
⑥《天盛律令》卷九《越司曲断有罪担保门》，第338页。
⑦［元］脱脱等：《宋史》卷四八五《夏国传上》，中华书局，1977年，第13993页。

这一点。

(二)经略司、监军司

西夏前期监军司为地方最高军事机构,后期又在监军司之上设置经略司①,地方重大军政、司法事务一般都要报告经略司。前述使军因犯罪而判处戴铁枷时,京师者向殿前司,边中者向经略司行文引送。②还如诸司所判死刑、劳役以及革官、职、军、罚马等,"刺史人当察,有疑误则弃之,无则续一状单,依季节由边境刺史、监军司等报于其处经略,经略人亦再查其有无失误,核校无失误则与报状单接。本处有无判断及尔后不隶属于经略之各边境、京师司等,皆依文武次第分别当报中书、枢密"③。

除司法监察外,监军司还有重要审判职责,其中"不系属于经略之啰庞岭监军司者,自杖罪至六年劳役于其处判断。获死罪、长期徒刑、黜官、革职、军等行文书,应奏报中书、枢密,回文来时方可判断"④。

(三)州(府、郡、军)县官衙

和历代封建王朝一样,西夏的地方州(府、郡、军)县官衙既是行政机构,又是受理诉讼案件的司法机构。《天盛律令》规定,隶属于经略的监军司以及府、军、郡、县审刑中,获死罪与无期徒刑者,"报经略职管司等,当待谕文"⑤。

第二节　诉讼制度

西夏的诉讼主要为刑事诉讼,即使民事案件,也是用刑律判断。

一、受害人自诉

(一)支持受害人自诉

受害人自诉是古代刑事诉讼的重要内容,《天盛律令》明确予以支持,"诸人对负债人当催索,不还则告局分处,当以强力搜取问讯"⑥。

(二)对自诉的法律规定

1. 上诉后不许私自和解。"因他人夺妻,已告有司,事后不许和解,依法判

---

① 经略司高于诸司,次于中书、枢密,分东、西经略司,管理除京师及啰庞岭以外的广大区域。
②《天盛律令》卷二《戴铁枷门》,第157页。
③《天盛律令》卷九《诸司判罪门》,第323页。
④《天盛律令》卷九《事过问典迟门》,第317页。
⑤《天盛律令》卷九《事过问典迟门》,第317页。
⑥《天盛律令》卷三《催债利门》,第188页。

断。未报则事前允许和解,不许他人举报。若违律时,有官罚马一,庶人十三杖。"①

2. 自诉须在有效期限内。"诸人为婚迎媳,然后曰'我未得嫁妆'者,一年期间可告。"②"诸人有女,已送主家下,而后留有婚价尾数,一年期间皆当取。不予时可上告催促,不予者有官罚马一,庶人十三杖。逾期不许取状寻问。"③

3. 先告未审毕不许另告他处。"诸有公事而未问显明,此后不许越司另告他处而不告于局分。若违律时,告者、取状者等有官罚马一,庶人十三杖。"④

4. 重诉时不许在原状上增加状告内容。"诸人重讼者除先所告之外,不许状上增状。倘若违律,状上增状者及取状者等一律有官罚马一,庶人十三杖。其中因谋逆、失孝德礼、背叛等三种语有所增,则当依法寻问。"⑤

二、告发

(一)自愿告发

即诸人不是为了领赏,而是出于其他种种目的而自愿告发,这种告发多为一般刑事案件,有的斗殴伤人案件,如果当事人不告,则不允他人举告。⑥

(二)募告

募告又名举告,即奖励告发,它的面非常广泛。盗杀牛、骆驼、马、骡、驴,他人举告时,"依诸人因告举杂盗赏法,当由犯罪者出钱给予"⑦。武器装备季校审验中,违律借索披甲马,"一律借者、索借者同罪,徒六个月,举告赏各自当出十五缗钱给予"⑧。"诸种种部人丁院籍上不注册时,举发赏一至二人二十缗,三至五人三十缗,六至九人四十缗,十人以上一律五十缗。其年幼者应注册不注册及年已及丁虚报幼小者,举发赏则依上述人丁不于籍上注册隐瞒举告赏当给二分之一,一律由隐者正军给予。"⑨对卖敕禁品举告赏,"当与强盗持不持武器之得告赏法相同"⑩。诸人举私造曲,自杖罪至无期徒刑,分别赏五缗至一百缗,"当由各犯罪

①《天盛律令》卷八《夺妻门》,第300页。
②《天盛律令》卷八《为婚门》,第311页。
③《天盛律令》卷八《为婚门》,第312页。
④《天盛律令》卷九《越司曲断有罪担保门》,第337页。
⑤《天盛律令》卷一一《草果重讼门》,第414页。
⑥《天盛律令》卷一四《误殴打争门》,第481页。
⑦《天盛律令》卷二《盗杀牛骆驼马门》,第155页。
⑧《天盛律令》卷五《季校门》,第233页。
⑨《天盛律令》卷六《抄分合除籍门》,第263页。
⑩《天盛律令》卷七《敕禁门》,第286页。

者依罪情次等承当予之"①。马牛羊驼四种官畜不患病及并未死亡而入死中为虚假时,以偷盗法判断。有举者,亦当依举偷盗之赏法予之。②诸人举于敌界转卖钱及毁钱等,犯者获三个月至十二年徒刑时,分别赏四十缗至一百七十缗,获死罪赏二百缗。③"诸人举他人,予举赏法一一分明以外,犯余种种杂罪时,获死罪赏五十缗,三种长期、无期等赏四十缗,自徒四年至徒六年赏三十缗,自徒一年至徒三年赏二十缗,月劳役十缗,杖罪五缗,当由犯罪者予之举赏。"④

(三)强迫告发

即针对一些危害性较大的犯罪,官府强迫人们告发,隐瞒不告者,要追究连带责任。如"诸人未参与议逃,但知逃跑语言而不举告者,逃跑已行者徒六年,未起行者徒五年"。"逃者之亲父、亲兄弟、亲子等,原来未参议逃跑,而知闻不举告者,依闻知他人逃跑言不举告法判断。"⑤"诸人窃人妻,他人知觉不告,受贿者一年,未受贿则有官罚马一,庶人十三杖。"⑥至于对谋逆、谋叛等"十恶"大罪隐瞒不告者,更是追究亲属的连带责任,没收家产,或入牧农主中,或"送边地守城,终身在军中"⑦。

(四)对告发的限制

1. 某种情况下,当事人不告,不许他人举告。如殴打争斗相伤时,"夫妇自不告,则他人举告,不许取状问之。若违律取状问时,有官罚马一,庶人十三杖"⑧。诸人违律抢亲,女之父兄告时,有官罚马一,庶人十三杖。若"父、兄弟不告,不许他人举报,违律告状取状者,一律有官罚马一,庶人十三杖"⑨。

2. 一般情况下,举告有一定的时间限制。前引"诸人为婚迎媳,然后曰'我未得嫁妆'者,一年期间可告"⑩。诸人嫁女,"而后留有婚价尾数,一年期间皆当取。不予时可上告催促,不予者有官罚马一,庶人十三杖。逾期不许取状寻问"⑪。

3. 亲属、卑幼、使军、奴仆的举告权限。《天盛律令》卷一三《许举不许举门》,

---

① 《天盛律令》卷一八《杂曲门》,第565页。
② 《天盛律令》卷一九《畜患病门》,第583页。
③ 《天盛律令》卷一三《举虚实门》,第453页。
④ 《天盛律令》卷一三《举虚实门》,第450页。
⑤ 《天盛律令》卷七《番人叛逃门》,第276页。
⑥ 《天盛律令》卷八《夺妻门》,第300页。
⑦ 《天盛律令》卷一《谋逆门》,第113页。
⑧ 《天盛律令》卷一四《误殴打争门》,第481页。
⑨ 《天盛律令》卷八《为婚门》,第310页。
⑩ 《天盛律令》卷八《为婚门》,第311页。
⑪ 《天盛律令》卷八《为婚门》,第311页。

对亲属、卑幼、使军、奴仆的举告权限作了详细的规定,其中子女可举曾祖父、祖父母、父母、庶母谋逆、失孝德礼、叛逃、恶毒等罪;妻子、媳可举公婆、丈夫谋逆、失孝德礼、叛逃、内宫淫乱、恶毒、内乱、盗中杀人、有意杀人等罪,九个月至一年丧服亲相互检举也在此范围;使军、奴仆可举头监十恶中获死、长期徒刑以及盗取官畜谷物、匿卖官马铠甲、铸钱敛钱等种种中的死罪,盗窃及变卖敕禁、私制曲中的长期徒刑及死罪,不注册十人以上成丁男子而获长期徒刑以及匿逃人中十门以上获死罪等。①

除上述罪行外,亲属、卑幼、使军、奴仆不可举告尊长、主人、上司所犯其他种种罪,若违律举告,则依法惩处,如服九个月以上丧服节下亲举节上亲时,"犯罪者应得徒二年以内罪,则不论大小,举者之罪徒二年。若举情重于彼,则当比有罪人减一等。若节上举自己节下者时,当比前述节下举节上罪减一等,犯者罪勿治"②。但"五个月丧服以下允许相告举,依法当推问"。使军、奴仆应不应举头监,"与前述节下举节上中九个月以上丧服时推问承罪法相同"③。

《天盛律令》对亲属、卑幼、使军、奴仆举告尊长、主人、上司之罪的严格限制,深刻地反映了儒家的尊尊亲亲以及封建等级观念在西夏的影响。

(四)对举告不实的处罚

为了防止诬告,《天盛律令》规定举告不实者要反坐。"诸人自叛逃以上三种举言虚者,判断已至,则本人不论主从,不论官,依谋逆法判断,家门当连",判断未至,则受不受问杖一样,举虚者造意以剑斩之,家门当连坐。从犯不论官,当绞杀,家门勿连坐。其他十恶罪及种种杂罪举虚者,"被告人已被缚制,则受未受问杖一律与所举罪相当"④。

第三节 拘捕传讯与囚禁

一、拘捕

中国古代法律无拘留与逮捕之别,西夏也不例外,这里说的拘捕实即逮捕。对人犯实施拘捕,只需长官指令而不履行法律手续。法律上只有对逮捕人的督

① 《天盛律令》卷一三《许举不许举门》,第445页。
② 《天盛律令》卷一三《许举不许举门》,第446页。
③ 《天盛律令》卷一三《许举不许举门》,第447页。
④ 《天盛律令》卷一三《举虚实门》,第449页。

促,防其奸伪、贪纵、暴掠以及无理杀伤人犯。人犯拒捕反抗格杀勿论。

(一)拘捕人及其责任

西夏法律上的拘捕人为捕盗巡检,《天盛律令》规定,边地监军司五州地诸府、军、郡、县都要按地方广狭与发案率高低,派遣相应的捕盗巡检,巡检之上设小巡检、都巡检以及巡检勾管。京师界巡检勾管从大都督府任职臣僚中派遣,边中巡检勾管从监军、同判、习判中派遣,一年完毕后迁转。"为巡检勾管者,无论日夜当于重地方巡行,当敦促各小巡检,所属地方不许生盗诈住滞。若违律未巡行于属地而生住滞,及虽巡行而仍出住滞等时,当比小巡检之各种罪状减一等。"

盗案发生后,当立即派巡检人捕盗,三日内派出都巡检督促检查,十日以内缉盗归案。若派出延误或巡检人缉捕延误,都将按律予以惩处。①

(二)邻里责任

我国古代法律规定,邻里有协助拘捕罪犯的义务,如果不履行这一义务,将受到法律的制裁。西夏《天盛律令》也是如此,"家主中持拿盗窃者时,邻近家主当立即协助救护。若协助救护不及,不往报告时,城内城外一律所属大人、承旨、行巡、检视等徒一年,迁溜、检校、边管、盈能、溜首领、行监知觉,有位人等徒六个月,此外家主徒三个月。又已与盗相遇,赶及不往报告时,有官罚马一,庶人十三杖"②。

这段记载说明了三个问题:其一,作为宗族首领的家主有捕捉盗贼,维持地方治安的责任;其二,邻近家主有协助追捕的义务;其三,除巡检人、都巡检、巡检勾管外,当地行政、军事首领也有连带责任。

(三)对被拘捕者的规定

被拘捕者遇有官民拘捕时,应束手就擒,不可拒捕或逃脱,否则就可能被拘捕人处死,在这种情况下,拘捕人不承担任何刑事责任。如"诸人已为盗诈时,畜物主人及喊捕者求别人帮助,于盗人逃后追赶,除先追者外,其他人见其盗追赶者,将盗人射、刺、杖、砍,盗人死伤时,追者不治罪。若盗人自还给,请捕,已入手后,贪人畜物,若以错置无理而杀时",则要处罪③。

(四)对拘捕人的督促与赏罚

1. 不允拘捕人(失主)与被拘捕者私了。畜物主及他人捕到盗窃者,当告局分处,不准随意议和。假若违律议和时,按盗人罪法判断。其中"盗人应获死罪,

①《天盛律令》卷一三《派大小巡检门》,第457页。
②《天盛律令》卷三《追赶捕举告盗赏门》,第179页。
③《天盛律令》卷三《追赶捕举告盗赏门》,第179页。

议和者徒二年;盗人应获长期徒刑,议和者徒一年;盗人应获短期徒二至六年,议和者徒六个月;盗人应获徒一年至一个月,议和者十三杖;盗人应获杖罪,议和者七杖。若盗人亦盗他人畜物事已发,而议和者及说和者等与知盗分物之罪相等,畜物属者、说和者所得物皆当罚没交官,所偿还畜物主当取走。若议和以后,物主自举告,则当解罪。"①

2. 诸人举告盗人,捕盗巡检"因受贿徇情而不捕、释放等者,断与盗人同。受贿多则以枉法贪赃论,与前述罪比较,从重者判断"②。同时,捕盗巡检"侵扰本地家主,食贿时,以枉法贪赃论"③。

3. 捕盗巡检懈怠,没有在辖区内巡行,以致家主畜物被盗,他人捕获后,盗人应获死罪时,巡检徒二年,获长期徒刑时,巡检徒一年,获六年至四年徒刑时,巡检徒六个月,获三年至一年徒刑时,巡检徒三个月,获月劳役时,巡检十三杖。若盗人未被他人捕获,则按所失畜多少判断。捕盗巡检巡行而生住滞,有官罚马一,庶人十三杖。但上述盗人为巡检本人捕获,则不治其懈怠之罪。④

此外,失主发现盗贼在某处,报告给辖区内捕盗巡检,然巡检"不往搜寻,为懈怠时,当比前述未巡行而生住滞之各种罪状加一等"。⑤

4. 论功行赏。拘捕人捕获死罪犯一至三人,赏银三两、杂锦一匹、茶绢三中一段绢;四至六人赏银五两、杂锦一匹、茶绢五中二段绢;七至十人赏银七两,杂花锦一匹、茶绢七中三段绢;十一人以上一律加一官,赏银十两、杂花锦一匹、茶绢十中四段绢。

捕获长期徒刑自一至七人,赏银三两、杂锦一匹、茶绢三中一段绢;自八至十五人赏银五两、杂锦一匹、茶绢五中二段绢;十六人以上一律加一官,杂锦一匹、茶绢七中三段绢。

捕获短期劳役罪犯自一至七人,赏银一两、茶绢三中一段绢;八至十五人赏银二两、锦一匹、茶绢五中二段绢;自十六至二十人,赏银三两、坨呢一匹、茶绢五中二段绢;二十人以上一律赏银三两、杂锦一匹、茶绢五中二段绢。

上述奖赏有两个原则,一是必须是捕盗巡检自捕,如果"由诸人捕之而纳于巡检,及有告举而捕之等,勿以得官赏论";二是"一年期间捕获死罪、长期徒刑、短期徒刑等人,不许以三等赏赐论而予之,当以其高等级之一等给予",即一年只

---

① 《天盛律令》卷三《自告偿还解罪减半议合门》,第177页。
② 《天盛律令》卷一三《派大小巡检门》,第459页。
③ 《天盛律令》卷一三《派大小巡检门》,第459—460页。
④ 《天盛律令》卷一三《派大小巡检门》,第459页。
⑤ 《天盛律令》卷一三《派大小巡检门》,第459页。

奖一次。倘若违律,"巡检将他人所捕,及有告举而谓我自捕盗",或者"局分人受贿徇情,论以三等赏赐共算,一齐皆予之等时,领者及分者局分人等一律依偷盗法判断。未受贿徇情,为过失,则依做错法判断。其中受贿者以枉法贪赃论,与前述罪比较,从重者判断。超领赏赐当交还"①。

二、传讯

所谓传讯即对轻微犯罪人及证人的传唤,《天盛律令》卷一三《遣差人门》对此有较为详细的规定。

(一)传讯差人的派遣

法律有关传讯差人派遣规定大致有三:首先,传唤被告的差人应从近便的军首领、迁溜检校、交管、巡检、监军司人中派遣,若违律不从近便迁溜、检校、交管、巡检中派遣,有官罚马一,庶人十三杖。

其次,诸司派遣差人时,先由小监注册,然后报经承旨、习判等处,依地程远近,给予限期,如果差人逾期时,稽缓一日至五日七杖,六日至十日十三杖,十一日至二十日十五杖,二十日以上一律十七杖。

其三,"差人司内已派,不来而逃匿,寻而获之,稽缓自一日至二十日以内者,差人依往唤被告人稽缓法判断,二十日以上一律徒二年"②。

(二)对被传讯者的规定

被传讯者接到传讯时,应按规定时间到传唤处,不得拒绝传唤,更不得殴打差人。"诸司头字上有上谕往唤人,任司位人不来唤处而打差人者判无期徒刑,唤虽来而打差人则徒五年,不来唤处亦不打差人则徒三年。是不任司位人,则比前述任司位之罪状当减一等。无圣旨,诸司往唤被告人,不来唤处而打差人者徒二年,来唤处而打差人者徒一年,不来唤处不打差人则徒六个月。"上述处罚只适合于被传唤人无罪或比打差人罪小,如果被传唤人之罪比打差人罪重或与之相等,"则依推问虚供法判断"③。

接诸司传唤,被唤人不肯前来,归于山岭险地,官方再派人传唤时来唤处,"依原所犯罪事法判断"。若被唤人"恃山岭险地,径直不肯来唤处者",于前述持诸司谕文传唤不来罪加二等,是圣旨传唤不来则加三等,其中殴打传唤者则当再加一等。如果武力抗拒,"是诸司谕文则于前述原罪上加四等,是圣旨上谕则当

---

① 《天盛律令》卷一三《派大小巡检门》,第457—458页。
② 《天盛律令》卷一三《遣差人门》,第464页。
③ 《天盛律令》卷一三《遣差人门》,第465页。

加五等,伤、杀人则依第三卷上强盗伤杀人法判断"①。

另外,被传唤者因患病或酒醉不能前来,"是实情则当分析,勿治罪。其中为虚者依法判断"②。

（三）对传讯差人的督察

传讯差人是执法人员,为了防止其徇情枉法,《天盛律令》卷一三《遣差人门》规定,"差人往唤有罪人,对有罪人及其他知情当事人等若强行无理取其主贿,或释放以取贿等时,以枉法贪赃罪判断"③。差人在被告人处没有挨打说自己被打,被告人欲来说不来,"与被告人打差人及不来等同样判断"。被告人来唤处,不许对其无理拷打逼凌,"倘若违律,受贿少者徒六个月,受贿多则与枉法贪赃罪比较,从重者判断。若未受贿,则因无理拷打,徒三个月"④。

三、囚禁

囚禁主要指判决前对被告人与犯罪嫌疑人的强制,这些人犯一旦被关进牢房,免不了皮肉之苦。然而有官人是可以免刑的,尤其是"节亲、宰相、诸司大人、承旨、大小臣僚、行监、溜首领等于家因私入牢狱,不许置木枷、铁索、行大杖。若违律时徒一年,其中行一种大杖者,有官罚马一,庶人十三杖"⑤。除不允对有官人用刑外,《天盛律令·行狱杖门》对囚禁环境、囚犯待遇以及脱囚、虐囚治罪等都有明确规定。

（一）囚犯自杀,监守承罪

囚犯自杀,监守承罪大致包括以下几个方面。

其一,监守告诉囚犯有何罪行,但没有对其恐吓,囚犯畏罪自杀。死者本人有死罪,告者徒二年;有杖罪至劳役罪,告者徒三年;自杀未死,告者有官罚马一,庶人十三杖。⑥

其二,监守等枉逼拷打恐吓而致囚犯自杀,枉逼者当绞。因争斗恶语恐吓而自杀,徒十二年,戏言恐吓,徒五年。如果枉逼、恐吓者是使人、都监,则比前述之罪状各减一等。⑦

---

①《天盛律令》卷一三《遣差人门》,第466页。
②《天盛律令》卷一三《遣差人门》,第466页。
③《天盛律令》卷一三《遣差人门》,第464页。
④《天盛律令》卷一三《遣差人门》,第464、466页。
⑤《天盛律令》卷九《行狱杖门》,第324页。
⑥《天盛律令》卷九《行狱杖门》,第326页。
⑦《天盛律令》卷九《行狱杖门》,第326页。

其三,犯人索要刀、铁棍、绳索等毁身用具,监守予之,犯人自杀未死,监守徒一年,已死徒二年;去囚犯手拷,使其搜寻器物自杀,论罪同。①

（二）劫持囚犯,从重治罪

诸人强力从狱中劫出谋逆死囚,造意不论官,一律斩杀,从犯庶人当绞杀,从犯庶人当绞杀;劫出长期徒刑犯,造意当绞杀,从犯十二年;劫出短期徒刑犯,造意徒八年,从犯徒六年;劫出杖罪犯,造意徒三年,从犯徒二年;囚未入手,杀伤监守时,杀一人造意不论官,以剑斩,从犯无期徒刑;杀二、三人无论主从官庶,皆剑斩;造意者同居子女连坐,入牧农主中。②

（三）脱放囚犯,监者治罪

都监、小监等受贿而放有罪人,以及未受贿无心失误而脱囚,限三个月以内寻得有罪人。逾期不得,则以所定判断。

都监等受贿,放短期劳役至死罪犯时,放者枷禁,限期寻犯人之子、兄弟。寻得,依犯罪人从犯论;不得,则坐犯人之罪。若犯人为他人所得或死亡,一律减一等判断。放者承罪后得囚,可依法减罪,不应失官,当依旧往任上。此外,"局分大小于囚禁处虽不受贿,然是宗姻亲戚,欲使不获罪,或有说项寄语者徇情而放囚,亦与取贿放囚同等判断。"③

监管者虽受贿,"然依律法未松懈禁制,疏忽失误而失之,限期内未得,则失死罪及长期徒刑者徒六年;失六年至三年短期徒刑者徒二年;失二年至六个月徒刑者徒三个月;失获三个月徒刑者十杖"。

监管者没有受贿,无心失误而脱囚,限期内没有捕获,则失死罪及长期徒刑者,寄名人徒三年;失六年至三年徒刑者,徒一年;失二年至三年徒刑者以下者,十三杖。都监、小监则失死罪及长期徒刑,徒一年,失短期徒刑者,十三杖。④

无大人谕文判写,不许放囚,若违律放时,与有罪人相等。如果脱囚自投归、被捕或死亡,则减一等判断。⑤

有罪人越狱逃跑,当于前有罪上加一等,其中无期徒刑与死罪无所加,则无期徒刑笞八十,死罪笞一百。⑥

---

① 《天盛律令》卷九《行狱杖门》,第328页。
② 《天盛律令》卷九《行狱杖门》,第328页。
③ 《天盛律令》卷九《行狱杖门》,第330页。
④ 《天盛律令》卷九《行狱杖门》,第330—331页。
⑤ 《天盛律令》卷九《行狱杖门》,第332页。
⑥ 《天盛律令》卷九《行狱杖门》,第332页。

（四）虐待囚犯，依法承罪

犯罪嫌疑人入狱后，其主人未来，或取粮食路远，一律每日从官库中支杂粮一升，"囚主人到来时，当依原用若干还之"①，因无主人，则由官供给；牢房当开天窗，以保持空气清洁，冬季应有草席、蒲席，燃料除自备外，实无力者由官方供给；贫弱囚徒由官府供给御寒衣物；囚患病当请医治疗。②

如果违犯上述规定，"囚犯有病不医，夺取囚之食粮、衣服等致囚死时"，局分大小均要承罪，其中死一至五人，大人、承旨徒一年，五至十人徒二年，十人以上至十五人徒三年，十五至二十人徒四年，二十人以上一律徒五年。③

此外，职管大人、承旨等拷打囚犯致死，徒四年，都案、案头、司吏等未过问者徒二年。

（五）保外就医

除十恶罪及杂罪中获死罪者不许担保外，其他获长短期徒刑者有疾病、恶疮、妇人孕子等，则遣人按视，"是实则当令只关，暂接担保，疾病恶疮愈，产子一个月后再当推问"④。若非实，验视者有官罚马一，庶人十三杖。受贿则与枉法贪赃罪比较，从其重者判断。同时，若囚犯确有疾病、恶疮及孕子等，不允保外就医而先行判断者，"其致死时徒三年，落胎儿则徒二年，未致者有官罚马一，庶人十三杖。视者作伪未受贿，则与判断者相同，受贿则以枉法贪赃论，与前述罪比较，从其重者判断"⑤。

第四节 审判制度

一、审判管辖与判案期限

（一）审判管辖

西夏与唐朝、宋朝一样，也有关于审判管辖的规定，但其内容主要是级别管辖，至于地区管辖，则很少涉及。

《天盛律令》规定，"不系属于经略之啰庞岭监军司者，自杖罪至六年劳役于其处判断。获死罪、长期徒刑、黜官、革职、军等行文书，应奏报中书、枢密，回文

① 《天盛律令》卷九《行狱杖门》，第335页。
② 《天盛律令》卷九《行狱杖门》，第335页。
③ 《天盛律令》卷九《行狱杖门》，第334页。
④ 《天盛律令》卷九《行狱杖门》，第336页。
⑤ 《天盛律令》卷九《行狱杖门》，第336页。

来时方可判断。官□□□□者当送京师。"①隶属于经略司的"边中监军司、府、军、郡、县问种种习事中,应获死、无期之人,于所属刺史审刑",报经略职管司等,当待谕文;京师各司审判中,获死、无期徒刑"当奏报中书、枢密所管事处,赐予谕文"②。具体操作程序为:诸司审判中获死及劳役、革职、军、黜官、罚马等,诸司人当察,明其有无疑误,"有疑误则当弃之,无则续一状单,依季节由边境刺史、监军司等报于其处经略,经略人亦再查其有无失误,核校无失误则与报状单接。本处有无判断及尔后不隶属于经略之各边境、京师司等,皆依文武次第分别当报中书、枢密"。中书、枢密人再与律令仔细核校,"有失误则另行查检,无则增于板簿上,一等等奏闻而告晓之。若诸司人未依季节而报,而中书、枢密局分人未过问等,一律依延误公文判断"③。

（二）判案期限

《天盛律令》对判案期限也有明确规定,"诸司问公事限期:死刑、长期徒刑等四十日,获劳役者二十日,其余大小公事十日期间问毕判断。若彼期间问判不毕时,局分中都案、案头、司吏,庶人十三杖,有官罚马一"④。

二、证据

《番汉合时掌中珠》在记录西夏审判案时指出:"诸司告状,大人嗔怒,指挥局分,接状只关,都案判凭,司吏行遣,医人看验,踪迹见有,知证分白,追干连人,不说实话,事务参差,枷在狱里,出与头子⑤,令追知证,立便到来,子细取问,与告者同,不肯招承,凌持打拷,……服罪入状,立便断止。"可见证据是审判案件的重要依据,它包括人证、物证等。⑥

（一）证人与证言

我国古代法律规定,不是任何人在任何情况下都可以成为证人的。证人的主体资格受到法律的限制,这种限制主要有两方面,一是同居相隐的成员对一般犯罪不能互相作证;二是年龄八十以上、十岁以下和重病患者不能作证。西夏法律也大抵如此,除十恶、强盗等重罪外,"犯其余种种罪时,节上下允许相隐罪,不

---

① 《天盛律令》卷九《事过问典迟门》,第317页。
② 《天盛律令》卷九《事过问典迟门》,第317页。
③ 《天盛律令》卷九《诸司判罪门》,第323页。
④ 《天盛律令》卷九《诸司判罪门》,第324页。
⑤ "头子"为官方公文,西夏南面榷场使文书有"安排官头子"之语,即安排官发来的公文。
⑥ 《番汉合时掌中珠》（甲种本）,见《俄藏黑水城文献》第十册,上海:上海古籍出版社,1999年,第16页。

许告举”,也“不许为知证”[①]。

证人要对其证言负法律责任,作伪证是要反坐的,“诸人自叛逃以上三种举言虚者,判断已至,则本人不论主从,不论官,依谋逆法判断,家门当连。”“十恶及余种种杂罪等举虚者,被告人已被缚制,则受未受问杖一律与所举罪相当。”[②]在审判过程中,常常是一纸传票,证人“立便到来”,当堂取问。[③]

(二)物证与勘验

西夏审判非常重视物证,并把它作为定罪的重要依据。死伤要“医人看验”[④],捉奸要捉双,如果通奸者“一处住时捕及有知证等依法寻问,非一处住,无知证,则不许接状寻问”[⑤]。捉贼要捉赃,失主于他人处搜出赃物,“则可捕捉盗人,与畜物一起当于局分处告发”[⑥]。

取证验证必须经司内大人指挥,若大人没有指挥,“不许预先遣人取证据物,违律时有官罚马一,庶人十三杖”。证据若给举报者,则给者不治罪。[⑦]

三、刑讯

(一)刑讯的条件

作为一种强制性的审讯形式,刑讯逼供不是在任何条件下都可以使用,而是有一定的前提条件,如前所引,人犯不说实话,便传来证人,“子细取问”,如果证人所言“与告者同”,仍“不肯招承,(便)凌持打拷”[⑧]。显然这与唐代“诸察狱之官,先备五听,又验诸证信,事状疑似,犹不实首,然后拷掠”[⑨],如出一辙。

(二)刑讯工具

西夏的刑具有杖、枷、铁索、铁锁等,“杖以柏、柳、桑木为之,长三尺一寸,头宽一寸九分,头厚薄八分,杆粗细皆为八分,自杖腰至头表面应置筋皮若干,一共实为十两,当写新年日。木枷长三尺九寸,宽三寸半,厚一寸半”。铁索、铁锁形制不详,“京师令三司为之,边中令其处罚贪中为之。木枷、大杖等上当置有官字

①《天盛律令》卷一三《许举不许举门》,第448页。

②《天盛律令》卷一三《举虚实门》,第449页。

③《番汉合时掌中珠》(甲种本),见《俄藏黑水城文献》第十册,上海古籍出版社,1999年。

④《乾祐五年验伤单》中保存了医人看验的文书记录,其中载:“医人康□□/准□□□□月十三日□嵬/鼻内见有血踪,验是拳手伤,无妨/验已后稍有不同,依条承受□□/乾祐五年三月 日”(《俄藏黑水城文献》第六册,第296页)。

⑤《天盛律令》卷八《侵凌妻门》,第301页。

⑥《天盛律令》卷三《搜盗踪迹门》,第180页。

⑦《天盛律令》卷九《越司曲断有罪担保门》,第341页。

⑧《番汉合时掌中珠》(甲种本),见《俄藏黑水城文献》第十册,上海:上海古籍出版社,1999年。

⑨[日]仁井田升:《唐令拾遗》,长春:长春出版社,1989年,第713页。

烙印"①。可见,刑讯工具不但长短大小轻重有法定标准,而且制造权归官府,无官府所加火印者属非法。②

(三)刑讯施行

《天盛律令·行狱杖门》规定:"有罪人中公事明确而不说实话,则可三番拷之。一番拷可行三种,笞三十,□为,悬木上(吊起来——引者)。彼三番已拷而不实,则当奏报。"

三番拷问有规定的笞杖数,杖拷时"当言于大人处并置司写,当求问杖数"。若违律自行拷打时,有官罚马一,庶人十三杖。同时,若笞杖超过规定,一律超笞三十以内者,有官罚马一,庶人十三杖。超笞三十以上至六十徒三个月,超笞六十以上至九十徒六个月,超笞九十以上一律徒一年。若"于已受问杖番数以外,再令自一番至三番以上屡屡悬木上,已令受苦楚,则依次加一等。受贿则当以枉法贪赃论,从其重者判断"③。

贵族官僚有减免刑讯的特权,"节亲、宰相、诸司大人、承旨、大小臣僚、行监、溜首领等于家因私(即私罪——引者)入牢狱,不许置木枷、铁索、行大杖,若违律时徒一年。其中行一种大杖者,有官罚马一,庶人十三杖"④。

节亲主犯罪时,见面执法当明之。其中应受大杖者当转受细杖,应受七杖者笞三十,八杖笞四十,十杖笞五十,十三杖笞六十,十五杖笞七十,十七杖笞八十,二十杖笞一百。⑤

(四)拷囚致死的责任

西夏把拷囚致死分为两种情况,一是"依法打拷而致死者,未有异意,限杖未超,则罪勿治";另一是滥施刑讯而致死,则要治罪,其中杖限超过而杖死时,徒二年,虽超过而未杖死,有官罚马一,庶人十三杖。"无杖痕而因染他疾病致死者,勿以杖致死论,当与已超过而未死□□相同"。若怀他意,"无理打拷死者,依有意杀人法判断。若他人说项,受贿徇情而无理打拷,令杖数超而死时,依枉法借故杀法判断。人未死,则拷者自失误及他人说项,因受贿徇情而拷之等,一律依前诸司局分大小与法不合,无理增加有罪人杖数之罪状相同"⑥。

①《天盛律令》卷九《行狱杖门》,第324页。
②《宋史·刑法志》载:宋代官杖"长三尺五寸,大头阔不过二寸,厚及小头不得过九分",重"勿过十五两"。(北京:中华书局,1977年,第4967页。)
③《天盛律令》卷一三《行狱杖门》,第327页。
④《天盛律令》卷一三《行狱杖门》,第324页。
⑤《天盛律令》卷二〇《罪则不同门》,第601页。
⑥《天盛律令》卷一三《行狱杖门》,第327页。

四、申诉与终审

（一）申诉

古代的申诉主要包括两方面：一是向原审机关提起申诉，即于录问时翻异，或临刑时称冤；二是向上级司法机关提出申诉，即上诉。《天盛律令》主要规定的是上诉，且上诉不实还要加刑。诸人对判决不服，向上级机关申诉，"若别司已问，与前语同而不枉，有罪人因无理陈告，于前有罪上徒五年以内者加一等。有自徒六年以上罪者，不需于现承罪上加之，而依为伪证法，获徒六年时笞六十，获三种长期、无期徒刑等笞八十，应获死罪笞一百"①。

申诉的程序大体是：局分都案、案头、司吏枉误时，当告于所属司大人，所属司大人有枉误时，则入状于匦匣司，匦匣司人亦枉误，则当依文武次第报于中书枢密。"中书、枢密人亦枉误，则可告御前而转司，另遣细问者奏量实行。其中无故越司而告御前并击鼓等时，徒三个月，情由当问于局分。"②

（二）终审奏裁

西夏重大案件的终审权在皇帝手中，如果诸司擅自判断，未奏裁决，将依律承罪。如诸人死罪可赎减，依律令不应斩杀，但不奏而作斩杀判断则当与有意杀人罪同；犯十恶罪依律应杀，但不奏擅自杀，杀人者不论官，当绞杀；"诸人因杂罪依律应杀，不奏擅自判断时，庶人当绞杀"；无期徒刑及三种长期徒刑中，应奏不奏，擅自判断，以及不应赎而赎与应赎未使赎等，当以人数多少判断，一人徒三年，二人徒五年，三人以上一律徒六年，有官可以官品当；还有"诸司所判断中，原罪虽应获死，然而若按应减，有官等减除后，不及死，而应得长期、短期徒刑，有能与官职当者，一律当告奏。若违律不奏而判断时，徒一年"③。

（三）对曲断枉判的处罚

为了维护封建司法秩序，《天盛律令》规定审判官贪赃枉判，本无罪而治罪，是杖罪而判劳役，获长期徒刑而令承死罪等，"枉者当承全罪"；"有杖罪而加杖数，应获劳役而加年数，是三种长期、无期徒刑而依次加之等，枉法者当自承所加之罪"；"有重罪者减半，亦所减半多少，由枉罪者自承之"④。

诸局分人审判中虽未受贿徇情，问诉讼人情节亦充足，"然未得实情"，错判

①《天盛律令》卷九《越司曲断有罪担保门》，第337页。
②《天盛律令》卷九《越司曲断有罪担保门》，第337页。
③《天盛律令》卷二《不奏判断门》，第151页。
④《天盛律令》卷九《越司曲断有罪担保门》，第340页。

误判时的处罚依以下所定实行：

其一，审讯情节充分，知情人问而同之，被告人也说服罪，但未得实情而误判，则有官罚马一，庶人十三杖。

其二，审讯情节充分，《天盛律令》规定明确，但"推误而增减罪情"，"十恶"重罪轻判，局分大小与枉法罪相同。对死罪、长期徒刑与短期徒刑重判，则比枉法罪减二等，轻判则减三等，判断未至则依次再减一等。

其三，审讯情节充分，但所犯罪《天盛律令》规定不明，重判时比枉法罪减三等，轻判时则减五等。①

---

① 《天盛律令》卷九《越司曲断有罪担保门》，第341页。

第十章 《天盛律令》的特点与历史文献价值

第一节 《天盛律令》的特点

西夏制度仿照唐宋，"设官之制，多与宋同，朝贺之仪，杂用唐宋，而乐之器与曲则唐也"①。《天盛律令》亦是对唐宋的承袭。②但作为党项族建立的多民族政权，其独特的地理位置与生存环境，决定了《天盛律令》在承袭唐、宋律的同时，又有自己显明的特点。

一、刑罚严酷

地处西陲的西夏长期与宋、辽、金等政权处于对立和战争状态，其整体力量相对较弱；统治阶级内部斗争不断，阶级矛盾日益激化。为此，西夏统治者严刑峻法，刑用重典，以巩固经常处于动荡之中的封建政权。

徒刑是封建社会的基本刑罚，《天盛律令》的规定往往重于宋律。宋朝的徒刑最长为三年，有一年、一年半、二年、二年半、三年五种。西夏的徒刑最长为无期徒刑，分为三个月、六个月、一年、二年、三年、四年、五年、六年、八年、十年、十二年、无期徒刑，共十二种，其中三个月至六年为短期徒刑，八年、十年、十二年为长期徒刑。在西夏处徒刑的同时还附加杖刑，徒三个月至徒二年时，十三杖；徒三年至徒四年，十五杖；徒五年至徒六年，十七杖；徒八年以上，二十杖。可见西夏的短期徒刑比宋朝的长期徒刑还要重。

与西夏同时代的辽朝的徒刑分为三等，"一曰终身，二曰五年，三曰一年

---

① ［元］脱脱等：《宋史》卷四八六《夏国传下》，北京：中华书局，1977年，第14028页。
② ［宋］李焘《续资治通鉴长编》卷一五〇载庆历四年六月枢密副使富弼奏言："拓跋自得灵、夏以西，其间所生豪英皆为其用，得中国土地，役中国人力，称中国号位，仿中国官属，任中国贤才，读中国书籍，用中国车服，行中国法令。"（北京：中华书局，第3640—3641页。）显然，《天盛律令》是在长期"行中国法令"的基础上产生的。

半"①,基本与西夏一致,也许西夏立法过程中借鉴了契丹人的经验。但辽朝的杖刑相当重,有五十、一百、一百五十、二百、二百五十、三百等六个档次。②

唐、宋和西夏的赎刑也不尽相同,《宋刑统》与《唐律疏议》规定无论官庶都可以用铜庶笞、杖、徒、流等刑,西夏的赎刑只限于有官人,一般情况下庶民是不能以财赎罪的。犯同样的罪,往往是有官罚马一,庶人十三杖。至于死刑,《唐律疏议》《宋刑统》《天盛律令》均规定为绞、斩两种,但十恶罪以外,唐、宋律允许赎铜一百二十斤③,西夏律只规定有官人以官抵死,庶民百姓无权以财抵死。

宋朝对"谋反"罪的处死方法不受刑律的约束,一般是"支解脔割,截断手足,坐钉立钉,悬背、烙筋及诸杂受刑者,身具白骨而口眼之具尤动,四肢分落而呻痛之声未息,置之阛阓,以图示众"④。辽朝也有凌迟杀之、投高崖杀之、五车轘杀之、以熟铁锥其口杀之、活埋等,西夏则有沉河⑤、射杀⑥等,尚不见凌迟处死的记载。

从量刑轻重来看,犯同样的罪,宋、夏判刑不尽相同,一般来说西夏要比宋朝重。《天盛律令》规定,诸人杀自属马、牛、驼时,"杀一头徒四年,杀二头徒五年,杀三头以上一律徒六年"⑦。盗杀他人马、牛、驼,"不论大小,一头当徒六年,二头当徒八年,三头以上一律当徒十年"⑧。《宋刑统》则规定:"诸故杀官私马牛者,徒一年半","主自杀马牛者,徒一年。"⑨"诸盗官私马牛而杀者,徒二年。"⑩还有强盗不得财,宋朝判徒刑二年,西夏则主犯判三年,从犯二年,也比宋朝重。

西夏与辽、金都是少数民族建立的多民族政权,其主体民族起初均以游牧为生,后进入沿边或内地,逐渐定居下来。三者的法制,特别是刑法却不尽相同,大体来讲,辽、金刑法重于西夏,西夏刑法重于宋朝。前述辽朝杖刑分五十至三百,

---

① [元]脱脱等:《辽史》卷六一《刑法志上》,北京:中华书局,1974年,第936页。
② 刘肃勇、姚景芳:《辽朝刑罚制度考略》,载《社会科学辑刊》2000年第1期。
③ [宋]窦仪等详定,岳纯之校证:《宋刑统校证》,北京:北京大学出版社,2015年,第5页。
④ 《宋文鉴》卷二四。
⑤ 《续资治通鉴长编》卷五四咸平六年五月壬子条载:"继迁在灵州东三十里东关镇,树栅居之,所部人马约三万。去岁伤旱,禾麦不登,又引河水溉田,功毕而防决。凡执役者,有小过则头系投于河,令人就下流接视,蕃人则援以出,汉人则否。"(北京:中华书局,2014年,第1194页。)又《东都事略》卷一二七《西夏传》曰:元昊"母米氏族人山喜谋杀元昊,事觉,元昊杀其母,而山喜之族皆沉之于河"([宋]王偁撰,孙言诚等点校,济南:齐鲁书社,2004年,第1101页)。
⑥ 《续资治通鉴长编》卷一二二宝元元年九月己酉条:元昊从父山遇降宋,延州不敢受,乃押还元昊,"至摄移坡,元昊集骑兵射而杀之"。(北京:中华书局,2004年,第2880页。)
⑦ 《天盛律令》卷二《盗杀牛骆驼马门》,第154页。
⑧ 《天盛律令》卷二《盗杀牛骆驼马门》,第154页。
⑨ [宋]窦仪等详定,岳纯之校证:《宋刑统校证》卷一五《厩库律》,北京:北京大学出版社,2015年,第200页。
⑩ [宋]窦仪等详定,岳纯之校证:《宋刑统校证》卷一九《贼盗律》,北京:北京大学出版社,2015年,第258页。

分六个等级。金朝在黥刺之外,还有劓刑、刖刑,辽朝也有劓刑,罪犯赎罪后要削去鼻子或耳朵的,这些酷刑是西夏所没有的。

二、军法完备

西夏主体民族党项羌"俗尚武力",在唐末五代藩镇割据战争中逐渐强大。立国后边防形势十分严峻,与周边宋、辽、金、吐蕃、回鹘、蒙古经常发生战争,特别是与北宋的战争几乎断断续续没有停止过。[①]因此,西夏统治者特别重视军队的建设和军事制度的完善。反映在《天盛律令》上,在20卷、150门、1461条的法律条文中,军事法就占了3卷16门198条,约占全书的1/7。而《唐律疏议》与《宋刑统》,只有《擅兴律》1卷24条,仅占全书的1/30。

唐、宋律有关军事方面的内容,主要对擅发兵、给兵符违式、大集校阅违期、主将临阵脱逃、私有禁兵器等方面的处罚,并不构成系统的军事法。《天盛律令》则不然,它的军法内容十分丰富,包括边防法、兵役法、战具配备与管理法等,与唐、宋律比较,更具有系统军事法的性质。首先,它不只是对违反规定的处罚,而许多条目包括了如何操作的程序法。如卷四《敌军寇门》规定:"沿边盗贼入寇者来,守检更口者知觉,来报堡城营垒军溜等时,州主、城守、通判、边检校、营垒主管、军溜、在上正、副溜等,当速告相邻城堡营垒军溜,及邻近家主、监军司等,当相聚。我方畜、人已入未入他人之手,对敌军入寇者力能胜则当打败,力不堪胜,则视其军情,各家当转移,监视军情。若不报告邻近城堡营垒军溜、家主、监军司等,已派报者而不往,传话中断,敌人、盗贼攻入,畜、人入他人手者,依攻入多少,边检校、营垒主管、州主、溜正等,及报告语中断者,与检主管失察及与城守、通判、副将佐等对检人失察等罪相同判断。"[②]

又如卷六《官披甲马门》:军卒"无力养治坚甲、马,子嗣已断者,其各披甲、马本院无移换处,则不同院人坚甲、马无有而愿请领者并当领除籍。同院不同院无请领者,则当交官。□无室贫男无力养治坚甲、马而不禀报首领处,其有亡失、宰杀者,十三杖,自当赔偿"[③]。

其次,有关兵役条例系统完整,男子"年十五当及丁,年至七十入老人中",为了保证兵源,男孩从十岁开始就要登记注册。老弱病残免役时,须经医人看验,只情者担保。如果逃避兵役,"以壮丁入转老弱",当比及丁不注册之罪加一等判

---

① 杜建录:《论西夏与周边民族关系及其特点》,载《民族研究》1996年第2期,第79—87页。
② 《天盛律令》卷四《敌军寇门》,第212页。
③ 《天盛律令》卷六《官披甲马门》,第251页。

断,还有"诸人现在,而入死者注销,及丁则当绞杀,未及丁则依钱量按偷盗法判断"①。这些都是唐、宋律所没有的。

其三,战具配备与管理独具特色。配备范围包括西夏社会各个层面,既有各级首领、大小官员,又有农牧民、手工工匠以及具有农奴身份的使军,反映出全民皆兵制的特点。配备的标准因身份而异,一般农牧民、使军不如大小首领、侍卫亲兵。官马只配给正军,独诱(又译为特差)、臣僚以及侍卫亲兵配给甲胄。兵器的质地、规格务求一律,甲胄"以毡加褐布、革、兽皮等为之",枪的"杆部一共长十一尺"②。

对战具的管理主要集中在卷五《季校门》与《官披甲马门》。每年十月一日前夕,由殿前司奏报校验官马、坚甲及其他种种武器。归属经略者,当由经略司遣胜任人校验,"校毕时分别遣归,典册当送殿前司。非系属经略司者,当由殿前司自派遣能胜任人,一齐于十月一日进行季校"。如果天旱岁饥,则不举行大规模校验,只由行监、溜首领进行"小校",但连续三年必行季校。③

三、重视农田水利与畜牧立法

《唐律疏议》与《宋刑统》不载农田水利法,迄今所能见到的唐、宋水利法有唐代的《水部式》④,宋代王安石变法期间的《农田水利法》⑤,南宋的《庆元条法事类》卷四九《农桑门》也有农田水利方面的条文,但都比较简略。西夏则在国家法典中,详细规定了农田水利的开发与管理,这不能不说是《天盛律令》又一重要特点。

西夏境土,东据黄河,西至玉门,北抵大漠,南临萧关,大致包括今宁夏大部,甘肃西部,陕西北部与内蒙古、青海部分地区。冬天是西北干寒季风冲击的方向,夏天是东南温湿季风的末梢地区,这样就造成其大陆性气候,降水稀少且集中于夏季。当地年降水量由西往东只有39~400毫米,而年蒸发量在600~2000毫米,没有灌溉就没有稳定的农业。因此,西夏统治者非常重视农田水利立法,《天盛律令》卷一五的大部分门类,如《春开渠事门》《养草监水门》《渠水门》《桥道门》《地水杂罪门》等都属于农田水利方面的内容。

春季清淤开渠是灌区的头等大事,由宰相亲自出面主持,"依所属地沿水渠

---

① 《天盛律令》卷六《抄分合除籍门》,第262页。
② 《天盛律令》卷五《军持兵器供给门》,第229页。
③ 《天盛律令》卷五《季校门》,第231页。
④ 郑炳林:《敦煌地理文书汇辑校注》,兰州:甘肃教育出版社,1989年。
⑤ 漆侠:《王安石变法》(增订本),石家庄:河北人民出版社,2001年,第263—265页。

干应有何事"，从三月一日起至四月十日止，四十天内令完毕。修渠人工按受益田亩的多寡摊派，所需柳条、柴草亦按田亩多少缴纳。四月十日至入冬结冰前为灌水期，灌水期水利工程的维修、保护及用水分配由夫事小监、渠水巡检、渠主、渠头分别负责。和军事法一样，西夏的农田水利法不只是对违反规定的处罚，也包括如何操作的程序法，如《渠水门》规定："大都督府至定远县沿诸渠干当为渠水巡检、渠主百五十人。""诸沿渠干察水渠头、渠主、渠水巡检、夫事小监等，于所属地界当沿线巡行，检视渠口等，当小心为之。渠口垫版、闸口等有不牢而需修治处，当依次由局分立即修治坚固。"[①]"沿唐徕、汉延、新渠、诸大渠等至千步，当明其界，当置土堆，中立一碣，上书监者人之名字而埋之，两边附近租户、官私家主地方所应至处当遣之。"[②]

灌溉渠道是公共设施，由于水源有大小、远近、足否之分，得水有早晚，需水有多寡，农户有强弱之别，因此，往往出现豪强地主霸占水利，或渠头收受贿赂，不依次放水。针对这种情况，《天盛律令》明文规定："节亲、宰相及他有位富贵人等若殴打渠头，令其畏势力而不依次放水，渠断破时，所损失畜物、财产、地苗、庸草之数，量其价，与渠头渎职不好好监察，致渠口破水断，依钱数承罪法相同。"又"诸人予渠头贿赂，未轮至而索水，致渠断时，本罪由渠头承之，未轮至而索水者以从犯法判断。"[③]这些法令规则，大多被后世继承了下来。[④]

畜牧业是西夏的支柱产业，牲畜特别是大家畜既是生产生活资料，又是重要的军事战略物资，因此统治者特别重视牲畜生产，《天盛律令》用了整整一卷的篇幅规定畜牧生产。[⑤]此外，卷二《盗杀牛骆驼马门》，卷三《妄劫他人畜驮骑门》《分持盗畜物门》《买盗畜人检得门》，卷六《官披甲马门》，卷一一《共畜物门》等都涉及官私牲畜的管理。和唐、宋律《厩库》篇相比，《天盛律令》中的畜牧法更为丰富。

首先，它增加了牧场管理方面的内容，禁止私家主于官牧场内居住、放牧与耕垦，不许在妨害官畜处凿井等。

其次，对官畜除课驹、犊、羔外，还须缴纳毛绒、乳酥。其中大公驯骆驼纳绒八两，大母驯骆驼三两，旧驯骆驼无论公母一律二两。母骆驼一仔纳二斤酥，"羖

---

①《天盛律令》卷一五《渠水门》，第449页。
②《天盛律令》卷一五《渠水门》，第501页。
③《天盛律令》卷一五《渠水门》，第501—502页。
④《嘉靖宁夏新志》卷一《水利》载："每岁春三月，发军丁修治之，所费不赀。四月初，开水北流。其分灌之法，自下流而上，官为封禁。修治少不如法，则水利不行，田涸而民困矣，公私无所倚。"
⑤《天盛律令》卷十九前后缺佚，现存13门78条畜牧法。

羁春毛绒七两,羊秋毛四两,羔夏毛二两,秋毛四两,羔绒不须纳。母羧羁以羔羊计,一羊羔三两酥。""大牦牛十两、小牛八两、犊五两春毛,于纳羊绒之日交纳。"①这些充分反映了党项人以畜牧为生的特点。

其三,官畜校验规定详细。校畜官员从"群牧司及诸司大人、承旨、前内侍之空闲臣僚"中派遣,黑水地区因地程遥远,"校畜者当由监军、习判中一人前往校验,完毕时,令执典册,收据种种及一局分言本送上,二月一日以内当来到京师"。校畜官从局分处借领烙畜铜印及相关律令,"事毕时当依旧交还"。"制畜册所用小纸应几何,群牧司库中当买,使分领之"。大校所需枷索、大杖等,"当于所属盈能处取,毕时当依旧还之"。"大校处所使用人,于牧监子弟未持取官畜者中,可抽出十五人使用,不许多抽使用人。"大校头监、案头、司吏、随从、马匹的食粮草料,"当自官方领取"②。校畜时先"令牧场牲畜一并聚集",然后对照畜册,一一点验齿岁、毛色、公母、瘠肥。

其四,重视对大家畜的保护。唐代号为重视大家畜牧养,"故杀官私马牛者,徒一年半"③。《天盛律令》则规定:"诸人杀自属牛、骆驼、马时,不论大小,杀一头徒四年,杀二头徒五年,杀三头以上一律徒六年。"远远重于唐律。不仅如此,该律令还不许宰杀骡、驴,"诸人骡、驴,不论大小,杀自属一头徒三个月,杀二头徒六个月,杀三头以上一律徒一年"④。

四、仓库与债务法详备

《天盛律令》有关仓库方面的规定主要集中在卷一七,共有7门58条,是唐、宋律相应内容的四倍。许多条文唐、宋律不载,或比唐、宋律详细。如《库局分转派门》详细规定了各类仓库案头、司吏、提举、小监、出纳、指挥、掌钥匙、掌秤、掌斗、拦头的职数;《供给交还门》对库藏物品的供给、收支制度作了细致的规定;《急用不买门》是关于如何采购物品的规定。尤其值得一提的是,《物离库门》对库藏物品的损耗作了明确的规定,掌粮食库者,"一斛可耗减五升",钱朽烂,绳索断,一缗可耗减二钱。纸大小一律百卷可耗减十卷,毛绒十两中可耗减二两。酥酪十两耗减二两,麻皮十斤耗减一斤,虎骨、枸杞、大黄、甘草等一百余种中草药,一斤可耗减一至二两。

---

① 《天盛律令》一九《畜利限门》,第579页。
② 《天盛律令》卷一九《校畜磨勘门》,第586页。
③ 《唐律疏议》卷一五《厩库律》曰:"牛为耕稼之本,马即致远供军,故杀者徒一年半。"([唐]长孙无忌等撰,岳纯之点校,上海:上海古籍出版社,2013年,第237页。)
④ 《天盛律令》卷二《盗杀牛骆驼马门》,第155页。

督察审计是《天盛律令》仓库立法又一重要内容,各级主管部门对仓库场务的"借领、供给、交还及偿还、催促损失"负有督察责任,其法定程序为,仓库都检校大人等先核校所属仓库收支账目,然后"依各自本职所行用之地程远近次第,自三个月至一年一番当告中书、枢密所管事处。附属于经略者,当经经略使处依次转告,不附属于经略使处,当各自来状"①。库局分三年迁转时,更要磨勘审计其任职期间仓库收支状况和库藏物品的损耗率,这也是《唐律疏议》和《宋刑统》所没有的。

唐、宋律有关债务方面的内容非常少,《唐律疏议》仅在卷二六《杂律》中列有"负债违契不偿""负债强牵物""以良人为奴婢质债"三条,《宋刑统》与《唐律疏议》略同,只是增加了唐《杂令》有关借贷利息方面的内容。西夏则不然,《天盛律令》卷三有关债务方面内容达22条之多,包括债务成立、借贷利率、债务清偿等等。

诸人因买卖、借贷而形成的债务,只要订立文契,均受到法律的保护,逾期不偿的债务,也由官府出面清欠,"诸人对负债人当催索,不还则告局分处,当以强力搜取问讯。因负债不还给,十缗以下有官罚五缗钱,庶人十杖,十缗以上有官罚马一,庶人十三杖,债依法当索还,其中不准赖债。若违律时,使与不还债相同判断,当归还原物,债依法当还给"②。

五、行政与宗教法独具特色

唐、宋的行政法主要集中在敕令格式之中,《唐律疏议》与《宋刑统》中的"职制篇"实际上是违制律,如"诸官有员数,而署置过限及不应置而置,一人杖一百,三人加一等,十人徒二年";"诸之官限满不赴者,一日笞十,十日加一等,罪止徒一年";"诸事应奏而不奏,不应奏而奏者,杖八十"③。

西夏则将行政法纳入其法典《天盛律令》里面,第十卷的《续转赏门》为官员三年任职期满后续、转、赏的规定;《失职宽限变告门》是对诸司大人、承旨、习判、都案、案头、司吏、使人、都监不按期赴的处罚;《官军敕门》共37条,包括承袭官、军、抄的资格;袭官、求官、赐官的方法和程序;官员、司职的级别以及不同级别司印、官印的质地与分量;《司序行文门》将100多个机构,按上、次、中、下、末分为五

---

① 《天盛律令》卷一七《库局分转派门》,第530页。
② 《天盛律令》卷三《催索债利门》,第188页。
③ [唐]长孙无忌等撰,岳纯之点校:《唐律疏议》卷一〇《职制》,上海:上海古籍出版社,2013年,第148、152、166页。

等,规定出这些行政机构官吏的职数与派遣办法;《遣边司局分门》为沿边经略司与监军司案头、司吏的职数与派遣办法。

《天盛律令》较为全面而系统的行政法,在中国封建王朝法典中是绝无仅有的,它表明宋辽夏金时期,我国法制建设进入了一个新的历史阶段。然而,该律令在吸收消化唐、宋敕令格式有关行政法的内容时,没有采取选举法。西夏立国之初即设立蕃学,以西夏文教授学生,培养官吏。后又设立国学,教授汉学。仁宗时行唱名法,立进士科,策试举人并殿试进士。①可见在《天盛律令》修订前已有较完备的选举制度,但这些内容在该律令中没有反映,值得进一步研究。

唐、宋律没有严格意义上的宗教法,《唐律疏议》与《宋刑统》只有禁止私入道一条规定②,这一时期的宗教立法主要通过编敕来完成。③而西夏则大不一样,《天盛律令》"为僧道修寺庙门"就有23条寺观建设与僧道管理的规定,包括赞庆修寺、派遣僧道官、出家变道、度牒发放、僧尼道士与寺观常住物的登记上报、寡妇及未嫁女出家、纳牒还俗、禁止私入道以及不许隐匿他国来投僧众、不允于寺观内杀生、住宿等,从而构成了《天盛律令》的又一特点。

六、维护宗法封建制

西夏长期处于宗法封建制社会,在这个社会中,既大量保留了奴隶制的残余,又发展了封建农奴制,使这两种制度在宗族这个经济实体中纠结在一起。产生于这种社会经济关系之上的《天盛律令》,必然要维护党项宗族首领的政治地位与经济利益,保护宗族首领和国家对农奴与奴隶的占有和剥削。在《天盛律令》中多次出现"家主"一词,所谓"家主"就是同姓之家的家长,也即宗族首领,他们占有大片土地,役使农牧奴乃至奴隶进行生产,而租赋负担转嫁到农牧奴身上,"租户家主有种种地租庸草,催促中不速纳而住滞时,当捕种地者及门下人,依高低断以杖罪,当令其速纳"④。这里的种地者及门下人,就是失去土地而耕种地主土地的农奴。

与种地者和门下人身份等同或更低的还有使军,他们除有自己的一点财产外,法律上的地位是相当低下的,如果"诸人所属使军不问头监,不取契据,不许

①《宋史》卷四八六《夏国传下》,第14025页。
②[宋]窦仪等详定,岳纯之校证:《宋刑统校证》卷一二《户婚律·僧道私入道》,北京:北京大学出版社,2015年,第165页。
③[宋]谢深甫撰,戴建国点校:《庆元条法事类》卷五○至五一《道释门》,哈尔滨:黑龙江人民出版社,2002年,第689—719页。
④《天盛律令》卷一五《地水杂罪门》,第508页。

将子女、媳、姑、姐妹妇人等自行卖与他人",使军未问所属头监,不取契据,亦"不许送女、姐妹、姑等与诸人为婚,违律为婚时徒四年,妇人所生之子女当一律还属者"。使军只有"问所属头监,乐意给予契据,则允许将子女、媳、姑、姐妹妇人等卖与他人,及与诸人为婚"①。

《天盛律令》除维护贵族首领对土地和劳动者占有外,还规定在政治上享有种种特权,他们的官军抄可以世袭,犯罪后可以用"官"来当,"庶人获十三杖,徒三个月时:杂官'十乘'以上至'胜监'当受十三杖,应交十缗钱;'暗监'以上至'拒邪'罚马一。……庶人获二种死罪时:'十乘'官至'胜监'官,官、职、军皆革除,徒八年,日满依旧往;'暗监'官至'戏监'官,官、职、军皆革除,徒五年,日满依旧往;'头主'官至'柱趣'官,官、职、军皆革除,徒三年,日满依旧往;'语抵'官至'真舍'官,官分两半降一分,罚马七,革职、军,依旧往;'调伏'官至'拒邪'官,官三分中降一分,罚马七,革职,勿革军,依旧往"②。可见官品越高,也即越是大宗族首领,处罚越轻,乃至犯死罪,仅处以罚马革职,由此清楚地看到《天盛律令》的阶级本质。

第二节 《天盛律令》的历史文献价值

一、唯一完整保留下来的民族文字法典

我国历史上的法律文化是各民族共同创造的,少数民族法律文化与汉族法律文化相互影响、相互作用、相互交融,尤其是少数民族在吸收汉族法律文化的基础上,制定出本民族政权的法典,为中国法系的形成与发展作出了重要贡献。南北朝时,北方地区相继出现《北魏律》《北齐律》和《周大律》。北魏从鲜卑拓跋珪登国元年(386年)立国至孝武帝永熙三年(534年)灭亡,先后进行了九次修订法令的活动。北齐(550—577年)政权虽存在时间较短,但修律成就斐然,成书于河清三年(564年)的《北齐律》共十二篇,"一曰名例,二曰禁卫,三曰婚户,四曰擅兴,五曰违制,六曰诈伪,七曰斗讼,八曰贼盗,九曰捕断,十曰损毁,十一曰厩牧,十二曰杂。其定罪九百四十九条"③。《北齐律》的显著特点是"法令明审,科条简要"。程树德《九朝律考》说:"南北朝诸律,北优于南,而北朝尤以齐律为最。"因此,隋朝代周后,以《北齐律》为《开皇律》的蓝本,而不以《周大律》为依据。北齐

① 《天盛律令》卷一二《无理注销诈言门》,第416页。
② 《天盛律令》卷二《罪情与官品当门》,第139—145页。
③ [唐]魏征等撰:《隋书》卷二五《刑法志》,北京:中华书局,1973年,第705页。

时还颁布"令""格",与"律"并行,开隋唐律、令、格、式并行之先河。然而北朝律早已荡然无存了,我们只能从相关《刑法志》保留下来的只言片语了解其大概。

契丹、党项、女真这三个民族在建立政权前,大体上都处于原始部落解体向阶级社会发展的阶段,建立政权后又受中原汉族先进生产力和文化传统的影响,迅速由奴隶社会向封建制转化,因而其法律既带有本民族习惯法的鲜明色彩,又具唐、宋法律的基本模式,既带有奴隶制的痕迹,又有封建制的特征,形成这一时代民族政权法的独特风格。

辽朝初期采取"以国制治契丹,以汉制待汉人"①的分治原则,神册六年(921年),太祖耶律阿保机"诏大臣定治契丹及诸夷之法,汉人则断以《律令》"②。兴宗重熙五年(1036年)纂成的《重熙新定条例》,简称《重熙条制》,为辽朝第一部成文法典。道宗咸雍六年(1070年)依照唐律对《重熙条制》进行删修增补,编成《咸雍重定条例》,简称《咸雍条制》。《咸雍条制》是按类分编,律例并行,为后世元、明、清律例的雏形③,但其"条约既繁,典者不能遍习,愚民莫知所避,犯法者众,吏得因缘为奸"④。故道宗大安五年(1089年)"以新定法令太烦,复行旧法"⑤。

金朝初年以"本国旧制"为立法宗旨,同时在新占领的中原地区实行宋律。皇统五年(1145年),熙宗颁行《皇统新制》,此为金朝第一部成文法,从此金朝有了统一的法律。章宗明昌四年(1194年)颁行《明昌律义》,泰和元年(1201年)又颁行《泰和律义》,泰和律是明昌律的进一步修订,其篇目与《唐律》完全相同,但内容上结合女真人的特点有较大的改变。此外,又定令二十九篇,名曰《律令》;集《制敕》《权货》《蕃部》三卷为《新定敕条》,又名《泰和敕条》;定《六部格式》三十卷,于泰和二年(1202年)颁行。金朝立法胜于辽朝,堪与汉、唐媲美。《金史》卷一二五《文艺列传序》说:"金用武得国,无以异于辽,而一代制作能自树立唐、宋之间,有非辽世所及,以文而不以武也。"元好问也认为,"金源氏有天下,典章法度,几及汉、唐"⑥。可惜由于战乱,有金一代的法律文献也没能流传下来。

西夏开国皇帝元昊"晓浮图学,通蕃汉文字,案上置法律"⑦,元昊案上置的法律可能是中原唐、宋王朝的法典,也有可能是西夏早期的成文法,目前尚无法确

① [元]脱脱等:《辽史》卷四五《百官志一》,北京:中华书局,1974年,第685页。
② [元]脱脱等:《辽史》卷六一《刑法志上》,北京:中华书局,1974年,第937页。
③ 张晋藩主编:《中国法制通史》第五卷,北京:法律出版社,1998年,第717页。
④ [元]脱脱等:《辽史》卷六二《刑法志下》,北京:中华书局,1974年,第945页。
⑤ [元]脱脱等:《辽史》卷二五《道宗纪五》,北京:中华书局,1974年,第298页。
⑥ [元]脱脱等:《金史》卷一二六《元好问传》,北京:中华书局,1975年,第2742页。
⑦ [元]脱脱等:《宋史》卷四八五《夏国传上》,北京:中华书局,1977年,第13993页。

定,但有一点是可以肯定的,即西夏立国后屡次修律,成书于贞观年间(1101—1113年)的有军事法规《贞观玉镜统》,天盛年间(1149—1169年)重新修订的律令,名为《天盛改旧新定律令》。《天盛改旧新定律令》是西夏时期最为完备的法典,用汉文与西夏文印行。该法典是我国历史上第一部用少数民族文字印行的法典,在中国法制史上,尤其是民族政权法制史研究中,有着无可替代的历史文献价值。

二、研究西夏历史的珍贵资料

《天盛律令》不仅填补了民族政权法制史的空白,更是研究西夏社会历史的珍贵资料。长期以来,我们对西夏官制的了解,仅限于《宋史·夏国传》所记载的元昊"官分文武班,曰中书、曰枢密、曰三司、曰御史台、曰开封府、曰翊卫司、曰官计司、曰受纳司、曰农田司、曰群牧司、曰飞龙院、曰磨勘司、曰文思院、曰蕃学、曰汉学。自中书令、宰相、枢使、大夫、太尉已下,皆分命蕃汉人为之。"《天盛律令》卷一〇《司序行文门》按上次中下末五品,记载从中央到地方机构100多个,极大地丰富了西夏机构设置资料,其中殿前司、僧人功德司、出家功德司、道士功德司、皇城司、宣徽、内宿司、阎门司、瓯匦司等都是后来新增加的,位居群牧司与农田司之上,属次等司。值得注意的还有天盛年间的政府机构没有元昊时的蕃学、汉学。《天盛律令》中有关政府机构官吏职数与迁转考核,也是研究西夏官制弥足珍贵的资料。

卷五《军持兵器供给门》,规定领取战具者除编成正军、辅主、负担的农主、牧主、使军外,还有臣僚、下臣、各种匠、主簿、使人、真独诱、艺人行童、前宫内侍、阎门、杂院子、刻字、掌御旗、测礼垒、帐下内侍、出车、医人、向导、渠主、商人、回鹘通译、黑检主、船主、井匠、朝殿侍卫、占算、更夫、官巫、织褐、驮御柴、宗庙监、烧炭、宫监、卷帘者、测城、主飞禽、御车主、牵骆驼、相君、修城黑汉人、钱监院、绢织院、马侍、御院子、殿使、厨师、主传桌、作陈设钉、帐侍卫者、门楼主、御仆役房勾管、案头司吏、采金、司监院子、种麻院子、养细狗、番汉乐人、内官、采药、马背戏、马院、归义军院黑汉人、种染青、主杂物库,等等。这些各色各类人等,大多不见汉文史籍,显然是研究西夏社会阶层与军队兵员成分的宝贵资料。

在西夏社会经济关系中,最具有广泛性、普遍意义的莫于过兵役。《宋史·夏国传》曰:"其民一家号一帐,男年登十五为丁,率二丁取正军一人。每负担一人为一抄,负担者,随军杂役也。四丁为两抄,余号空丁。愿隶正军者,得射他丁为负担,无则许射正军之疲弱者为之。故壮者皆习战斗,而得正军为多。"《隆平集·

夏国赵保吉传》与《辽史·西夏外纪》所记略同,《天盛律令》则把在籍丁壮编成正军、辅主、负担三类,从而弥补了汉文史籍的缺失。更难能可贵的是对兵役制度作了详细规定,男子从十岁开始就要登记注册,如果"年及十至十四不注册隐瞒时",隐一至三人徒三个月,三至五人徒六个月,六至九人徒一年,十人以上一律徒二年。若及丁即年十五以上隐瞒不注册时,对隐瞒不报者的处罚更重。还有"诸人现在,而入死者注销","又以壮丁入转老弱"等,都将根据情节轻重,对当事人进行严厉处罚。①

西夏汉文《大方广佛华严经入不思议解脱境界普贤行愿中》发愿文载有"皇太后宫下应有私人尽皆舍放,并作官人"②。由此得知西夏社会阶层中,有一种称作"官人""私人"的阶层或群体,但这是一条孤证,有关"官人""私人"的经济状况与社会地位不甚了了。《天盛律令》卷三《催索债利门》规定:"诸人所属私人于他人处借债者还偿主人债时,当令好好寻执主者等。私人自能还债则当还债,自不能还债则执主者当还,执主者无力,则当罚借债主,不允私人用头监畜物中还债。"可见,"私人"有自己的财产,他们人身依附主人,当为"私属"。

《天盛律令》还规定:"大小官员诸人等不允在官人中索要私人,及求有重罪已释死罪,应送边城入农牧主中之人为私人。若违律时,求者、奏者一律徒十二年。"③

这条律令很重要,其一,它说明了"私人"与"官人"的地位是对等的,只要官府同意,就可将"官人"转为"私人";其二,释死罪的犯人,也即《天盛律令》中的"应送边城入农牧主中之人"的人身地位和"私人"也是对等的,至少是相近的,因此,"官人"即是官奴。其三,若违律将"官人"占为"私人",则处以十二年徒刑,说明封建国家和官僚贵族争夺依附民的斗争非常激烈。没有《天盛律令》中的资料,我们不可能对"官人""私人"有这样的认识。

《天盛律令》中的"使军"大致是官有奴隶,奴仆则主要指私人奴隶④,他们与"官人""私人"有着对应的关系,从属于各自的主人,即法律文献上的头监。前引"诸人所属使军不问头监,不取契据,不许将子女、媳、姑、姐妹妇人等自行卖与他人",使军未问所属头监,不取契据,亦"不许送女、姐妹、姑等与诸人为婚,违律为婚时徒四年,妇人所生之子女当一律还属者"⑤。

<hr />

① 《天盛律令》卷六《抄分合除籍门》,第262页。
② 史金波:《西夏佛教史略·附录一》,银川:宁夏人民出版社,1988年,第274页。
③ 《天盛律令》卷六《军人使亲礼门》,第254页。
④ 史金波:《西夏天盛律令及其法律文献价值》,载《法律史论集》,北京:法律出版社,1998年,第488页。
⑤ 《天盛律令》卷一二《无理注销诈言门》,第417页。

　　《天盛律令》卷一七《物离库门》记录了231种药名,为迄今所知西夏最全的药谱①,这些药物既有植物,又有动物、矿物。植物中有草本、木本,分别以根、茎、叶、花、籽、皮等入药。动物有陆地的和水中的,各利用其皮、骨、角或全身入药。这些药物或来自天南海北,或为西夏土特产,如甘草、枸杞、柴胡、大黄、芍药等。②

　　有关西夏赋税情况,汉文史籍只有《西夏书事》的一段记载:大庆四年,夏、兴二州地震,仁宗仁孝下令,"二州人民遭地震地陷死者,二人免租税三年,一人免租税二年,伤者免租税一年"。至于具体内容则不得而知。《天盛律令》则详细规定田赋按照地域与土地瘠肥征收,"麦一种,灵武郡人当交纳。大麦一种,保静县人当交纳。麻褐、黄豆二种,华阳县家当分别交纳。秫一种,临河县人当交纳。粟一种,治源县人当交纳。糜一种,定远、怀远二县人当交纳"。其中秫、粟两种,有的地方直接纳谷物,有的地方则令纳米,没有统一的规定,为此,《天盛律令》要求"此后租户家主人不须纳米,实当纳秫粟"③。

　　草为西夏土地税的重要组成部分,除冬草蓬子、夏蒡及其他草外,还有麦草、粟草等谷物秸秆与谷糠,大概"一顷五十亩一块地,麦草七捆、粟草三十捆,捆绳四尺五寸,捆袋内以麦糠三斛入其中",各自依地租法交官方所需处,当入于三司库。④

　　此外,有关债务、边防、婚姻、宗教、群牧、农田水利、专卖征榷、商业税收、民族关系等方面的规定亦弥足珍贵,这里不再一一列举。

　　① 这些药名直接从北宋《嘉祐本草》的某个续增本拣选而来,大多是宋代汉语西北方言的西夏音译,《西夏〈天盛律令〉里的中药名》一文根据存世的《政和证类本草》重新核定了《天盛律令》里的中药名(聂鸿音,《中华文史论丛》2009年第4期,第291—312页)。
　　②《宋文鉴》卷一一九陈师道《上曾枢密书》曰:"胡地惟灵夏如内郡,地才可种荞豆,且多碛沙。五月见青,七月而霜,岁才一收尔,银州草惟柴胡。"以此知柴胡为西夏特产。另甘草、枸杞迄今仍是宁夏五宝之一。西夏产大黄,《元史》卷一四六《耶律楚材传》:西夏乾定三年(1225年),蒙古军破灵州,诸将争相掠夺子女财帛,唯独楚材取书数部及大黄两驼。第二年,蒙古军多患疾疫,以楚材所得大黄方得治愈。([明]宋濂撰,北京:中华书局,1976年,第3456页。)
　　③《天盛律令》卷一五《催缴租门》,第490页。
　　④《天盛律令》卷一五《催缴租门》,第490页。

附 录

《天盛改旧新定律令》名略(总目录)①

第一计十门分三十九条
谋逆
　做行得
　做行未得
　疯酒用
　闻不告
　劝举迟
失孝德礼
　生怨宗庙墓堂殿等上动手
　贪财盗毁
背叛
　已行动
　应连坐父母财不没
　未行动
　使军妇人逃
　提供秘事侦察隐
恶毒
　杀打斗祖父母
　杀伯叔姨姑姊妹兄弟

---

① 《天盛律令·名略上卷、名略下卷》,第1—106页。

节下杀节上

节上杀节下

杀丈夫头监等

杀父母知觉

为不道

使断根及以毒药杀

相恨生伤杀

官品等相杀

官高低庶人等不同

相议杀

相议杀而未往

以咒杀人

（大不恭）

……

……恶言

御印牌造盗

……不行呼不来

盗御用供物

……

……等误

……

第二计九门分五十条

（八议）

……有功等减罪

亲节

宗姻亲节丧服法

罪情与官品当

有官子兄弟僧道等比官免减

及授犯罪

所遗劳役与未遗官当

减罪不超四等

有官无官时犯后得失上判

减及未及上犯

贪状罪法

枉法不枉受贿

行贿说项者

诉讼同不同处受贿

贪肉酒食

因贪追告期限

枉法贪举赏

老幼重病减罪

老幼病重减罪

减后应得罪赎重犯遣

及壮染病及至老染病等罪发

不奏判断

获死及减杀不杀

犯逆应杀不奏杀

杂罪应杀不奏杀

无期不奏判断

有死罪时有官及减不奏告

异语应奏不奏

黥法

著顺

总字数著处

应刺字不刺字

应著处不黥字

减半

何……

字不刺作减何时有赃

自意除黥

盗杀牛骆驼马

杀自属大畜

杀至五服之大畜

不同盗及属者同重复盗

盗窃侵凌妇

盗中杀人未往人知觉

往盗及分物中有无有

盗窃半不往

令使军盗及知盗分物

往盗杀人时改悔

偷盗持器具

以强力逼人往盗窃

盗窃头监

盗官敕谕文印旗鼓金等

盗买文券典文字等

畜尸上割肉

不允(拿)起火获罪等之物

盗物量法

盗余罪相议半寻不得

盗承盗物半送半不送

群盗

皆往物入手

盗物未入手

群盗满相半往取

盗地散畜谷物

库局分不算群盗

重盗

重盗增加罪

妄劫他人畜驮骑

驮骑知躲

驮骑知住

驮骑告期限

酒醉畜物持拿

分持盗畜物

知盗分物

畜物现捕顺误

畜物未失已失谋智清人

买盗畜人捡得

买盗畜人中产子

畜物捡得告交法

捡畜丢失死

盗毁佛神地墓

盗毁佛神夫子像等

损毁地墓陵石记文等

损毁埋尸墓场等

墓中未往损毁尸

耕刨土而出尸

他人地中烧尸埋尸

祖父母墓丘陵他人损毁议合

当铺

典钱依等寻识信人

语异有无本利等卖法

典物衣被

房屋土地利苗不算

典畜物房屋起火盗诈入

买盗畜物

因本利等卖典物

催索债利

不还债及赖债

债日期不过三次

钱粮利有者法及未能办相取等分别

持本告交钱谷本等不取

畜物得利法

有其他语

因债出力

借债诬债

私人之债不还

债肉酒价索时争斗

借债时名已有

家长不知借债

还债不还以强力取他人畜物

债物取时工赎地苗债量算

威力买地房畜物人归期限

第四计六门分八十四条
弃守营垒城堡溜等

城垒检校

城将皆弃

已弃城溜后接人不告

守城溜不聚集

边检校等职放弃

守城垒等者使何往

首领舍监等弃城溜

首领人军卒寨妇放逸

军卒寨妇不往何处弃

行贿城溜弃及擅自不往

首领辅全城溜弃

地区退伸避

副行统擅自使军散

正统擅自使军散

弃守大城

一城全弃

因弃城使军散勾管人不应

守城不聚集分等罪

守城者使他处住

州主等受贿放逸溜首领

溜主等大小首领受贿放逸他处住

城溜有全弃心知人体往少许留

边地巡检

　　失查军穿畜物未入手

　　军穿物入手

　　逃者穿过

　　检人放逸皆检上不往

　　派何失监察

　　头监检上不在

　　检人地区量等

　　向头监行贿及检上不往

　　检人不来不告半受贿放逸

　　检续转相接

　　检上现在不派人

　　检全放旁相接不告

　　察先自军溜接旁接之不上穿过

　　察先军头不察为告者不派

　　察先旁接检告知来全弃

　　军穿已归各更口主不知

　　军穿查先相告功

　　逃者往相告追及功

　　大小检人或监察先或不告军溜

　　检人察先力足不为胜

　　检中检者等检常巡检住滞有功罪

　　逃者穿过时检队者等罪

　　检队过者等局分逃者往见先功

　　家主迁全不往单人入敌手

　　地界越迁入敌手

　　迁畜越地界边检校等知见不返

　　敌人和上倚检中面来不返

　　边检校派法

　　检提举夜禁头监等派法

敌军寇

　　畜人入敌手告邻归战

军体不住敌军大来
军来烽火语中断
敌军动应发兵不发
敌动时虚假自意发兵
以语不待符牌发兵

第五计二门分三十七条
军持兵器供给
诸父子武器属法
正首领箭数
持隐身用木牌
善步射箭数
负担持锹镢
披甲裹袋
枪式
止留人
披甲尺
季校
十月大校
武器校者缺
披甲马校者缺首领分罪
杂物校者缺首领等罪
武器相互借
武器有损予期限上未修整
能偿不偿首领罪及告功
修披甲马期限
有补偿武器半分未偿不足整份罪
小首领等属下武器缺使不偿
武器住滞溜行监连坐
十支箭算一种
武器校者缺故失军功有得
权检校罪承法

畜依等披甲马找寻

官马当印驮齿

私马借贷何校

军头监给聚日时不来

权检校聚日上不来

小首领等聚日上不来

检口正未来及何派

人马坚甲籍上未著校口隐

口检守持者之武器辅主人检作

大杖代各小杖承

校军者贪食及检查未牢不告

当检军上摊结合

摊派举赏

人马武器实无样式不合偿中入

第六计七门分七十七条
发兵集校

首领军卒等集日上不来

军卒何人放

披甲马家处沟头留

所属人马坚甲使留止放弃沟头

所属军卒何人校溜行监有争知晓

因人马坚甲等获四年罪时革职军

人马坚甲留隐何校告举赏

军头外逃军集指挥不待先往

争逃人军派行中往军数缺

行军头字转续断

军寝续为中不往集日上迟

官披甲马

卖人马坚甲

助卖买者等不知

恃势与所属人互换披甲马

自愿互换披甲马

官马坚甲无理移

人卖马坚甲不告大小首领

官马年老何军事私马来

著籍马宰分用

著籍马祭葬

典当披甲马

著籍及敌中得披甲等毁坏

骑乘所属人之官马

贫根续断等属披甲马院换

应换披甲马缺失

披甲马火烧水漂根断无偿者

人马坚甲相接敌中缺

军人使亲礼

筵礼亲物转送法

春种秋收摊派助力索借

军卒中笨工行捕鱼狩猎

谓有筵礼亲物合告

所属军卒求助

军马头项所属人使不往

他处做工者小军行中不入

官人中索私人

有重职引荐私人等寻安乐

注册官马不依日时校阅

纳军籍磨勘

纳军籍日期及纳籍迟

臣僚及盈能等纳籍法

籍磨勘期限

写籍用纸价

使不称职主簿

派主簿法

主簿聚集不来及簿他人代行

　　随意阅簿及拿到司外

节上下对他人等互卖

　　丧服内卖节上

　　丧服内卖节下

　　所卖节上自愿

　　卖妻子他人告举赏

　　节上下互卖买者知觉

　　卖清人作拦

抄分合除籍

　　按部类分合抄

　　军首领等三类分抄入法

　　待命等犯罪革职为法

　　革职何抄院亲节

　　依种类续抄法

　　军卒孤人结合抄

　　甲衣肩转及日期以内注销不抽

　　新生不注册

　　及丁不注册

　　入老人法

　　入弱者法

　　现在丁人入死弱中

　　注销行过校核

　　及丁不注册及簿上为幼小等之举赏

　　群牧农田功德司等注销日期内送报

　　使军及丁不注册及册上为幼小

　　使军辅主中入及乐处放

　　举过使军为顺

　　犯逆罪连坐辅主为法

　　游离人管处不明为法

行监溜首领舍监等派

　　同族分抄法

　　军数甚少结合班

派盈能副溜

派步马行监

派小首领舍监等

派投诚人统摄首领

第七计七门分七十条
为投诚者安置

敌人真来投诚

投诚人不告取纳畜物

贪物杀伤投诚

敌界逃人过

边主逃投诚

地中主逃后投诚

任重职使军等逃后投诚

内宫重职逃人投诚

强行夺重返

他人妻强行夺重返

他人妻逃后投诚

盗女夺妻逃后投诚

他人妻等逃后与别人议投诚

因负债罪逃后投诚

有军人强力夺重归

有军人逃后投诚

投归者来官赏食粮

强力捕人与投诚者来结合

番人叛逃

夺他人妻逃捕告赏

使军逃捕告赏

夺他人妻者另有罪

逃人他人畜物赶者入手

逃人同居人不连坐

军管任职等逃之子兄弟

父兄弟子等逃知闻

逃人革军职

他人逃语知闻

逃自反悔告

乡里地界越逃

往捕逃者以力杀伤

逃者自赐不允以意杀害

因逃人以强力允许伤杀

逃人半未入手之捕告赏

相嫉逃言为允许捕杀

逃语有无有杀捕者

当捕人以强力杀害

因逃人不追斗应及而迟缓

职管者逃人因穿不告隐

不信人入手中失掉逃

私人逃之家门

非逃口乱说

重回投诚子兄弟团聚

差和时上逃重投诚

去逃跑口借逃人隐

敕禁

武器藏持

因私指挥传行

服有日月凤凰龙等衣

青白帐一种为

金玉为刀剑骑鞍

屋舍中为金饰

屋舍中装饰大朱等

装饰金玉者匠人罪

鎏金绣金线等为服法

武器畜人敌界过

敌界钱过及毁坏

铁钱京师铜钱南院等运

钱过知闻

邪行

城上跳城开口

怙势水眼井栏护

怙势畜物取捕为

行职

不派行职人

职人应发不发及遣散

职毕不遣及未毕令散

妄派

摊派超分及因私派

笨工超派

摊派有超不还给

杀葬赌

已杀人之收葬

散钱"尼助"香

畜物现无赌射弈

匠巫马人医俸赏

第八计七门分七十九条

烧伤杀

有意盗放火

相恶无有人处放火

失误失火为

相恶放火马草

有意杀自子孙

有意杀子妻媳

有意杀使军

不同母兄弟相杀

打杀节下人

打杀节上人

避罪酒醉等上吊断喉

伤杀后母从子

杀杂子女

相伤

伤死子妻使军

指挥他人伤子妻等

愤怒拔刀剑

畜犬踢咬

夺妻

盗藏他人妻

夺取妻杀伤追者

恶人等伤杀

伤杀恶人之引道者

相助追者伤杀夺妻者等

父兄弟等知觉

盗妻他人知

他人夺妻罪下留弃

藏妻住处不报

夺妻和解

侵凌妻

与妻未嫁女等行淫

丈夫猜疑杀恶人

杀往来母姨等处者恶人

断伤恶人之足手

恶人伤妻丈夫

妻处往者自共相杀

男女相盗传话为

捕夺妻时男女一人死

相淫欺诈取物

与年幼女淫

与他人妻淫孕有子致其死

奸头监妇人等

　　　　盗取未嫁女

　　　　夫未明杂子为法

　　　　与寡妇行淫而藏

威势藏妻

　　　　大人使隐遣他人妻

　　　　被大人妇人隐遣妻

　　　　威势隐妻导助者

　　　　避夫逃窜

行非礼

　　　　节内亲处行淫乱

　　　　同姓为婚媒人罪

　　　　行非礼告日限

为婚

　　　　西名五子以上为婚

　　　　迎送改过法

　　　　为婚主头缚

　　　　嫁女不娶迎期超过

　　　　寡妇头监及寡妇往住等法

　　　　媳未往婿住时丈夫死亡

　　　　出妻子法

　　　　父母无有嫁女法

　　　　不问父母寻妻子

　　　　强力被俘人妻子往住法

　　　　不愿为婚强令予价

　　　　速受礼

　　　　与他人妻生子女

　　　　为婚谋智变为

　　　　为婚中作凭据

　　　　与绣女子等生子女

　　　　不给嫁妆

　　　　予为婚价法

　　　　为嫁妆法

依婚嫁数为盖帐

帐部数

送女及奉送客等饰带

索妇食等取持服饰转传

予帐服等超出

送女毕婚价尾数告期限

一女二处嫁

食已饮婚价未毕盗抢媳

出妻赎未取匿夺取

他人妻别人赎

婿未往男女死一人

第九计七门分八十八条
司事执集时

迟来早往

事过问典迟

奏合运为行法

京师所属习事过法

边中职事过法

京师诸司习事告奏判断法

应审不审

合昔人多处问法

犯不同罪从重判

习事宿法

告时语虚

无理令宿

无职行文习事堂宿放逸

因私取合问事

京师当审语变

边中所审语变

啰庞岭习事判法

所审人语变不听

有罪数语

当事人处受贿

越出牢狱

有罪人外逃自投归

无谕文放囚

他人来习事问处

囚犯病无食等救治法

系囚治病担保判断法

边中系囚审视检查

京师系囚审视

冬夏分别囚

越司曲断有罪担保

越司上告

京师诸司习事有枉

边中习事有枉

瓯匦习事有枉

当事人与问者大人有亲

未贪问未集断罪

受贿习事枉

事枉未判断

以徇情枉事

问节充足判断未准

断事未指挥先证物

奏未明使宣说语

以无理担保有罪亡失

有死罪及免担保

局分人与禁妇淫

侵凌禁妇都监不告

他人囚犯等与禁妇淫

已许贿未入手

干连人只关法

贪奏无回文

　　无职及自贪奏

　　独自奏

　　因私语不告引导行文

　　催促文字者过处来

　　文字取回无告不遣人

　　问口虚

　　无理行文字

　　寻恩御旨

　　誓言

　　谓投诚来信词为誓

　　私语誓

　　逆盗为誓

第十计五门分八十九条

续转赏

　　大小任职续转法

　　无住滞官赏

　　续转者日期内犯罪人住滞

　　尽职续不转依旧为

　　老病续转

失职宽限变告

　　案头以上不赴任上

　　司吏不赴任上

　　使人不赴任上

　　京师执位限期

　　边中执位限期

　　僧道司大人承旨限期

　　边中任职人无共职限期

　　大人不在承旨告变

　　酒醉司中音高斗

官军敕

学士选拔官赏

官品超变处请赏

在任期限

老施官不失

袭官降得法

赐敕语法

司序行文

大小司等

司等中以外

经略司等

中书枢密传谍

经略司人文字行法

诸司文字行法

工院为管治者等司等

京岨京拘间枯司等

刺史职比得法

巫提举等司等

帝子名位

帝及帝子等之师名

帝师等之司等

谏臣司等

写敕合者司等

诸司大人承旨派数目

巫提举等派法

都案案头派数目

诸司都案派法

案头派法

末等司局分派法

依事设职不转

非匠续转

随将都案派法

地边派正职则前职

节亲宰相遣别职时行文法

正副将等文字行法

正副将等上等司中设置

大人承旨坐法

番汉等共职

番人共职

遣边司局分

经略司等司吏数定

监军司落新抄

经略司等使人

大都督府都监头监

啰庞岭都监

边中都监头监

派妇人头监

第十一计十三门分九十五条
矫误

文字行法误

无职人令为印手记

寻头字同时行

奏告状不显明

推究情节未满经时误

随意启记文

矫传行圣旨为种种矫

以矫人马坚甲转院

行文误为增减罪

未使曰已使家主劳役

道及蛊术为行

男人处行蛊法食中散杂

男人相行欲

出典工

使典官人妇男

出工人病死告法

仆役□□打死

出工处妻子等奸淫

对抗主人

出典工人逃跑

男人等卖问典为

出典父母

父母不愿别居

过人打杀

射刺穿食畜

相恶射刺畜死

相恶射刺畜伤

遮障以木等杀伤他人畜

刺射杀羖羊狗猪

他人苗地中放畜

大人属畜放他人苗地

苗地畜入棍打捆缚而伤杀

牧畜忘误入他人苗地

渡船

免船税

租未至处船者劳役

判罪逃跑

地边获无期长期遣法

因罪守城在人发兵中不来

城口不过人及连坐人等逃跑

长期无期逃跑

前述逃跑者住处主人

劳役人逃跑者家主人

逃跑重归记名处来

所监人亡失记名等之罪

有罪人过上头监等之罪

帮助有罪人寻安乐

使来往

与使人随意买卖

使往驮人超导

使人帐来外说

大小使人失礼

客副使人相互索物

他国为使往不守行法

为使者自相争斗

使人等依次对下人行无理

使人行童实信人导

检视

检视他人面前等实话不说增减

检视等无意贪说法误

检视妄误

派供给

供给者局分人遣处不往

集日迟

遣局分告迟

为僧道修寺庙

住家奉业

奉业坐庄为法

使军不为僧道

刻字为僧人

派僧道头监副判众主

圣容寺派提举

新修施常住派僧人法

施物中入虚杂

出家奉业

寺检校派法

老弱不为僧人

道士奉业

善时令为僧人

不问头监自意断

不问头监与他人为婚

头监乐意卖为婚

官人与使军为婚

转院中为中间语写文字

说混语

失藏典

牒秘发兵恩等文盗毁隐失

诸司文字盗毁隐失

官物权正领册亡失

盗文字者出失者寻罪

失文字寻期限

内宫待命等头项

随意执武器内宫中来

无职内宫自入与守门争斗

内官门重序杂人来后行诈

内宫中争斗声高

内宫在处放箭射著

内宫当值任上人饮酒

待命日上不集放弃

前内侍集日迟

待命者何派

当值人及阁门择守人等值日不来放弃执事

因待命当位不来不减罪

随意刀显派正职

择人守护派法

遣放在职当位人

铁箭已过后往他处

队列随意入骑马穿过

刀显等丢失典当丢弃

与杂妇内宫行淫

不来朝中不穿朝服

不穿大朝服

奏者不过御道中

执官家伞失误

中书枢密大人承旨不来职上

朝者饮酒不立班中

汉臣不为汉相

御舟不固及盗抽损毁

御车不固及修造有误损毁盗抽

坛台损毁

宫殿宫墙上跳越

内宫城墙上妄涂写

御食供应迟及做失误及盗减

御器中他人饮用

御供膳器不洁净

人乱引牌铁箭待命住宿处等问示

人亲帐下来法

内宫及城门口关迟

二卷靴革腰带裹恶领

内宫中缚畜

内宫披头发冬戴夏笠及礼拜

御前当值监新旧二转法

非当值有奏言转告

医人内宫中出入法

内宫内侍承旨等非值来内宫

奏知及阁门巡检勾管等处来

非职人有职事内中来法

臣僚等无事随意来内中

诸司奏法

内宿司勾管非值来内中

内宿帐下等守口派值日

中书枢密呼告内中来法

匠人等胡乱帐下不往

沿帐下匠类不住法

库勾管帐下不往来

帐下当值种种名注册

内宫周围派巡检行住法

派巡检检验

非当值他人等内宫住宿

领交钥匙及忘置印子

当值诉讼遣法

内宫中燃火失火

匠人持工具法

庖人失盗刀

与持铁箭打斗

持铁箭超捕骑

与持铁箭悄悄盗物取

持铁箭不时使自留

无上谕举盖内宫骑马

钥匙御印子失落

近处待命饮酒放弃职守

供物御库未贡时入手盗取

待命者限次第

帐门末宿等分抄续转

第十三计七门分一百十六条
许举不许举

子妻媳节亲使军……

使军举头过

军士举头转院

举状相接乐处过法

节上下无理相互举告

节亲有大争执及殴斗等问

无理举头监

有或无知证等问行法

节亲使军等知……

公事不应问及知处为

知处应及不应等……

疑心未见问不渡

举虚实

叛逃以上举虚

十恶杂罪等虚

十恶举实功

官事中举实功

杂罪举赏

举半实半虚

自身罪推问中举告他人

放火举赏

放火知觉不告

放火已议心悔止

举口塞

自罪举及罪共举

敌界转钱毁坏钱等举赏

有举语

同门节亲及使军等议知觉

不同门节亲他人等闻觉

举出后有罪人导助中入

功抵罪

捕逃人功罪抵

越监狱及职事为等中捕逃人回

有罪人假释捕逃人

欲捕逃人变语日长

派大小巡检

边中派巡检

巡行捕盗日限

捕犯盗及其他罪功赏

死长期日明等捕放年赏等次承

捕有名恶盗赏

捕诈骗人举赏

受贿徇情放盗不捕

地方中入诈盗

盗他处在为懈怠

巡检家主中贪食

一年毕巡检之功罪

为勾管者自捕盗官赏

地方有住滞为勾管者之罪

为巡检勾管者派转

捕盗告遣磨勘

逃人

官私人逃举赏

……

节亲五服内隐逃人

逃人……

迁溜检校等知逃人不告

……

私人隐罪工价

自处不住逃人……

职管者逃人不遣送

逃人收留送……

遣差人

差人贪贿后逾期迟

差人不来逃匿

差无职人

所属处不遣胡乱唤人

差人官唤处来不来

取被告人

山险地不来唤处

所唤人生病酒醉

被告人诬妄

对被告人无理打逼索贿

对被告人打伤死

执符铁箭显贵言等失

二三共职执符法

打执符不予骑

对执符予骑打及逃跑

不予后随者骑及予打后逃跑

执符骑差为法

骑回者骑失杀

因急速执符时迟

因发兵恶事执符过日限

因地边畿中事有所告奏执符

执符染病及骑上堕

执符取他人之畜物

执符骑超捕

执符不道行杀骑

执符与诸人打斗

骑跌损失符铁箭

打斗中损失符铁箭

……

符揉皱及不佩置家中

……

执符及大人待命者等……

……

使来符上送禄食

执符放……

……

不执符铁箭抽骑

捕骑……

执符及大人等无理他人妻

……

与执符打斗中相杀

第十四误殴打争斗门分七十三条

首领殴正军

首领溜行监依次相殴

依节亲意使殴他人

误相杀

胎儿堕落

庶人相打伤

伤眼失明

殴有官人

低官殴高官

低官庶人等殴主位

下位殴上位

官位高低相殴加罪及死

官位高被官位低殴

位等相殴

及授人打小官庶人

有大官及持位等品等法

有位人至戏监打有官

杀低官

杀高官

一等以内有官品等算

及免子兄弟与他人相打

未及免子兄弟与他人打斗

打斗时不出伤痕

戏耍相伤

相伤告他人

告时言虚

僧道上下相打

位高低相杀

伤阴根

后下手者伤人

自跌伤

已伤人先下手罪

先前盲躄人之六器弃失一

眼手等弃失为有痕无痕

伤足手等赔绢马

伤相逼牙齿等赔牛

有官人与庶人使军等相打

打伤杀劝者

他人打相杀时相导罪

节亲相打时有官

对有官人口斗恶言

打斗中呼喊反官家

畜驰人堕水相伤

相扑时相杀

遮障重物投掷人死

无意死人命价

笨工结合相打

打皇使

打随皇使局分

学子打师长

打节亲主

有官人被庶人打

所属家民殴打职管大人承旨

打杀职管大人承旨

分析者打局分

殴同司都案等

打都监等都案案头司吏

差人打司吏都监小监

相伤为凭据

杀节亲私和

小大相殴告日限

第十五计十一门分八十六条
催缴租
缴地租法及催促磨勘

不缴租米

缴冬草条椽

交簿册迟

簿册导送迟

磨勘越期

末遗租催促迟

出摊派

笨工行法
取闲地
闲地现找法及租则减降

已放弃地他人耕种先属者归告
催租功罪
派催租

纳租依分等功罪

派为提举者

派夫事小监

依番不予水

催租班明另过

官私地属者不知卖
租地
地角拓展取禾穗

卖地边接聚围

开生地种纳租

节亲主常住地等买纳租

渠落家主劝护
春开渠事
以亩数夫事日

日毕事不毕

派支头和众

　　断道耕种及放水

　　不建桥断道放水不修巡检等罪

　　大渠无道处过人缺坝

地水杂事

　　砍长渠树不种

　　斫树剥皮

　　不植树渠主等罪

　　抽闸口垫版草损而水断

　　渠断毁他人地舍

　　渠水巡检等杂事

　　渠断取草法

　　催租者取收据登记

　　催租大人侵扰

　　地册依则予凭据交租草

　　租雇草住滞罪

　　唐徕汉延不为宽深

　　耕地池起注销

　　林场注销

　　买地不注册

　　买地另重丈量

纳领谷派遣计量小监

　　催促交谷断量法

　　领粮依年次予

　　徇情予新粮

　　粮分用磨勘法

　　为库房法

　　粮交接处笨工超月轮值

　　交粮纳量法

　　交粮行登记

　　有耕地为租庸总数算校

　　农溜小甲派法

　　租户给牌法

催缴利限

沟中利限纳日磨勘催促

边中利限催缴磨勘

命置分等

利限未能入

管粮已报农主罪

农主命置分等罪

管粮等分等罪

利限不能戴铁枷后能减罪

获罪管粮等何派法

利限能管粮等官赏

磨勘司人磨勘□

分等罪相合不待

官地转隐农主逃亡入典

官私地调换

已抛弃地包种

农主逃亡不告

利限免除逃跑重来

农主地有苗逃跑

官地近接法调换

使农主典住

农主处债监取

令农主逃跑属地现落

头归卖地农主利限纳量

头归者卖房舍地畴

农主利限纳量

犁地利限纳法验校

利限纳处管粮不来

第十七计七门分五十八条

斗尺秤换卖

斗尺秤交旧换新

边中用斗尺秤

斗尺秤价增

贩粮重卖交易

钱用毁市场

钱用数不足

沿市场打道

库局分转派

库遣磨勘行用等法

税二种钱何得告法日限

官物供给行用法

利限还赊价催促法

告催偿日限

偿催分等罪

因偿催告依文武序不举为

派库司吏法

钥匙领放法

库局分放弃职

磨勘经过法

簿册藏法

派库局分法

供给交还

凭据毕延误

官物中持拿盗取借贷

官物借贷不奏

领官物者殴司库挑所领物

纳官物迟

管库大小局分不往任上

供给物失

供给物返还迟

供给物局分人催促迟

供给物借贷置

实领单

急用不买

家主中敛买取

库局分食粮领日限

买卖者三年毕本利不纳

官物纳过法

年食应用数价低上不买

管事人价低时自买公用益何卖

磨勘官物超出盗取

物现有不供给另买

物离库

迁转磨勘法

官库中不计量典物

不隶属经略磨勘日期

隶属经略磨勘日期

啰庞岭库迁转磨勘

谷物种种耗减法

库局分获罪取凭据

曲已离纳时损失

日未毕迁转耗损

金银器刻字不显明

漆器无旧印

损失不能偿计量

掌钥匙等损失不能偿

租曲院等局分之禄食有法

库人禄食谷物有法

派执事

执库重职等子兄弟另派分配

注册行用簿籍不行

杂典为札子

纳物时予收据取赏迟缓

沿官库燃烧失火

第十八计九门分五十六条

缴买卖税

　　隐买卖税

　　开铺者等先后纳税法

　　免税开铺

　　地方不同处纳税

　　告奏索税

　　官卖本物行过法

　　船上畜税

　　卖价取量不纳租

　　地界以外不纳税

　　与敌大使买卖

　　诸边商人过京师

　　重复出卖免税

　　畜物逼换

　　因典当等量取物

　　媒人弃妻价不纳税

　　寻求免税供上虚谎量取

　　税谁管未语共著

　　能定领簿纳租

　　官验等买卖

舟船

　　制造船及行日

　　大意制作舟船坏

　　盗减应用日未满船坏

　　船沉失畜人物

　　制船未牢水中坏

　　铁钉未及式样

　　应用未减制船未牢日未满坏

　　造船及行牢等赏

杂曲

　　无御旨抽换卖曲

官物藏贮未善损失

御前库物损失

第十九计十三门分七十八条

派牧监纳册

派牧监首领末驱等法

牧场注销过群牧司

分畜

遣分弱畜时京师近边牧处管住

遣分弱畜时弱不分予好

牧场马畜遣分法

设宴祭神增福求继等分畜

不经群牧司分用畜

有无分畜御旨

予纳册迟

领畜者迟来早往

派供给小监册行磨勘

诸种何量供给往磨勘司导送

减牧杂事

群牧司派使人法

已定杂事承法

箭杆草等纳法

无职诸司对牧场摊派

死减

十中死一予减

大畜另分为群

死减予置印

幼畜纳印不允卖经屠

供给驮

牧场公骆驼行官司除

驿驾乘驮死损失

皇城三司卖者驮失病瘦死

畜利限

    干算注册法

    大食骆驼干皆纳

    幼畜干不算

    纳毛乳日限

    御用神畜分牧遣管理法

    马院马食草减羸瘦

    御骑马伤死

    赐他国用马之牧遣法

    罚贪偿畜检注册导送

    派资善务畜验者

官畜驮骑

    官私畜借他人

    随意捕捉驮骑耕

畜患病

    祭牛神牛马等死患病

    马院马患病生疮死瘦

    牧场畜患病

    牧场畜病死纳肉价皮

    牧场失畜

官私畜调换

    赐他国用畜物与私调换求利

    官畜自共调换

    官私畜调换

校畜磨勘

    校畜者禄食供法

    印章律令借领

    制册用纸

    为校畜法

    行枷索大杖者等取

    仆役用

    所验畜借索及重验

牧监等记名畜借他人及牧人畜自己借索

借索重验时大小牧监失职法

官私畜□者罪

他场畜借索职管大小牧监知晓

印章看未清重验

验畜日限及造册法

验畜毕□时磨勘导送法

计审相侵不允

在牧场□畜造册印

黑水验畜法

黑水畜患病

债还时有贫幼何与册上实有同取

牧人自家主中畜分捕施印

损失畜依次未偿罪法

大小牧监未偿畜数牧人损失中不减

大小牧监获短期劳役派何人

对大小牧监检校好官赏

能偿人未偿中入

牧盈能职事管

派盈能职事过法及牧监能偿不令偿

利干数盈能处印章置为

盈能检校好官赏

牧场官地水井

官地方界划令明

官地方私家主牧畜者来食草半种

井不凿修

……